国家自然科学基金“医疗保险、健康人力资本与劳动力市场经济绩效：
效应评估与政策选择”（项目编号：71373126）

经济管理学术文库 • 经济类

医疗保险、健康人力资本及劳动力市场经济绩效

Medical Insurance, Health Human Capital and the Labor Market Outcomes

王翌秋／著

经济管理出版社
ECONOMY & MANAGEMENT PUBLISHING HOUSE

图书在版编目（CIP）数据

医疗保险、健康人力资本及劳动力市场经济绩效/王翌秋著．—北京：经济管理出版社，2021.3

ISBN 978-7-5096-7468-0

Ⅰ.①医…　Ⅱ.①王…　Ⅲ.①医疗保险—关系—劳动力市场—经济效益—研究—中国 ②人力资本—关系—劳动力市场—经济效益—研究—中国　Ⅳ.①F842.613 ②F249.21 ③F249.212

中国版本图书馆 CIP 数据核字（2020）第 158365 号

组稿编辑：曹　靖
责任编辑：杜　菲
责任印制：黄章平
责任校对：陈　颖

出版发行：经济管理出版社
（北京市海淀区北蜂窝 8 号中雅大厦 A 座 11 层　100038）
网　　址：www.E-mp.com.cn
电　　话：（010）51915602
印　　刷：北京虎彩文化传播有限公司
经　　销：新华书店
开　　本：720mm×1000mm/16
印　　张：13.5
字　　数：235 千字
版　　次：2021 年 3 月第 1 版　　2021 年 3 月第 1 次印刷
书　　号：ISBN 978-7-5096-7468-0
定　　价：88.00 元

目　　录

第一章　绪论 …… 1

一、选题依据 …… 1
二、研究意义 …… 5
三、研究框架 …… 6
四、研究内容 …… 7

第二章　理论基础与现有研究进展 …… 8

一、理论基础 …… 8
二、现有研究进展 …… 29

第三章　我国城乡医疗保险的发展历程与劳动力市场的发展现状 …… 43

一、我国城乡医疗保险的改革与发展 …… 43
二、我国城乡居民医疗服务需求及保险需求的发展趋势 …… 75
三、我国劳动力市场发展的现状 …… 103
四、本章小结 …… 105

第四章　城乡医疗保险市场的逆向选择问题 …… 107

一、医疗保险市场逆向选择行为产生的原因与后果 …… 107
二、数据来源 …… 111
三、实证分析模型 …… 112
四、变量定义及描述性统计 …… 114
五、逆向选择行为实证结果分析 …… 117
六、我国医疗保险市场逆向选择行为的异质性分析 …… 122

七、本章小结 …… 133

第五章 新型农村合作医疗保险、健康人力资本与劳动力市场绩效 …… 135

一、研究思路 …… 135
二、数据来源 …… 137
三、研究方法 …… 137
四、新农合保险对参保者健康人力资本的影响的实证分析 …… 140
五、健康人力资本对劳动力市场绩效的影响的实证分析 …… 149
五、本章小结 …… 168

第六章 城镇居民基本医疗保险、健康人力资本与劳动力市场绩效 …… 169

一、城居保对参保者健康人力资本的影响的实证分析 …… 169
二、健康人力资本对劳动力市场绩效影响的实证分析 …… 177
三、本章小结 …… 180

第七章 城镇职工基本医疗保险、健康人力资本与劳动力市场绩效 …… 181

一、数据来源、变量定义与描述性统计 …… 181
二、城职保参保情况与健康人力资本的交叉统计分析 …… 183
三、健康人力资本与劳动力市场绩效的交叉分析 …… 186
四、本章小结 …… 188

第八章 结论与展望 …… 190

一、结论与政策建议 …… 190
二、研究展望 …… 192

参考文献 …… 194

附 录 …… 208

后 记 …… 210

第一章 绪论

一、选题依据

改革开放以来，我国宏观经济取得了巨大成就，尤其是在20世纪80年代结构调整和90年代推行“渐进式”的经济转型后，经济得到了飞速发展。集体农业向家庭农业的转变、计划生育政策的实行、乡镇企业的发展，这些政策和变化导致了不同人力资本的劳动力资源在城乡之间、产业之间、行业之间进行重新优化和配置。充足的劳动力供给带来的人口红利为我国近四十年的经济高速增长提供了动力源泉。我国改革开放以来经济增长的研究表明，人口总抚养比每降低1个百分点，会使经济增长速度提高0.115个百分点；1982~2000年，人口总抚养比下降推动人均GDP增长速度上升2.3个百分点，并对同期人均GDP增长贡献了约1/4（王德文等，2004）。在人口转移的过程中，农村剩余劳动力大量转移并在城镇劳动力市场推进非农就业，也对经济做出了突出贡献。在我国1978~1997年9.4%的GDP年均增长率中，有近2个百分点是由劳动力非农转移带来的，劳动力流动对GDP的贡献度接近20%（蔡昉，1999）。

人口红利的实质在于，充足的劳动供给和资本投入能够缓解资本报酬的递减，进而保持经济的高速增长。我国的人口抚养比从20世纪60年代中期开始下降，直到80年代初，大量劳动力进行了产业转移和地区转移，丰富的劳动力资源转化为人口红利，推动了经济的高速发展。现阶段，我国人口年龄结构正在发生巨大改变，老龄化进程加快，劳动参与率不断降低，很多地区出现了“用工荒”现象。在人口红利逐渐消失的背景下，如何缓解经济下行压力、促进产业转型与保障民生福祉，实现中国经济的可持续发展，已成为政府最关心的问题之一。在学术界，产生了一系列关于人口红利究竟能支撑多久、如何在人口红利逐渐消失的背景下通过人口优势促进经济持续增长的讨论。比较权威的研究来自蔡昉（2011；2013；2014），他认为“未富先老”是中国目前的发展特征，传统的比较优势正在丧失但是新的比较优势却尚未形成。因此，当前需要通过一些制度创新和政策调整应对这些具有挑战性的难题，以延长我国的第一次人口红利周期，并为我国挖掘第二次人口红利提供制度和政策先期保障；他将经济增长理论与二元经济理论结合应用于中国人口转变和资本积累的分析，发现中国人口红利的最大化时期是抚养比在2013年降到最低点之前达到的，并且于2013年之后迅速消失。这一结论一方面提示了提高全要素生产率与转变经济发展方式的紧迫性，另一方面也揭示了如果能破除劳动力短缺这个制约因素，发挥劳动力无限供给的特征，同样能延缓人口红利的时期，支撑经济高速增长。蔡昉（2013）同时也提出了从劳动力供给和人力资本积累角度观察的第二次人口红利的概念，其本质不仅涉及劳动力供给的数量，更要求劳动力有较高的质量，我国可以采取加大对国民教育、培训和健康人力资本投资等政策，使人力资本与结构调整相适应。2014年召开的中央工作会议也指出，“现在人口老龄化日趋发展，农业富余劳动力减少，要素的规模驱动力减弱，经济增长将更多依靠人力资本质量和技术进步”。因此，我国未来经济增长将从依靠人力资本数量的增加转变为依靠人力资本质量的提升，如何从数量上提高人口劳动参与率，从质量上提高劳动力的人力资本积累，从而最大限度地促进充分就业和提高劳动力市场绩效，利用人口优势支撑经济快速增长，是当前我们应认真思考的重要而紧迫的问题。

从人力资本积累的角度来看，加强教育、在职训练、保健与人口流动等方面的投资以改善劳动力质量，是提高劳动参与率和劳动力市场绩效的重要途径，对国家提高资本存量和加速经济发展具有重要作用（Schultz，1961）。由于人口的劳动参与率部分地取决于人力资本积累，因此以人力资本的视角为切入点来探讨这一问题便具有深刻的理论意义和现实意义。然而，人们在讨论人力资本时，常常重视的是教育要素，强调教育、工作经验、培训等人力资本变量的影响，而往往忽视健康这一重要的人力资本要素的作用。自从Becker（1965）和Grossman（1972）开创性地构建了健康和医疗服务需求的生产函数，开辟了健康对经济增长的研究以来，越来越多的研究者开始将健康作为人力资本的一种形式运用于经济学分析中。他们将健康和教育变量视为收入生产函数中人力资本投入的要素进行实证分析，指出健康是人力资本的一种形式，健康与教育在促进经济发展方面扮演着同等重要的角色。改善健康状况可以促进劳动参与、提高劳动时间，也可以提高劳动生产率和增加劳动收入。经济理论也表明，国民健康是经济增长的动力，是一国保持稳定、持续、高质量劳动供给的重要因素，而疾病损伤对劳动力市场绩效带来的负面影响会破坏经济增长并提高贫困发生的可能。发展中国家由于医疗卫生服务体系不健全、医疗保险不完善，健康人力资本对劳动力市场绩效的影响更突出（Fred 等，2012）。

个体健康人力资本的积累受多种因素影响，这些因素主要包括医疗服务使用、医疗保险覆盖、环境和生活方式、遗传、个体（家庭）特征因素等。在这些因素中，环境、个体特征等因素难以控制，且难以改变或在短时间内难以改变。要保持优良的健康状况，一方面需要个体平时维持良好的生活方式，另一方面要尽可能地通过增加医疗服务等投入来维持或改善自身健康。医疗保险的作用就是通过降低参保者对医疗服务的使用，进而改善健康。按照健康经济学理论，人们购买医疗保险是为了补偿疾病损伤发生时产生的购买医疗产品或服务的经济损失，而人们购买医疗产品或服务，是期望借此以改善健康水平从而获得效用，因而医疗服务需求本身是一种派生需求，它是由人们为保持良好健康状况而引致的需求。医疗保险通过第三方分摊形式，降低人们实际面临的医疗服务价格，促进人们对医疗服务的需求，从而改善居民健康状况。现有的一些实证研究证明，新农合保险制度（Chen 和 Jin，2012；程令国和张晔，2012；王翌秋和雷晓燕，2011；李湘君等，2012）和城镇居民医疗保险制度（胡宏伟和刘国恩，2012；朱铭来和奎潮，2012；黄枫和吴纯杰，2009）提高了居民的健康状况，对劳动者人力资本的积累做出了贡献。综上所述，经济快速增长有赖于劳动力市场中较高的劳动参与率和劳动生产率，较高的劳动参与率与劳动生产率又有赖于健康、教育等人力资本的积累，而医疗保险是健康人力资本的重要的投入因素。因而，医疗保险、健康人力资本和劳动力市场绩效三者之间环环相扣、层层递进。

我国城镇社会医疗保险发展历史可以追溯至 20 世纪 50 年代初期开始实施的公费与劳保医疗制度。为了适应市场经济改革，1998 年 12 月国家开始在全国范围内全面开展城镇职工医疗保险制度的改革。2002 年 10 月，《中共中央、国务院关于进一步加强农村卫生工作的决定》明确指出“逐步建立以大病统筹为主的新型农村合作医疗”，“到 2010 年，新型农村合作医疗要基本覆盖农村居民”，并明确“要分地区逐渐建立以大病医疗保险为主要内容的新型农村合作医疗”。

此项决定将农村居民纳入医疗保险体系。而后，为了实现建立覆盖全部城镇和农村居民的医疗保险体系的目标，将城镇非从业居民等在城镇职工基本医疗保险和新型农村合作医疗保险覆盖对象以外的城镇居民加入到了社会保险保障的范畴内。2007 年 7 月，国务院发布《国务院关于开展城镇居民基本医疗保险试点的指导意见》，要求在试点地区建立城镇居民基本医疗保险制度，到 2010 年要在全国所有地区实施城居保制度，其政策目标是给城镇无正规工作、失业的居民提供医疗保障，逐步将所有没有参加社会医疗保险的城镇居民纳入保障范围。至此，覆盖全体城乡居民的以城镇职工基本医疗保险（简称城职保）、新型农村合作医疗保险（简称新农合）以及城镇居民基本医疗保险（简称城居保）为支柱的社会基本医疗保险体系正式构建完成，形成了以城职保、新农合、城居保为主体，社会医疗救助为基础，商业健康保险及其他种类的保险为辅助的医疗保险体制，实现了医疗保障体系覆盖城乡全体居民的目标，在一定程度上减轻了城乡居民的看病就医经济负担。自三大基本医疗保险制度试点实施以来，各项制度的覆盖面逐步扩大，参保人数迅速增长。《2014 年国民经济和社会发展统计公报》显示，新农合保险自 2003 年开始在农村地区试点实施以来，2014 年保险参保率已经高达 99%。据 2010 年《中国卫生统计年鉴》和《2011 中国卫生和计划生育统计提要》显示，城居保制度已覆盖 31 个省、市、自治区，参保人数从 2007 年的 4291 万人增加到 2010 年的 19472 万人，参保率平均达到 90% 左右。截止到 2018 年底，参加城居保的人数为 102777.8 万人，已突破十亿人次。截至 2014 年末，我国有 10 家保险集团，多达 169 家保险公司，超过 400 万保险业从业人员，而且三大基本医疗保险已初步覆盖我国各部分人群，新农合、城镇居民及城镇职工基本医疗保险基金支出人均分配分别为 292.72 元、456.19 元及 2366.29 元①。伴随覆盖率的提高，政府投入了大量保费补贴，那么，这些补贴是否有效率，是否实现了预期的政策目标，是需要评估的问题。如果证明了随着医疗保险实施以来参保率的提高，城乡参保居民疾病经济负担降低，健康人力资本相应地得到改善，并且进一步促进了劳动力市场绩效，那就证明医疗保险的实施是有效的，政府投入大量财政补贴以实现医疗保险全覆盖是值得的，也能进一步从健康人力资本角度为促进劳动力供给，提高劳动力市场绩效，将原本依赖人力资本数量增加的经济发展模式向依赖人力资本质量提升转变提供相应的政策建议。

① 根据国家统计局公布数据整理计算所得。

二、研究意义

本书以健康人力资本为切入点，评价医疗保险制度在促进人力资本积累中的作用，探讨健康人力资本在提高劳动力市场绩效方面产生的影响。以 Grossman 的健康需求函数为出发点，结合 Becker 等的健康人力资本理论，通过引入健康人力资本将医疗保险与劳动力市场连接起来，形成层层推进的分析框架；通过分析医疗保险与健康人力资本、健康人力资本与劳动力市场的关系，为我国今后实现医疗保险、居民健康和国民经济的协调发展提供理论依据。

本书研究的现实意义在于：第一，探讨城镇职工基本医疗保险和城镇居民基本医疗保险对居民健康人力资本及其劳动市场经济绩效的影响，对提高居民劳动参与率，推动高质量的充分就业具有重要作用，也为当前医疗改革背景下，政府公共卫生投入的方向以及投入的效率提供研究支持和政策参考。本书的研究如果能证明通过医疗保险能改进劳动力健康状况，进而提高劳动力市场经济绩效，就为支持当前政府投入公共卫生资金和补贴以实现医疗保险覆盖提供了依据。第二，探讨新农合保险制度对农村居民健康人力资本及其农业劳动经济绩效和非农劳动经济绩效的影响，有助于从健康人力资本角度提高农业劳动生产率提供政策建议，也有助于促进不同劳动力资源在劳动报酬率不同的农业劳动和非农劳动市场之间进行配置，从而为稳定农业生产提供充足的劳动要素投入，为深入推进城镇化与统筹城乡发展提供参考。本书的研究有助于理解不良的健康状况在多大程度上限制了农村剩余劳动力非农就业的前景，研究结果对当前加快农村劳动力转移、提高农村居民的非农劳动参与率、深入推进城镇化与缩小城乡差距、改变城乡二元结构的体制、实行城乡劳动者平等就业的制度以及加快实现城乡基本公共服务均等化等方面均具有重要意义，也为当前健康促进政策和城乡医疗改革，特别是医疗保险体系和医疗保障制度的改革提供了科学依据。

中华人民共和国成立以来，我国医疗保险制度经历了从无到有、试点探索、全民覆盖、新一轮完善等发展阶段，实现了全民参与，就业状况持续改善。居民的健康和劳动力市场经济活动对制定社会经济政策具有关键意义，本书的研究也为党的十九大提出的“全面建成覆盖全民、城乡统筹、权责清晰、保障适度、可持续的多层次社会保障体系”，“实现更高质量和更充分就业”提供科学依据。

当前，我国人口结构正在发生转变，人口红利逐渐降低。国家统计局发布的2012年国民经济和社会发展统计公报显示，2012年全国劳动年龄人口首次下降，绝对数减少了345万人。如何确保充足的劳动力资源总量和较高的劳动力资源质量，提高人口的劳动参与率和就业人群的劳动生产率是现阶段亟待解决的重要问题，因此本书的研究对人口红利逐渐减弱背景下建设多层次可持续的社会保障体系与促进经济高速增长具有现实意义。

三、研究框架

本书的研究框架如图1－1所示。

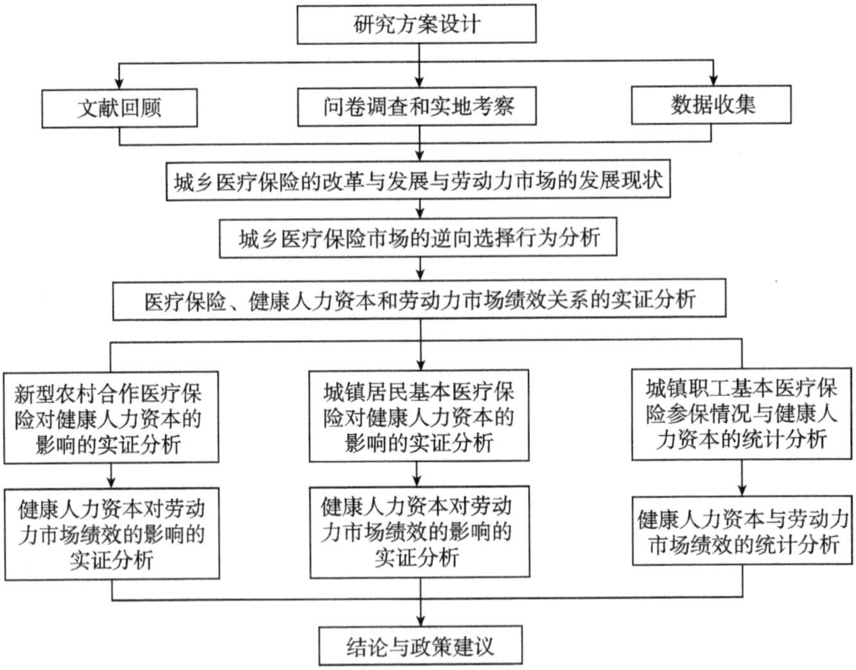

图1－1　研究框架

四、研究内容

本书围绕医疗保险、健康人力资本与劳动力市场绩效三者关系展开研究，全书共分为七章，结构安排如下：第一章：导论，主要是在介绍人口红利衰退、对劳动力质量的需求以及医疗保险发展状况的基础上，提出拟要探究的核心问题，并说明研究意义、分析框架和主要研究内容。第二章：介绍本书研究的理论基础与国内外现有研究进展，首先介绍研究的理论基础，再对国内外相关研究文献进行回顾和述评，提出现有研究对本书的启示。第三章：介绍本书的研究背景，回顾我国城乡医疗保险的改革与发展历程，使用总体数据描述分析我国城乡居民医疗服务需求及对医疗保险的需求。第四章：分析医疗保险市场逆向选择行为存在的原因和可能带来的后果，并开展实证分析给予验证，提出研究参保行为的实证分析中应关注逆向选择行为带来的研究模型内生性问题。第五章、第六章和第七章是本书的核心部分，通过构建模型、对模型变量进行定义和统计描述，并计量分析，分别研究三大基本医疗保险和健康人力资本、劳动力市场绩效之间的关系，验证医疗保险、健康人力资本和劳动力市场绩效之间层层递进的关系。第八章是全书的总结和研究展望。

第二章　理论基础与现有研究进展

一、理论基础

（一）保险和保障理论

1935年，在美国颁布的《社会保障法》中最早出现“社会保障”一词。《新大不列颠百科全书》对社会保障的定义是：“社会保障是对病残、失业、作物失收、丧偶、妊娠、抚养子女或退休的人提供现金待遇”。美国《社会工作词典》将社会保障定义为：“一个社会对那些遇到了已经由法律做出定义的困难的公民，如年老、生病、年幼或失业的度人提供的收入补助。”国际劳工局对社会保障的定义是：“社会保障即社会通过采取一系列的公共措施对其成员提供保护，以便与由于疾病、妊娠、工伤、失业、残疾、年老及死亡而导致的收入中断或大幅度降低而遭受经济和社会贫困进行斗争，并对社会成员提供医疗照顾以及对有子女的家庭实行补贴。”①《中华人民共和国宪法》规定：“中华人民共和国公民在年老、疾病或者丧失劳动能力的情况下，有从国家和社会获得物质帮助的权利。”社会保障作为政府减少社会冲突、维护社会关系和谐，促进经济健康发展和维护政治稳定的重要工具，具有社会功能、经济功能和政治功能。社会保障让生活陷入困境的人可以得到基本的生活保障，促进国民收入再分配，调节各利益集团之间的利益关系，缩小社会成员之间的贫富差距，有利于缓解社会矛盾，维护社会关系的和谐。社会保障通过改变居民的储蓄率来影响物质资本积累，通过改变教育投资、生育决策等行为来影响人力资本积累，通过影响物质资本和人力

---

① 国际劳工局．社会保障导论［M］．北京：劳动人事出版社，1989.

资本这两个中间变量进而拉动经济增长。社会保障的内容包括社会保险、社会救济、社会福利、优抚安置等，其核心内容是社会保险。

社会保险是国家通过立法手段建立社会保险基金，在居民丧失或暂时丧失劳动能力时给予必要的物质帮助，以保证其基本生活需求的一种社会保障制度。社会保险作为社会保障体系的核心部分，在保障劳动者及其家庭的基本生活，调节收入差距、促进社会公平和推动经济发展等方面发挥重要作用。当前，我国社会保险主要包括医疗保险、养老保险、失业保险和工伤保险①。

医疗保险作为社会保险的重要组成部分，是当社会成员生病、受伤或生育时由国家或社区提供医疗服务或经济补偿的制度。它是五大险种中涉及范围最广、内容最多，也最复杂的社会保险。

我国传统的医疗保险制度建立于20世纪50年代，由面向城镇居民的公费医疗、劳保医疗和面向农村居民的合作医疗三种制度组成。公费医疗和劳保医疗的费用都是由国家和企业承担，个人无须缴费，也不用承担任何风险。随着我国社会经济体制改革的不断深化，传统医疗保险制度的弊端日益显现。从20世纪80年代起，国家制定一系列政策尝试对传统医疗保险进行改革。1993年，我国开始进行社会统筹和个人账户相结合的城镇职工基本医疗保险制度的探索；1998年，国务院颁布《国务院关于建立城镇职工基本医疗保险制度的决定》，决定从1999年初启动建立城镇职工基本医疗保险制度；2003年，国务院办公厅转发卫生部、财政部等部门《关于建立新型农村合作医疗制度意见的通知》，试点并全面推进新型农村合作医疗保险制度；2007年，颁布《国务院关于开展城镇居民基本医疗保险试点的指导意见》，试点并推行城镇居民基本医疗保险制度。自此，我国形成了以三大基本医疗保险为主体的医疗保险体系，逐步实现对所有城乡居民基本医疗保险制度的全覆盖②。

城镇职工基本医疗保险是三大基本医疗保险中最早建立的医疗保险制度，参保对象包括城镇所有用人单位及其职工，制度规定符合条件的用人单位及其职工均必须缴纳基本医疗保险费用。单位缴纳的保险费用一部分归于保险基金，一部

① 我国于2016年启动生育保险和基本医疗保险合并实施，2019年全面推进，要求2019年底实现两项社会保险合并完成。尽管社会保险“五险”变为“四险”，但并不是取消生育保险，保险待遇不变。

② 国家从2016年开始要求将城镇居民医疗保险和新农村合作医疗整合为城乡居民医疗保险，要求2019年底完成整合。由于本书实证分析的研究期间为2019年前，因此，全书仍将城镇居民医疗保险和新型农合合作医疗保险分开研究。

分划入个人账户；个人缴纳的保险费用全部划入个人账户。新型农村合作医疗保险是由政府组织、引导、支持，农民自愿参加，个人、集体和政府多方筹资，以大病统筹为主的农民医疗互助共济制度。2002 年，我国明确提出各级政府要积极引导农民建立以大病统筹为主的新型农村合作医疗制度①。新农合制度在 2003 年试点实施，2006 年全面推进，到 2010 年覆盖全国农村居民。城镇居民基本医疗保险仍以政府为主导，以居民个人（家庭）缴费为主，政府适度补助为辅的筹资方式，按照缴费标准和待遇水平匹配的原则，以保障城镇居民的基本医疗需求。城镇居民基本医疗保险于 2010 年在全国范围推行，参保对象为全体城镇非从业居民，即把未被城镇职工医疗保险和新农合保险覆盖的居民纳入覆盖网，这标志着我国基本医疗保险制度实现了全民医保。

养老保险是社会保险的主要内容，它不仅包含在职职工，而且与退休职工密切相关，涉及面广泛。国家通过立法的方式要求符合条件的公民必须参加投保。养老保险依靠政府、企业和个人缴费建立养老基金，当社会劳动者在达到法定退休年龄并退出劳动岗位时领取养老金，以保障退休者及其家庭基本生活需求。

1951 年，国务院颁布的《劳动保险条例》规定了职工退休后领取补助费的条件和待遇水平，这标志着我国开始实行养老保险制度。1958 年，劳动保险制度明确了养老金的支付条件、待遇水平及缴费标准：保险金的 30% 上交给总工会，作为各地区和企业养老金调剂用的保险总基金；剩下 70% 的保险金存留在企业工会，用来支付参保人的养老金。自此，我国的社会养老保险制度初步建立。1991 年，国家颁布《关于企业职工养老保险制度改革的决定》，提出尽快确立由基本养老保险、企业补充养老保险及个人储蓄性养老组成的“三支柱”养老保险制度，并正式提出了“基本养老保险”的概念。1997 年，颁布的《国务院关于建立统一的企业职工基本养老保险制度的决定》规定实行统账结合的养老保险制度，我国基本养老保险制度的框架得以确立。2005 年，颁布了《国务院关于完善企业职工基本养老保险制度的决定》，养老保险覆盖范围扩大到城镇各类单位职工、灵活就业人员及个体工商户。2009 年 9 月，国务院颁布《关于开展新型农村社会养老保险试点的指导意见》，开始新型农村社会养老保险（简称新农保）的试点工作。2012 年实现了新农保制度上的全覆盖。2011 年 6 月，国

① 资料来源：中共中央、国务院关于进一步加强农村卫生工作的决定［EB/OL］. http：//www.people. com. cn/GB/shizheng/19/20021029/853905. html.

务院颁布《关于开展城镇居民社会养老保险试点的指导意见》，开始城镇居民社会养老保险试点工作。2014 年国务院决定将新农保和城居保两项制度合并实施，在全国范围内建立统一的城乡居民基本养老保险制度。

为了满足不同人群的养老需求，我国建立基本养老保险、企业补充养老保险和个人储蓄性养老保险的“三支柱”养老保险体系。基本养老保险由城乡居民养老保险制度、企业职工养老保险制度和机关事业单位职工养老保险制度组成，是国家依法强制建立和实施的社会养老保险制度，由政府、企业和个人三方缴费，养老金包括政府提供的基础养老金和个人账户养老金；企业补充养老保险也称为企业年金，是企业为职工建立的一种辅助性养老保险，国家对其给予政策上的支持，企业一般根据自身经济实力和经济状况为本企业职工投保，它是国家强制实施以外的第二支柱的养老保险；个人储蓄性养老保险是居民自愿参与、自愿选择经办机构的一种补充性养老保险，居民个人根据自身经济实力自愿参保。

失业保险是针对劳动者失业风险设立的社会保险，它是国家通过立法实施的，依靠政府、企业和个人筹资建立失业保险基金，对受保范围内因为失业而损失经济收入的劳动者进行补贴，从而保障其最基本的生活需求的社会保险。1986 年颁布实施的《国营企业职工待业保险暂行规定》明确规定了失业保险制度的保障对象、资金来源、待遇标准、基金管理等，确立了我国失业保险制度的基本框架，自此，我国失业保险正式建立。但是我国失业保险制度存在覆盖范围小、待遇标准低等缺陷。1993 年国务院颁布的《国有企业职工待业保险规定》对原有国有企业职工失业保险制度进行了调整，扩大了其覆盖范围，重新规定了失业救济金的计算标准，更注重其发挥保障基本生活和促进就业的作用。1999 年，《失业保险条例》明确规定进一步扩大保障范围，不再局限于国有企业，而是扩展到城镇企事业单位及职工。2011 年 7 月 1 日起实施的《社会保险法》进一步将失业保险覆盖范围扩大到所有用人单位和职工。

工伤保险制度是劳动者在工作中或者其他规定的特定情况下，因遭受意外伤害或患职业病导致暂时或永久丧失劳动能力以及死亡时，劳动者或其遗属从国家和社会获得物质补偿的一种社会保险制度。工伤保险的赔付范围包括因工伤发生的医疗救治和康复费用，住院伙食补助费、交通费等。1951 年，国务院颁布《中华人民共和国劳动保险条例》，规定工伤保险作为社会保险的一部分，自此，我国开始实行工伤保险制度，但当时工伤保险制度的覆盖范围较小。1957 年，卫生部制定《职业病范围和职业病患者处理办法的规定》，将 14 种职业病纳入工伤保险范围中。1996年8月，劳动部颁布的《企业职工工伤保险试行办法》（以下简称《试行办法》）第一次将工伤保险作为单独的社会保险制度统一制定实施，标志着我国工伤保险制度进入了一个新的阶段。《试行办法》首次将工伤预防、康复、补偿三者结合起来。2004年1月，国务院颁布了《工伤保险条例》，确定了工伤保险的法律地位，并进一步扩大了保险的覆盖范围。2004年3月，成立工伤保险司，促进了工伤保险制度建设与工作的进一步发展。为了更好地维护工伤职工的合法权益，规范和推进工伤保险工作，并结合社会经济发展的一些新情况和新问题，国务院于2010年对《工伤保险条例》进行了修订。

生育保险是国家通过立法，在职业妇女因怀孕、分娩、哺乳和节育暂时中断劳动时，由国家和社会提供生育医疗服务、生育津贴，并分配产假和休假，及时提供生活保障和物质帮助的一项社会保险制度。起初生育保险制度的参加对象是国营企业和机关事业单位的女职工，但这一时期的生育保险制度存在保险水平偏低的问题。1951年的《劳动保险条例》明确规定了生育保险中的产假、保险待遇、给付标准等相关内容，保险覆盖范围进一步扩大。1953年的《中华人民共和国劳动保险条例实施细则修正草案》完善了生育保险的相关内容，进一步扩大保障范围，提供生育补助金，提高非正式职工的保障水平。1958～1978年，随着我国经济体制的变化，生育保险的保障责任从国家转移到企业。改革开放以来，企业为了降低成本，出现用工的性别歧视问题，很多女职工被企业辞退或者企业不再为其缴纳生育保险费。1986年颁布《女职工保健工作暂行规定》，详细规定了女职工在生产的各个阶段的保健和保障。1988年，国务院颁布《女职工劳动保护规定》，将产假时间延长至90天。1994年末颁布了《企业职工生育保险实行办法》，规定了生育保险的内容、标准、形式等，建立了全国统一的生育保险基金统筹办法。2000年后，相关政策进一步完善了生育保险制度，比如2001年国务院颁布《中国妇女发展纲要（2001—2100）》、2004年，劳动和社会保障部办公厅颁布《关于进一步加强生育保险工作的指导意见》、2005年，第十届全国人民代表大会常务委员会通过《关于修改〈中华人民共和国妇女权益保障法〉的决定》。2011年7月1日起，我国实施《中华人民共和国社会保险法》，单独设立了生育保险制度，对生育保险的责任主体、待遇等方面做出明确规定。

2017年1月19日，国务院办公厅印发《生育保险和职工基本医疗保险合并实施试点方案的通知》，在河北省邯郸市、山西省晋中市、辽宁省沈阳市、江苏省泰州市、安徽省合肥市、山东省威海市、河南省郑州市、湖南省岳阳市、广东省珠海市、重庆市、四川省内江市、云南省昆明市开展两项保险合并试点工作。2019 年 3 月 25 日，国务院办公厅发布《关于全面推进生育保险和职工基本医疗保险合并实施的意见》，要求各地要在 2019 年底实现两项保险合并实施，“实现参保同步登记、基金合并运行、征缴管理一致、监督管理统一、经办服务一体化”。在两项保险合并后，我国社会保险体系的“五险”变为“四险”，“五险”变为“四险”并不意味着取消生育保险，只是将生育保险和医疗保险合并实施，有关生育风险和医疗风险的保障水平也并不会因两项保险的合并而降低。

（二）健康人力资本理论

1. 人力资本理论的产生与发展

虽然现代人力资本理论兴起于 20 世纪 60 年代，但是人力资本思想的起源却源远流长。威廉·配第是较早具有人力资本思想的经济学家，他首次将“人”的价值纳入国民收入的计算中，古典经济学家开始了对人力资本思想的理论研究。20 世纪 60 年代舒尔茨提出了相对完整的人力资本概念和理论，此后，各国经济学家逐步发展了人力资本理论，并对人力资本的经济效应进行了长期的、深入的研究。总体来说，人力资本理论的形成发展大致经历了以下两个阶段：

（1）早期人力资本思想。早期的学者并未明确提出人力资本概念，但是他们的一些著作中已经体现了人力资本的思想。古希腊时期的柏拉图强调了教育和训练的经济价值；英国古典政治经济学创始人之一的威廉·配第 1676 年在其代表作《政治算术》（2014）中提出著名论断“土地是财富之母，劳动是财富之父”，充分肯定了人的劳动在财富创造中的重要性，为人力资本思想的发展奠定了重要基础。

古典经济学派代表亚当·斯密（2013）最早对人力资本思想进行了系统论述，他在《国富论》中多次表达了对人力资本的深刻认识。在讨论劳动分工的原因时，他认为“人们天赋的差异比我们意识到的要小得多；例如：两个性格极不相同的人，一个哲学家，一个街道搬运工，他们之间的差异是由习惯、风俗和教育造成的，而不是人们所认为的天赋造成的。”在讨论资产的分类时，他认为通过教育和生产实践提高能力的过程是一种对人力资本的投资，这是一项固定成本，可以获得利润。他在《国富论》中写道：“学习是一种才能，需要接受教育，进行研究或者做学徒，所需费用不少，这样花去的资本，好像已经实现并固定在学习者身上。这些才能是他个人财产的一部分，也是他所属社会财产的一部分。工人熟练程度的提高，可以看作便利劳动、简化劳动的机器和生产的工具，虽然要花费一定的费用，但这种费用可以得到偿还，赚取利润”。斯密首次对人力资本思想提出比较明确的概念，对人力资本投资原理进行了相关论述，促进了人力资本思想的发展，为人力资本理论的形成奠定了重要的理论基础。

法国古典经济学家让·巴蒂斯特·萨伊（2014）在《政治经济学概论》中提到了人力资本思想，在一定程度上阐述了人力资本的投资原理。他将工资看成劳动力的利润，认为劳动力利润是由劳动所需技巧与才能的程度决定的。他认为“任何职业必需的技巧，只要通过长期训练并付出昂贵培训代价便能获得，这种培训必须支付一定费用，而所有费用的总和构成累积资本，职业的报酬不但包括劳动的工资，而且包括培训时预付的资本的利息”。他认为“人类不是一出生就拥有足够的体格、力气来从事哪怕是最简单的劳动，他要长到15～20岁才能得到这种能力，所以可以把它当作是一种资本，它是由每年用来抚养教育他成长的款项积累形成的”。他认为每个人都是有资本的，这种资本是其成长费用和培训费用，并且与投资于人身上的其他资本一样，都可以获得利息。

约翰·斯图亚特·穆勒（2009）提出了“以人为对象的劳动”。他认为知识和技能都是可以提高劳动生产率的重要因素，劳动者通过教育与培训获得的能力也是国民财富的重要组成部分。他在《政治经济学原理》中将“以人为对象的劳动”分为三种：婴幼儿被抚养长大需要耗费某个人或某些人的劳动；社会的技术教育以及产业教育，学习及讲授生产工艺和获取传播生产技能的劳动；用于防止突发事件或者疾病造成伤害以维系生产能力的劳动。而这三类劳动的付出都会得到相应的回报，尤其是接受教育和培训的劳动者会得到等值甚至超值的报酬。他将家庭抚育、培训和教育、医疗卫生服务都看成是对人力资本不同形式的投资。

阿弗里德·马歇尔（1981）的研究为现代人力资本理论的形成提供了重要的理论依据。他提出“所有资本中最有价值的是对人本身的资本”等著名论断。他在《经济学原理》中写道：“导致某人和他的父亲把资本和劳动用于培养他成为一个管理者、自由职业者或者技术工人的原因，与把资本和劳动投于建立和购买厂房、机器或者相关设备的原因是相同的。当继续追加投资无利可图或者生产负效应时，该资本和劳动的投资就自然而然地停止。”他认为对劳动者教育和培训的投入是一种投资活动。同时，他还指出，政府和企业家要帮助无法承担教育和培训支出的劳动者。

在这一阶段，关于人力资本思想的论述还是零散的，没有形成一个完整的理论体系，但是这些经济学家对人力资本思想的研究明确了劳动者在社会经济活动中的重要作用，肯定了教育和培训对提高劳动者生产效率的积极作用，为人力资本理论的形成和发展奠定了基础。

（2）现代人力资本理论的形成与发展。舒尔茨为了研究战后发达国家经济增长之谜，重点研究了人力资本这个重要的生产要素。认为，经济增长和技术进步的决定性因素是人力资本。他在对人力资本的形成途径和方式的系统性研究的基础上，把人力资本投资的范围和内容归纳为五个方面：正规教育、在职培训或非正规教育、医疗和保健、不是由企业组织的各种培训和迁移，并同时研究了教育投资的收益率和教育对经济增长的贡献。他发表的《人力资本的投资》第一次系统论述了人力资本理论，从此掀起了学者们对人力资本理论研究的热潮，标志着人力资本理论的正式形成，舒尔茨也被称为“人力资本之父”。

虽然舒尔茨对人力资本理论的发展起到了重要的推动作用，但是他对人力资本理论的研究侧重宏观层面。加里·贝克尔是人力资本理论的主要推动者，他的著作《人力资本》被西方学术界认定为“经济思想中人力资本投资革命”的起点。他侧重对微观层面家庭人力资本投资行为进行分析，提出了人力资本投资—收益均衡模型。他把人力资本投资与收益结合起来，强调在考虑人力资本投资收益时不能只考虑短期收益，还要考虑长期收益。

美国经济学家雅各布·明塞尔在其博士论文《个人收入分配研究》中，用数学经济模型分析了个人收入分配状况与其接受的培训量之间的关系。研究发现，劳动者收入的差异与个人的能力密切相关，而个人能力的差异是由对人力资本的投资不同所导致。他因在研究收入分配和劳动力市场行为的问题中引入人力资本和人力资本投资要素，用人力资本收益函数证明了个人收入分配差异与接受教育时间的关系，开创性地将人力资本收益函数发展成为通俗易懂的计量工具。丹尼森较早地对人力资本在经济增长中的作用进行了计量分析，他最著名的研究成果是利用柯布—道格拉斯生产函数，估计了1909～1957年美国各种生产要素对经济增长的贡献。他通过细致的分解计算，证明了美国在1929～1957年生产要素投入量占经济增长的百分比、增加就业和工时占经济增长的百分比在下降，而正规教育年限增加因素占比却增长了23%，最终得出教育是促进经济增长的重要因素的结论。但是他所考虑的教育因素仅指劳动者所受正规教育年限，未考虑不同层次教育质量的区别。

有关人力资本理论的研究自20世纪60年代以来形成了比较系统、完整的理论体系。不管是宏观层面还是微观层面，都对人力资本理论进行了深层次的研究和运用，并论证了人力资本投资在经济增长中的作用。20世纪80年代以后，建立了以知识经济为背景的新经济增长理论。该理论利用数学方法，建立了以人力资本为核心的经济增长模型，从人力资本角度解释经济增长的根本原因，用人力资本差异解释各国经济增长率和人均收入存在的差异，弥补了60年代人力资本理论的一些缺陷，将人力资本理论研究推向另一个高度，为研究人力资本与经济增长之间的关系提供了更丰富的理论依据。

罗默在《收益递增经济增长模型》中将技术进步内生化，把知识纳入经济增长模式中，认为知识积累是促进现代经济增长的重要因素。罗默将知识进一步分为一般知识和专业知识，并认为在经济增长过程中，两种知识有不同的作用：一般知识产生规模效应，专业知识产生要素递增效应。两种效应的结合不仅使知识、技术等人力资本要素产生递增收益，而且也使物质资本和劳动等其他投入要素的收益递增，这充分解释了经济能够保持增长的原因，也论证了发达国家和发展中国家经济发展水平日益扩大的重要原因。卢卡斯在《论经济发展的机制》中提出了“专业化人力资本积累增长模式”。他把舒尔茨的人力资本理论和索洛的技术决定论的增长模型结合起来，将人力资本看作索洛模型中技术进步的另一个增长动力。

2. 人力资本投资的分类

人力资本投资是通过对人力资本进行货币、资本和实物投入，从而使得人力资本质量和数量均有所提高的一种投资行为，这种提高最终表现为劳动产出的增加。人力资本包含不同的内容，因此形成人力资本的途径也不同。“人力资本之父”舒尔茨（1990）将人力资本的形成途径概括为学校教育、在职培训、卫生保健和迁移流动，相应地，将人力资本投资的形式分为四种：教育投资、技能培训投资、劳动力流动以及健康投资。

（1）教育投资。这是人力资本投资最主要的形式，劳动者可以通过教育获得文化知识，形成和促进技术技能发展。所以，教育在人力资本投资中处于重要地位。教育投资的成本包括直接成本和间接成本两个方面，直接成本是指为了受教育而支付的各种费用和劳务；间接成本是指为了受教育而放弃的收入。教育投资的收益是一种未来的收益，指由于受教育而带来的未来货币收入的增加、工作条件的改善和生活状况的提高。教育投资的收益与受教育的时间呈正相关，个人接受教育的时间越长，获得的知识面越广，个人能力越强，一般情况下个人收入也越高。

国内外学者通过实证研究佐证了教育在经济增长中发挥的重要作用。丹尼森和一些西方学者利用丹尼森系数法研究了一些国家的经济增长，发现1950～1962年教育对各国经济增长的贡献分别为：英国29%、法国29%、联邦德国11%、意大利40%、比利时43%、荷兰24%、挪威24%、丹麦14%、智利20%、阿根廷53%、哥伦比亚20%、巴西18%、墨西哥18%、秘鲁14%、委内瑞拉19%（林容日，2008）。国内大量学者对教育与经济增长之间的关系也进行了实证研究：蔡增正（1999）利用194个国家和地区的数据分析了1965～1990年教育对经济增长的贡献，表明教育积极推动了我国经济增长，并且在经济发展中该推动作用表现为先弱、后强、最后有稍微的减弱趋势。范柏乃和来雄翔（2005）利用我国国家统计局发布的1952～2003年的数据研究了教育投资与经济增长之间的关系，研究发现该期间的教育投入对经济增长产生了积极的推动作用，教育对经济增长的贡献率高达24.4%。实行经济改革后，教育投入对经济增长的贡献率明显高于改革前。姚先国和张海峰（2008）在增长回归框架下，应用Arellano与Bond等倡导的动态面板数据方法和固定效应估计考察了教育对地区收入差异的影响，结果显示个人教育水平的提高推动了经济的增长。张同功等（2020）研究发现公共教育支出与人力资本积累的有机结合能够促进区域经济增长，并且当前公共教育水平在我国不同地区存在较明显的不平衡。聂娟和辛士波（2018）从高等教育质量差异化角度探究了教育对经济增长的影响，并测算了教育对不同地区经济增长的贡献率水平。

（2）技能培训投资。培训包括就业前培训和在职培训。培训投资成本包括：为了获得培训，受训者花费的货币成本以及培训过程中所需要的物质条件成本，这是培训的直接成本；在培训过程中，受训者可能不能完全投入工作中，给企业的正常生产和工作带来损失，这些也是培训所要花费的机会成本。培训投资的收益包括：就企业而言，劳动者的技能提高有利于提高企业的生产效率，增加企业的生产利润，使企业在市场竞争中处于有利地位；就劳动者个人而言，劳动者技能的提高可以增加劳动收入和相关福利待遇，增强其就业竞争力，提高就业的自主选择能力。

（3）劳动力流动。这是人力资本投资的重要形式。劳动力流动并没有增加人力资本的价值，而是实现了人力资源和物质资源组合的优化，将潜在经济资源转化为现实的生产力，实现人力资本的增值。劳动力流动的成本包括：劳动者为了实现劳动力的流动而直接花费的直接转移成本，如搬家费、交通费等；劳动者在进行劳动力流动时，需要放弃他（或她）之前的工作，从而牺牲掉工资和相关福利待遇，形成劳动力流动的机会成本；劳动者离开之前较为熟悉的工作环境、亲朋好友而造成的心理成本。劳动力流动的收益包括：与原来的工作收入相比，劳动者现在的工作增加的收入部分，这属于劳动力流动的直接收益；新的工作环境给劳动者带来各种便利，从而降低劳动者的生活成本，这属于劳动力流动的间接收益。

（4）健康投资。这是人们为了保持身体健康而进行的食品、健身、医疗卫生服务等方面的投入。从个人层面来说，个人既是健康的消费者又是投资者，健康是投资的产物。健康投资的成本包括：为了购买医疗卫生服务、保健服务以及营养品、健身器材而花费的直接成本；为了健身而放弃的可以增加额外收入的劳动时间或闲暇时间的机会成本。健康投资的收益可以看作一种追加的资本存量。健康意味着生病的时间减少和生命延长，在人一生有限的时间内可以用来劳动的时间增加；健康的身体和充沛的精力可以提高劳动者的劳动效率，提高人力资本的质量。而劳动时间的增加和劳动效率的提高会提高劳动者收入水平，进一步增加对人力资本的投资，如继续接受教育和培训，从而进一步提高人力资本质量。

3. 健康人力资本及其在经济发展中的作用

（1）健康人力资本在经济发展中的作用。Mushkin 在 1962 年正式提出了“健康是一种人力资本”的论断，认为健康是和教育同等重要的人力资本，并比较了二者的异同，提出健康是区别于教育的另一种人力资本。他计算了美国在 1900～1962 年由于人口死亡率下降带来了 8200 亿美元的经济效益。Becker（1965）也认为健康是人力资本的一部分，认为可以通过预防疾病的发生、降低医疗费用的支出和降低死亡率的方式减少经济损失，促进经济发展。但是由于数据的缺失及健康人力资本这个指标测度的困难，随后关于人力资本的研究主要还是围绕教育人力资本，直至 20 世纪 80 年代，学者们才真正开始关注健康人力资本因素，考虑健康因素对经济增长的影响。

Grossman（1972）首次将健康纳入人力资本理论的分析框架中，构建了健康和医疗服务的生产函数。他认为健康人力资本不仅是一种投资品，也是一种消费品。人们在出生时会获得一部分健康人力资本存量，但是随着年龄的增长，健康人力资本会发生折旧，而且这种折旧率是随着年龄的增长而递增的。然而，人们也可以通过对健康保健的投资增加健康人力资本存量。健康人力资本作为消费品，是指消费者可以通过接受医疗卫生服务或者花费时间进行健身娱乐活动，换取健康的身体和愉悦的心情；为获得健康，需要将部分收入花费在购买保健品、医疗服务等方面，这些支出就是对健康人力资本的投资。健康对经济增长的促进作用，可以通过将健康作为生产要素直接促进经济增长，也可以通过增加劳动时间和提高劳动效率等生产要素间接促进经济增长。对健康人力资本的投资会提高劳动者的健康水平，提高工作效率，同时也会减少因为生病而不能工作的时间和用于医疗方面的费用。提高劳动生产效率和增加工作时间来增加收入，同时又会增加对健康的投资，进而形成良性循环。

健康人力资本也可以通过直接或间接影响教育人力资本促进经济增长。健康状况直接影响人们受教育的机会、学习的效率和文化程度。在儿童时期，较好的健康状况可以显著提高儿童的认知能力、专注能力和学习能力，同时降低缺勤率和辍学率，提高儿童接受教育的机会和效果。健康状况的改善会延长预期寿命，使收获人力资本的时间延长，应鼓励人们增加对健康人力资本和教育人力资本的投资。健康人力资本和教育人力资本作为人力资本的两大基石相互影响、共同促进经济增长。

（2）健康人力资本指标的测度。在实证分析健康人力资本在经济发展中的作用时，用于测度健康人力资本的指标选择尤为重要，学者主要从个体层面或群体层面（国家、地区或具有某一特征群体）两个维度进行测度。对个体健康的测度方法有主观评价法、客观评价法，或者两者结合。用个体的自我评价健康状况作为测度健康人力资本的指标比较简便易得，所以在调查中被广泛使用（Wu，2003；Wolfe 和 Hill，1995；张车伟，2003；刘国恩等，2004；吴联灿和申曙光，2010；张川川，2011）。自评健康具有很强的主观性，同时可能会存在测量误差，为了避免这种主观性，一些学者使用客观评价法测度健康变量，或根据不同的研究特点和目的设计健康量表作为测度健康人力资本的指标。

日常活动行为（ADLs）是一种衡量个体功能障碍的指标，主要衡量个人特别是老年人的一些日常活动行为是否存在困难，如是否能做到或在别人的帮助下自己洗澡、做饭、购物等日常行动能力一系列指标。在 Wolfe 和 Hill，（1995）、Mete 和 Schultz（2002）、于学军（1999）、郑晓瑛（2001）、刘生龙和李军（2012）等的研究中将 ADLs 作为健康的测量指标。

Schultz（2002）、高文书（2009）、吕娜和邹薇（2015）使用人体身体测量指标，主要包括身高、体重和身体质量指数（BMI）血液检测等作为测量健康的指标。Fogel（1991）、王弟海（2008）研究发现个体出生时和其童年时期的体质特征与之后身体的发育和学习认知能力存在重要的关联，即先天身体素质较好的人具有更强的学习能力，更容易掌握各方面的知识。营养摄入量是另一种常见的人体测量方法，如蛋白质、铁、热能等一系列营养的摄入量也被用来作为衡量健康人力资本的指标。

对于群体健康指标，现有研究主要使用一组人群的死亡率和预期寿命、患病率、身体发育等指标进行测度。死亡率和预期寿命是衡量人群健康人力资本最常用的指标，Bhargava 等（2001）将成年存活率作为测度健康水平的指标，对多个国家 5 年的数据进行研究，结果显示成年存活率对一国经济增长具有积极的促进作用，这一促进作用在经济落后的发展中国家更为突出。Bloom 等（2001）将预期寿命作为衡量健康的指标，研究发现人类预期寿命的增加会促进经济的增长，预期寿命增加 1 年，经济产出增加 4%。蒋萍等（2008）选择人口预期寿命测度健康水平，同时将人口死亡率作为健康水平的补充指标，利用我国 1957 ~ 2006 年数据研究了健康状况与经济增长之间的关系，结果表明健康状况的改善促进了经济的增长。罗凯（2006）采用 Bloom 等（2001）使用的预期寿命指标，同时根据 Rico（2005）的方法形成一个新健康指数，即由卫生服务、社会经济条件、生活方式和环境因素决定的健康指数测度健康水平，他的研究结果表明，我国居民健康状况与经济增长有显著的正相关关系，预期寿命延长 1 岁，GDP 增长率相应提高 1.6% ~ 2.2%，而另一个涵盖了环境污染、儿童死亡率、预期寿命、卷烟销量、生活方式、卫生服务等内容的健康指数对经济增长的弹性约为 0.08。杨建芳等（2006）以总人口死亡率的倒数测度健康人力资本，使用 1985 ~ 2000 年中国 29 个省、直辖市、自治区的经验数据研究发现健康资本积累对经济增长的贡献率为 4.6%。郝枫和张圆（2019）采用中国居民收入调查等数据，运用统计生命价值法测度了我国居民健康人力资本。余静文和苗艳青（2019）使用国家卫生与发展研究中心发布的死亡率方面数据，用孕产妇死亡率和围产儿死亡率来度量健康人力资本，同时结合各省年龄人口数和死亡数以及各地区分年龄慢性病患病率和调查人口数数据计算期望寿命衡量健康人力资本。

患病率指标的研究数据主要来自家庭调查、医院数据或保险公司保单数据具体的患病情况，通常以被调查者的两周或四周患病率的记录作为健康的测度依据，或者以某种具体疾病种类的发病概率为健康指标。Smith（1999）利用美国健康和退休调查（HRS）数据进行研究，结果显示家庭财富减少与家庭成员出现新病有关，由于病情的严重程度及家庭收入情况不同，家庭财富出现3620~25371美元的不同程度减少。Bradley等（2002）使用相同数据研究了乳腺癌对经济的影响，他们实证分析了乳腺癌生存者和健康人群在雇佣劳动市场、临时工作、工资和收入等方面表现的异同点，研究发现乳腺癌显著降低了患病女性获得就业岗位的机会，但是已经在劳动力市场成功就业的女性，就业并未显著受到患乳腺癌这一因素的影响。张车伟（2003）分析了慢性病和因病损失工作日两个健康指标对中国贫困地区农村家庭种植业产值的影响，研究发现患病率对农户种植业收入具有非常大的负面影响。赵伟锋（2017）发现疾病等健康冲击将影响家庭支出结构，并使农户收入下降。关爱萍和刘可欣（2018）以农村女性为研究对象，发现慢性病、大病和残疾缩小了高、低收入家庭的差距。

（三）健康经济学理论

健康经济学是应用经济学的一个分支。在第二次世界大战后，随着西方发达国家社会保障制度的建立，医疗保障制度的推广，医疗费用支出持续增长，医疗费用支出占GDP的比重不断扩大，然而可以投入到医疗保健上的资源有限，于是，经济学家们开始尝试运用经济学方法来解决健康资源的有效配置问题。Fisher在提交给美国国会的《国家健康报告》中提出，从广义的角度看健康是财富的形式（高梦滔，2002）。Arrow（1963）的经典论文《不确定性与卫生保健的福利经济学》的发表，标志着健康经济学的正式确立。他在论文中利用福利经济学第一定理和第二定理界定了医疗服务市场和完全竞争市场的偏离，尤其是疾病发生的不确定性带来的风险分担市场的缺失。他讨论了医疗市场的特殊性，在确定性假设与不确定性假设下分别分析了医疗服务市场与完全竞争市场的差异。Arrow论述了风险厌恶、道德风险、第三方支付、逆向选择对医疗保险市场的影响，他发现健康状况和治疗方式的不确定性是理解和研究医疗部门的关键，并且建立了风险规避条件下最优保险政策的理论模型①。

医疗资源具有稀缺性，人们面临对医疗资源需求是无限的而可获得的医疗资

① Arrow K.. Uncertainty and the Welfare Economics of Medical Care［J］. The American Economic Review, 1963（5）: 941-973.

源是有限的二者之间的矛盾。因此，医疗卫生服务体系都必须面临三个基本选择：医疗服务产出的决定，即分配多少资源给医疗服务，这些服务的构成如何；生产医疗服务的最佳方式；以及医疗服务的分配问题（菲尔德斯坦，1998）。

1. Grossman 健康需求模型①

Grossman（1972）在 Becker 的相关研究基础上，将家庭生产函数运用到健康领域，开创了健康需求模型。他认为消费者对健康资本存在两种需求动机：消费需求动机和投资需求动机。他阐述了健康和医疗服务的区别，将健康看作是产出，医疗服务则可以视为投入；医疗服务需求仅仅是健康的一种派生需求，是消费者为了获得健康而必须购买的一种消费品。医疗服务既是消费者所需的消费品，也是投资品。作为消费品，使消费者心情舒适和身体健康，可以直接提高效用水平；作为投资品，可以决定消费者的健康水平和收入水平，接受医疗服务，如进行体检或者治疗，可以改善个人的身体状况，延长劳动时间，获得更高的收入。

Grossman（1972）认为健康不同于其他人力资本，指出知识存量可以影响个体的市场和非市场效率，而健康存量则决定了一个人能用来生产产品和获得收入的全部时间。他假定健康是一种耐用的资本存量，人在出生时就拥有这种资本存量。随着年龄的增大，该资本存量会发生折旧，而且折旧率不断增大，但是个人也可以进行健康投资，增加健康资本存量，只有健康存量维持在某个水平时人才能继续存活。

Grossman（1972）认为个人通过家庭生产函数可以进行健康资本的投资，并且假设人可以预测自己生命的长度。假设一个消费者的跨期效用函数是：

$$U = U(\phi_0 H_0, \cdots, \phi_t H_t, Z_0, \cdots, Z_t), \ t = 0, 1, 2, \cdots, n \tag{2-1}$$

式中，H_t 是 t 时期累计的健康资本存量，是一个内生变量，由消费者决定。ϕ_t 是每一单位健康资本产生的收益，$\phi_t H_t$ 表示第 t 个时期所消费的健康；Z_t 是第 t 个时期除健康外的所有其他商品的消费总量；H_0 是初始健康资本存量，是一个外生变量。消费者的生命长度 n 是一个内生变量。健康资本的增量由健康投资与折旧之间的差决定，公式为：

① 本节根据 Grossman《On the Concept of Health Capital and the Demand for Health》（1972）、《The Demand for Health: A Theoretical and Empirical Investigation》（1972）及《The Human CaPital Model of the Demand for Health》（1999）归纳整理。

$$H_{t+1} - H_t = I_t - \delta_t H_t \tag{2-2}$$

式中，I_t 是第 t 期的健康资本投资；δ_t 是 t 时期的折旧率，是一个外生变量，随着年龄的增长而不断递增。I_t 和 Z_t 是在 Becker（1965）家庭生产函数基础上所构建的家庭生产函数，如下：

$$I_t = I_t(M_t,\ TH_t;\ E_t) \tag{2-3}$$

$$Z_t = Z_t(X_t,\ T_t;\ E_t) \tag{2-4}$$

式中，M_t 是医疗服务；X_t 是其他一般消费品的投入；TH_t 是用于提高健康水平的时间投入；T_t 是用于生产其他商品的时间投入。这四个变量均为内生变量。E_t 表示健康以外的其他人力资本，是一个外生变量。消费者进行健康投资需要两种要素：在市场上购买的产品和自己所具有的时间。所以，消费者在做出决策时，面临以下约束条件：

$$\sum_{t=0}^{n} \frac{P_t M_t + Q_t X_t}{(1+r)} = \sum_{t=0}^{n} \frac{W_t TW_t}{(1+r)^t} + A_0 \tag{2-5}$$

式中，P_t、Q_t 分别是医疗服务和其他一般消费品的价格；W_t 是工资率；TW_t 是工作时间；r 是利率；A_0 是个人初始财富。个人受预算约束和时间约束的限制。在每阶段可以利用的时间为 Ω，时间使用情况如下：

$$\Omega = TW_t + TH_t + T_t + TL_t \tag{2-6}$$

式中，TL_t 是由于健康状况不佳导致不能工作的时间。Grossman 假定生病时间和健康资本存量存在负相关关系，$\frac{\partial TL_t}{\partial H_t < 0}$，即健康资本存量越大，生病时间越短。从式（2-1）到式（2-6）构成了个体的健康需求模型。消费者的目标是在预算约束和时间约束下实现效用的最大化。

个体健康需求的实证方法主要有纯粹的投资模型和纯粹的消费模型两个。Grossman 认为纯粹的投资模型的假设弱，可以得到强有力的预测，所以他强调使用纯粹的投资模型，其均衡条件为：

$$\frac{G_t W_t}{\pi_{t-1}} + \frac{G_t\left[\left(\frac{U_{ht}}{m}(1+r)^t\right)\right]}{\pi_{t-1}} = r + \delta_t \tag{2-7}$$

式中，$G_t = \frac{\partial TL_t}{\partial H_t}$，是健康的边际产出，表示健康状况的变动导致生病时间的变动；$U_{ht} = \frac{\partial U}{\partial H_t}$，是健康的边际效用，表示增加一单位的健康投资所带来的效用增加量；m 是货币收入所带来的边际效用；π_{t-1}是健康的影子价格，由医疗服务的价格、个人的收入水平等变量决定。均衡条件类似经济学中的最优条件，即边际收益等于边际成本。等式的左边相当于边际收益，由货币收益和健康带来的效用两个方面因素所决定，即式（2－7）中的$\frac{G_t W_t}{\pi_{t-1}}$和$\frac{G_t\left[\left(\frac{U_{ht}}{m}\right)(1+r)^t\right]}{\pi_{t-1}}$。等式的右边相当于边际成本，由利率和折旧率决定。

Grossman 的均衡条件提供了一系列可供检验的理论预测。健康的收益曲线$\frac{G_t W_t}{\pi_{t-1}}+\frac{G_t\left[\left(\frac{U_{ht}}{m}\right)(1+r)^t\right]}{\pi_{t-1}}$与成本曲线（$r+\delta_1$）的交点就是健康需求的最优值。在 Grossman 健康需求模型中主要有四个外生变量，即人力资本存量、医疗服务价格、工资率和折旧率。在该模型中，人力资本存量主要用教育变量表示，它与健康具有互补性，教育水平的提高会促进健康的生产效率，降低健康的影子价格，提高对健康的需求。医疗服务作为生产健康的主要投入品，其价格的提高必然会使健康需求降低，因为获得健康的成本提高。工资率代表时间价格，工资水平提高，从健康的劳动时间中获得的回报也会增加，所以会增加对健康的需求。折旧率随着年龄的增长而增加，在折旧率增大时对健康需求的最优值是降低的。

2. Grossman 健康需求理论的扩展

在 Grossman（1972）提出健康需求模型后，各国研究者在其模型框架下进行实证检验，为健康需求理论和卫生服务需求理论增添了更加丰富的内容。在此基础上，一些学者也对 Grossman 理论进行了扩展，这主要体现在三个方面：

（1）模型更一般化，把消费模型和投资模型结合起来考虑。在确定性条件下，Muurinen（1982）运用投资—消费混合的一般化模型对年龄、正规教育和财富的变化进行比较静态分析。这个方法比 Grossman（1972）模型更具一般化，不仅考虑了健康需求的投资动机，也考虑了健康需求的消费动机。为了研究年龄和教育年限的增加对健康资本和医疗服务需求最优点的影响，他做出了更加严格的假设：健康时间和消费品之间的边际替代率不变，两个商品之间是完全替代的关系。

（2）考虑不确定性的影响。Grossman（1972）纯粹投资模型未考虑不确定因素，Cropper（1977）最早提出了考虑不确定性因素的影响，他假设如果健康存量降低至某一临界水平时，会导致疾病发生，在患病状态下的收入为零。健康存量的增加会降低发生疾病的概率。他进一步假设，当所有收入都来自工资时，人们便不会选择储蓄，并且人们都是风险中性者，所以人们的目标是生命中财富的贴现值达到最大化。他的结论与 Grossman 模型的收入效应结论相同：收入水平或财富水平越高，维持的健康资本存量越高。

（3）同时考虑不确定性和保险的影响。Newhouse（1970）在 Grossman 纯粹投资模型中引入共保率，考察了非营利性医院的情况。美国兰德研究（Rand）实验室采用经验数据估算了健康保险对于医疗保险的效用。引入不确定性模型后，相比于确定性情况下，消费者的健康需求与医疗服务需求都更高。

（四）劳动经济学理论

1. 劳动供给理论

劳动供给是指在一定的市场工资率条件下，劳动力供给的决策主体愿意并且能够提供的劳动时间（胡学勤和秦兴方，2004）。劳动者拥有的时间是有限的，他可以自由分配有限的时间。个人劳动供给问题实际上就是个人工作时间和闲暇时间的分配问题。劳动者根据自己的偏好和预算约束来决定时间是用于工作还是闲暇。根据理性经济人的假设，劳动者会以自己实现效用最大化目标来进行资源分配。劳动者可以通过两种途径获得效用：一是通过增加闲暇时间直接获得效用；二是增加劳动时间获得收入，通过购买消费品和服务间接获得效用。劳动者在闲暇和劳动中对时间进行合理分配，形成一个最优的排列组合以实现效用最大化。这里的闲暇是正常商品，它的价格或者机会成本等于工资率。劳动—闲暇决策模型可以表示为：

$$\max U = U(X, T_L) \tag{2-8}$$

$$s.t.\ X_p + T_L w = Tw + v \tag{2-9}$$

式中，X 表示购买产品数量；P 为产品市场价格；w 和 v 分别表示社会的工资率和非劳动收入；T_L 和 T 分别表示闲暇时间和总时间。劳动者在预算约束下对劳动和闲暇时间进行选择，实现自身效用最大化。

劳动者劳动时间的分配受闲暇偏好、工资水平及收入状况影响。在自由可支配时间一定的条件下，劳动者个人对于闲暇和劳动时间的分配随着收入和劳动者自身需求阶段的变化而变化，为了实现效用最大化，劳动者不断调整两者之间的比例。当劳动者的工资水平发生变化时，在收入效应和替代效应的共同作用下，劳动者的劳动决策会发生变化。收入效应是指工资和偏好不变，非劳动收入变化时导致的工作时间和闲暇的变化；替代效应是指非劳动收入不变，工资发生变化时导致的劳动时间和闲暇的变化。例如，在收入效应的作用下，当非劳动收入增加时，收入约束线外移，劳动者愿意工作的时间减少，增加闲暇时间；在替代效应的作用下，当工资增加，闲暇的成本就会增加，劳动者就会减少闲暇，增加劳动时间。收入效应和替代效应对个人劳动供给的影响方向相反，收入效应对劳动供给产生负向影响，替代效应对劳动供给产生正向影响。工资率的变化和收入变化是同时发生的，工资率提高意味着闲暇价格提高，同时也意味着收入的增加，所以由工资率变化引起的劳动供给的变化取决于两种效应强度的共同作用。一般认为，当工资率较低时，在劳动与闲暇的决策中替代效应起主要作用，即劳动者的劳动供给随着工资的上升而增加，劳动供给曲线向右上方倾斜；当工资率增长到一定程度后，收入效应逐渐大于替代效应，个人更愿意减少劳动时间，增加闲暇时间，从而使劳动力供给曲线向后弯曲。

（1）家庭劳动供给模型。事实上，个体在进行劳动决策时，还受到家庭其他成员的影响，劳动力的效用函数除受自身效用函数的影响外，也受到家庭其他成员效用函数的影响。因此，劳动供给决策由家庭成员共同决定。家庭劳动供给模型分为两类：一是共同偏好模型，它从家庭联合角度考察劳动供给，把家庭看作是一个单一决策主体，家庭成员具有相同的效用函数，个人追求的效用最大化目标与家庭效用最大化目标一致，个人在追求自身效用最大化的同时也会考虑其他家庭成员的效用水平；二是集体博弈模型，家庭中每个成员都有独立的效用函数，家庭成员之间通过博弈分配家庭时间，各成员以自己的相对地位和比较优势作为博弈筹码，在实现合作收益或非合作收益最大化后，最终确定家庭劳动供给决策。

Becker（1965）的家庭时间配置模型和 Gronau（1977）的时间三分法模型均属于共同偏好模型。Becker（1965）将生产理论运用到家庭行为中，认为家庭不仅是消费者，同时也是生产者，进行着很多生产活动。家庭购买的商品和劳务并不能带来直接效用，只有通过投入时间将这些产品进行加工生产后的产品才能带来直接效用，投入的时间即是家庭的生产时间。他肯定了非劳动时间在家庭效用中的作用，并且提出家庭时间配置模型，认为家庭时间包括市场劳动时间以及家庭的生产时间，但是在家庭时间配置模型中未区分家庭的生产时间和闲暇时间，但实际上两者是存在区别的，家务劳动可以通过支付报酬雇用他人完成，具有很强的市场替代性，而闲暇则不能由他人替代。Mincer（1962）提出分析家庭内部夫妻的劳动分工决策特别是当已婚妇女也参与劳动时，不能忽略家务劳动，由于男性和女性在生理、家庭角色、社会角色等方面存在差异，男性可能会投入更多时间和精力到劳动力市场，而女性需要花费更多时间在家务劳动上，同时她们也会参加市场劳动，因此女性相较于男性而言，市场劳动对家务劳动的替代性更强。所以在考虑家务劳动后，家庭中男性和女性的劳动供给决策会存在较大差异。Gronau（1977）提出了家庭时间配置的三分法模型，进一步完善了Becker的家庭时间配置模型。他将家庭时间划分为市场劳动时间、家务劳动时间和闲暇时间三个部分，因此构建出一个能够反映家务劳动的时间三分法模型。同时，他使用以色列和美国的调查数据实证分析影响家庭时间配置的因素。研究发现，工资率的增长能够显著降低家务劳动时间的供给，但是对闲暇时间和市场劳动时间的影响是不明确的；如果家庭非工资性收入增加，女性的家务劳动时间将减少，并增加闲暇时间；但是，如果家庭中添加新成员，女性家务劳动时间增加，就放弃了闲暇时间。因此，家庭成员尤其是已婚女性的家务劳动时间会因为社会经济因素和家庭人口的改变而发生变化，因而其可支配时间在市场工作、家务劳动及闲暇上的配置也会发生改变。

（2）生命周期模型。以上提到的几种劳动供给模型均是静态模型，无法分析出现收入波动时，劳动力供给作出的反应，劳动供给的生命周期理论弥补了静态模型在这方面的不足。在生命周期的不同阶段，从事市场劳动的生产率与从事家务劳动的生产率存在差异，所以当人们处于生命的不同时期时，其在市场上提供的劳动时间不同。在生命周期模型中，劳动者追求终生效用的最大化，个体面临劳动与闲暇的跨期选择。

Mincer（1962）在弗里德曼永久收入假设的基础上提出劳动供给生命周期模型，指出个体在进行劳动决策时会考虑未来可能出现的影响因素，他认为劳动供给对永久收入、暂时收入、永久工资率和暂时工资率具有不同的反应。在这一模型中，女性劳动者可能更多地依赖永久收入、工资率和收入状况进行劳动决策，即当永久收入固定时，劳动者会在其整个生命周期提供固定数量的劳动。消费、生育、配偶失业等因素的改变对劳动没有影响，只对劳动的时间分配产生影响，而对劳动时间的分配满足利益最大化的目标。每个年龄的非市场时间具有相互替代性，女性劳动者可以在生命周期内的任何时间提供劳动。Shaw（1989）认为劳动供给一般都是当前工资水平、未来工资水平折现以及财富等因素的函数。

2. 劳动需求理论

劳动需求是指一定时期内，在一定工资率下雇主愿意并能够雇用到的劳动力数量（胡学勤和秦兴方，2004）。从劳动力需求主体看，劳动需求可分为企业需求、行业需求和市场需求。企业需求是指在一定工资率下，企业愿意并能够雇用到的劳动数量；行业需求是本行业所有企业劳动需求之和；市场需求是所有行业劳动需求之和。

劳动需求受多种因素的影响，如工资率变化、技术水平、其他生产要素价格等。D 表示劳动力需求，X_i 表示影响因素，劳动力需求函数为：

$$D = f(X_1, X_2, X_3, \cdots, X_n) \qquad (2-10)$$

如果只考察劳动需求与工资率之间的关系，假定其他条件不变，工资率是影响劳动需求的唯一因素，用 W 表示工资率，劳动力需求与工资率的关系表示为：

$$D = f(W) \qquad (2-11)$$

劳动需求与工资率之间呈负相关关系，工资率越高，劳动需求量越低，劳动需求曲线是一条向右下方倾斜的曲线。

3. 劳动力市场理论

（1）劳动力市场分割理论。Clark 在《劳动力市场的分割》中首次提出内部劳动力市场和外部劳动力市场之分。Pirore 提出二元劳动力市场理论，将劳动力市场分为一级市场和二级市场，其中，一级市场里的工作具有多方面的优势，如工资高、工作稳定、升迁机会多、发展前景好等；二级市场里的工作则相反，工资低、工作不稳定、环境差、无升迁机会和发展前景，并且二级市场的劳动者难以进入一级市场。国内也有一些学者提出多元市场分割理论，如李萍和刘灿（1999）提出体制内劳动力市场和体制外劳动力市场的二元劳动力分割市场；朱镜德（1999）提出了我国三元劳动力市场，即完全竞争的农村劳动力市场、完全竞争的城镇劳动力市场和不完全竞争的城镇劳动力市场。

（2）效率工资理论。该理论认为工资会影响工人的劳动生产率，较高的工资可以提高工人的劳动生产率、降低工人的离职率。效率工资理论中最具代表性的模型是怠工模型（Shapiro 和 Stiglitz，1984）。该模型直观阐述了效率工资原理。在不能准确把握工人绩效时，企业支付高于市场出清时的薪酬，会激励工人努力工作而不偷懒，如果发现工人偷懒，就对其采取解雇的处罚。

（3）内部人—外部人理论模型。林德贝克和斯诺威尔最先提出内部人—外部人理论模型，该模型用来解释一种矛盾现象：一方面，企业的劳动需求得不到满足，同时由于实际工资率降低，企业劳动需求进一步增加；另一方面，即使能接受现行的工资率，很多劳动者仍找不到工作。内部人—外部人模型中已成功就业的劳动者称为内部人，找不到工作的失业者称为外部人。对于企业来说，辞退内部人，雇用外部人需要花费的成本是昂贵的，因为工会与企业谈判时只考虑内部人利益，忽视外部人利益，所以内部人对工资水平和就业数量具有一定的控制权，在内部人控制的情况下，劳动市场的工资调节作用对于就业增长的促进作用就失效了，从而造成非自愿性失业。

二、现有研究进展

（一）有关医疗保险的健康效应的文献评述

国内外文献对健康人力资本的影响因素进行了广泛的研究，大量研究表明，影响健康人力资本的因素主要有收入、医疗卫生服务的可得性及个人的生活习惯、生活方式、遗传等。在收入方面，绝对收入、相对收入均会对健康人力资本产生影响。在医疗卫生服务可及性方面，不少研究均证实了医疗服务可得性提高后，会降低微观个体死亡率；此外，个人的生活方式如锻炼、饮食等也会影响个体健康人力资本。通过对国内外相关文献进行分析可以发现，健康人力资本作为一种耐耗品，其影响因素总体上分为初始存量和后天的健康投资两大类。个体在出生时会获得一笔初始健康存量，主要是由遗传等先天因素所决定的，取决于父母的健康人力资本、母亲在孕期使用的医疗或保健服务和环境等；在后天的生活中，收入、教育、年龄、医疗服务等因素会影响个体的健康投资，能够改变初始存量对个体的影响。在众多影响健康人力资本的因素中，本书主要关注医疗保险的影响。

国内外学者对医疗保险与健康人力资本关系的探索由来已久，但是二者之间的关系却一直存在着争议。医疗保险与健康人力资本的内生性、健康人力资本指标的多维性等都加大了实证研究的难度。国外大部分相关研究的结论是：随着医疗保险的覆盖，居民的健康水平进一步提高。即医疗保险可以提高参保人群的健康人力资本，与享受医疗保险的人群相比，无医疗保险的人群由于支付能力有限，可能会选择价格低廉的医疗服务及治疗方案，导致无法接受有效的治疗。例如，Gonnella 等（1984）发现不享受医疗保险的人与享受医疗保险的人相比，生病时去医院的时间较晚且就诊时病情也更严重。Young 和 Cohen（1991）以患有急性心肌梗塞在美国麻省医院就诊的病人为研究对象，发现无保险的病人出院后的死亡率明显高于有商业医疗保险的病人。Ayanian 等（1993）对 1987 年美国新泽西州 4000 多名乳腺癌患者进行研究发现，无保险的患者病情确诊时间较晚且出院后存活时间相对更短。由于选择不同的人群为研究对象，以及使用不同的健康人力资本指标，因而研究所得到的医疗保险与健康水平之间的回归系数不同。

大部分国外的研究文献以美国的国家老年人医疗保险制度（Medicare）和为穷人设立的医疗补助计划（Medicaid）为研究对象。例如，Finkelstein 和 McKnight（2008）发现在 Medicare 实施的前 10 年里，Medicare 对老年人死亡率的高低并没有产生影响；Card 等（2008）也发现 Medicare 引起的老年人医疗保险覆盖面的增加没有迅速对老年人死亡率产生影响，他们还发现 Medicare 对老年人自评健康有微小但可识别的影响；Polsky 等（2009）发现随着 Medicare 覆盖人数的增加，老人自评健康测评中回答“非常好”和“较好”的占比扩大；Cutler 等（2005）利用面板数据和倍差法（DID）发现未参加 Medicare 的老年人在面临慢性病冲击后，健康的恶化程度超过参加 Medicare 的老年人；Currie 和 Gruber（1996）发现美国放宽 Medicaid 参保资格后能够显著降低儿童死亡率，他们的另一篇文献研究结果也表明，扩大 Medicaid 的覆盖率，新生婴儿的死亡率和新生儿低体重的发生率随之降低，15 ~ 44 岁妇女的医疗参保补助每增加 20%，其新生婴儿的死亡率可以降低 7%，Medicaid 的覆盖率每扩大 20%，新生儿出现低体重的发生率下降 2%；Finkelstein 等（2012）实证发现美国俄勒冈州参加 Medicaid 一年后的人群比未参加 Medicaid 的人群自评身体健康和心理健康更高。

除此之外，还有大量研究关注其他国家或地区实施的医疗保险和健康状况的关系。Hanratty（1996）的研究证明了加拿大全民医疗保险实施后婴儿死亡率下降了 4%，新生儿低体重率下降了 1.3%；Wagstaff 和 Pradhan（2005）以参加越南医疗保险项目的人群为研究对象，采用 DID - PSM 方法，研究发现医疗保险提高了参保人群的健康人力资本；King 等（2009）的研究结果表明墨西哥全民医疗保险对居民的自评健康状况的影响并不显著。

近年来，随着我国三大基本医疗保险的迅速发展，国内外学者对我国基本医疗保险是否促进居民健康和医疗服务使用进行实证分析的文献逐渐增多。医疗保险对健康人力资本影响的研究结论主要可以归纳为显著和不显著两类。

Wang 等（2009）采用实验研究的方法发现农村互助医疗保险对农村居民健康状况的改善具有显著的积极作用；吴联灿和申曙光（2010）采用中国健康和营养调查（CHNS）2004 年与 2006 年的数据和 DID - PSM 方法，以自评健康状况测度健康人力资本，发现新农合保险虽然改善了农村居民的健康状况，但效果较小；潘杰等（2013）利用 2007 ~ 2010 年国务院城镇居民基本医疗保险试点评估入户调查数据（URBMIS），采用各城市对参保人群的政府补助比例作为工具变量，发现参加城居保对居民健康状况的改善具有促进作用，且这种促进作用在经济水平较低的居民中更明显；王新军和郑超（2014）使用中国老年人健康影响因素跟踪调查（CLHLS）2008 年和 2011 年两期面板数据，利用 Heckman 模型、面板 Logit 模型和排序模型分析了医疗保险对老人医疗服务需求和健康的影响，发现医疗保险提高了老人对医疗服务的利用率，提高了老年人的及时就医概率，显著改善了老年人的健康状况；黄枫和吴纯杰（2010）通过考察医疗保险对城镇老人死亡率的影响，发现医疗保险显著降低老年人的死亡概率；王翌秋和雷晓燕（2011）研究发现新农合保险对农村老年人的自我健康评价有显著的提升作用，并且提高了农村老年人对自身患有高血压之类的慢性病的知晓度，从而得出新农合保险的实施可以使农村居民对慢性病早知晓、早治疗；程令国和张晔（2012）使用中国老年人健康长寿影响因素调查（CLHLS）2005 年和 2008 年数据，研究发现新农合保险并未显著改善参保者的自评健康，但对日常生活活动（ADL）受损、认知功能、近两年因病卧床天数等指标影响明显；同样使用 CLHLS 2005 年和 2008 年数据，Liang 和 Lu（2014）研究发现农村老年人的总体健康与心理健康改善了，但是身体机能下降了；刘晓婷（2014）通过对 2010 年浙江城乡老年人口生活状况调查数据实证分析发现城镇职工医疗保险可以改善使用较多医疗服务老人的健康水平；赵为民（2020）研究发现新农合大病保险改善了农村居民的健康水平，并刺激了农村居民医疗支出的较大幅度增长。

但也有一些学者认为医疗保险和健康人力资本之间并无明显联系。例如，选用生活质量指数（QWB），李湘君等（2012）基于不同收入层次的分析表明，新农合保险对高收入群体健康状况的改善有积极作用，但对中低收入群体的健康状况无显著影响；Lei 和 Lin（2009）采用中国健康和营养调查（CHNS）2000 年、2004 年及 2006 年三轮调查数据与多种估计方法研究得出，截止到 2006 年，无论采用"自评健康状况"还是"过去四周生病或受伤状况"作为健康人力资本衡量指标，都没有发现表明新农合保险对个人健康状况的显著改善；基于同样的数据，储雪玲（2010）选用三倍差分估计方法，研究发现参加新农合保险对自评健康状况和身体质量指数（BMI）未显示出显著的影响，不过能显著减少参与者的患病概率；胡宏伟和刘国恩（2012）以城镇居民医疗保险为研究对象，利用国务院城居保2008~2010年的数据，采用倾向得分匹配和双重差分结合的方法进行研究，结果表明城居保并没有显著改善城镇居民的健康，但是对低健康人群有显著影响，促进了老年人和低收入低健康人群健康状况的改善；赵忠和侯振刚（2005）采用CHNS数据分析了影响城镇居民健康状况的因素，结果显示是否享有医疗保险对居民自身健康并无显著影响，但作者认为可能因为存在遗漏变量问题从而导致估计有偏；罗楚亮（2008）使用CHIP 2002年城镇住户调查数据进行研究，发现公费医疗及大病统筹覆盖对自评健康无显著影响，作者认为这一结果很可能是由内生解释变量导致；Chen和Jin（2012）使用2006年中国农业调查数据对婴幼儿与孕妇进行实证分析，研究表明新农合保险对婴幼儿及孕妇死亡率无显著影响；鲍震宇和赵元凤（2018）基于PSM实证方法对农村居民医疗保险的反贫困效果展开研究，发现新农合的门诊统筹保险减贫作用不明显。

通过对国内外文献进行回顾，发现国内外对于新农合保险的健康绩效进行评估的文献较多，但是所选数据集中于新农合保险刚实施的几年，得出的结论大多为新农合保险的健康人力资本绩效并不显著或者有较小的正向影响。部分学者通过对不同人群进行研究，发现了新农合的健康人力资本绩效显著的群体。

在解释医疗保险对健康人力资本的影响机制方面，大多数学者一致认为医疗保险主要是通过影响参保人群的医疗服务使用状况来影响健康人力资本。例如，程令国等（2012）认为提高医疗服务使用率是新农合改善农村居民健康状况的关键方式。从理论角度分析，医疗保险能够减少个体购买医疗服务时实际支付的成本，提高医疗卫生服务的可得性。国外关于医疗保险对医疗服务使用影响的研究中，最著名的是兰德实验，20世纪70年代，美国兰德公司进行了一项旨在研究医疗保险不同共付率对消费者医疗服务使用情况影响的实验，将6个地区的家庭随机分组，观察这些拥有不同共付率保险的家庭医疗服务的利用状况，结果显示患者就诊率和住院率随患者自付比例增加而降低。

大部分研究认为医疗保险对医疗服务的使用具有促进作用。例如，Cheng等（1997）通过比较中国台湾地区居民在参加全民医保前后去门诊或急诊次数和住院情况，发现居民参加全民医保后的就医概率比无保险时增加了1倍。同样是对中国台湾地区的研究，Chen等（2007）的研究结果表明，全民医疗保险对促进参保老年人的门诊和住院服务使用率具有积极作用，尤其对中低收入人群的影响更显著，降低了医疗服务利用的不平等，但当用自评健康状况及死亡率作为测度健康人力资本的指标时，全民医疗保险并没有改善居民的健康状况。张晖和许琳（2007）通过对有医保组和无医保组人群的比较，发现无任何医疗保险组人群不论是其两周就诊率、住院率，还是相关费用均低于有医保群体。高梦滔（2010）发现新农合显著增加了农村居户对医疗服务的使用率，参加新农合后居民 1 年内就诊次数与未参保时相比平均增加 0. 29 次。王贞等（2019）以老年群体为研究对象，发现提高医疗保险待遇会促进老年医疗服务水平的提升。马超等（2017）运用江苏代表性地区调研数据研究发现，相对于未实施城乡医保统筹的地区，实施城乡医保统筹地区的居民医疗服务利用状况得到了明显的缓解。

区分住院与门诊两种医疗服务使用形式，大部分学者认为新农合对住院医疗服务的促进作用显著，但是在门诊医疗服务的使用上，尚无一致的结论。例如，Wagstaff 等（2009）运用双重差分及匹配的方法研究发现，新农合显著提高农村居民的住院率和前往门诊就医的次数，降低了孕妇分娩时的总费用，但是对居民的自付费用没有显著影响。使用卫生部与世界银行家庭入户调查数据，钱军程等（2008）研究发现新农合制度的试点对农民卫生服务利用有一定的促进作用，对住院利用的促进作用更明显；王俊等（2008）的研究结果显示，在城市参加医疗保险的居民更多选择市级以上医疗机构就诊，在农村参加新农合的居民更多地选择到乡镇卫生院和县及县级以上医院就诊。进一步对不同收入人群进行研究，李湘君等（2012）发现新农合对农村居民就诊概率的积极影响首先体现在中等收入农民中，随后在低收入和高收入人群中也产生积极影响，最终提高农村地区对医疗服务的使用率。章丹等（2019）发现，新农合实施存在改善农村居民身体健康的作用，能够增进高年龄与低收入人群的健康且不增加住院自付支出。

（二）有关健康人力资本的劳动力市场效应的文献评述

国内外大多数文献一致认为，作为人力资本的一种形式，健康人力资本同教育人力资本一样可以提高劳动生产能力从而促进经济增长。一个国家或地区宏观层面上健康人力资本的提升对国家经济增长具有重要作用，在微观层面上，健康人力资本的提升同样可以促进个体在劳动市场上的表现。

宏观层面上，良好的健康人力资本对居民的劳动力市场总体绩效有着积极的正面影响，也使得经济发展处于良好的状态。Barro（1996）最早从宏观角度研究健康人力资本，发现健康人力资本通过影响劳动生产率对经济增长产生积极作用。据世界银行专家测算，世界经济的增长中有8%～10%可归功于人群健康水平的提高。Bloom等（2001）使用佩恩表（Penn World Tables，PWT）对1960～1990年每隔10年的跨国面板数据进行研究，显示假定物质资本和劳动投入固定不变，预期寿命增加1年会促进经济产出增长4%。Arora（2001）通过对发达国家近200年的经济增长数据分析，发现健康人力资本可以用来解释长期经济增长的30%～40%。哈佛大学的研究也认为30%～40%的亚洲经济增长源于人群健康水平的提高。

在对中国的研究中，罗凯（2006）使用我国省级面板数据进行分析，结果显示健康人力资本对经济增长具有明显的促进作用，延长预期寿命1岁，提高GDP增长率1.06%～1.22%。骆永民（2011）使用我国公共卫生支出投入产出效率作为变量，研究发现健康人力资本不仅促进本地区的经济增长，对相邻地区的经济增长也具有积极作用且存在显著的门限效应。利用内生增长模型，杨建芳等（2006）、余长林（2006）证实了人力资本存量和人力资本增量都对中国经济增长产生重要影响。张芬和何艳（2011）认为健康人力资本的增量而非存量水平有利于长期经济增长。封岩和柴志宏（2016）运用内生增长模型分析得出，健康人力资本在促进经济增长的效应发挥方面存在阶段性。余静文和苗艳青（2019）认为，健康人力资本能够有效缓解要素资源数量下降的负面影响，推动中国的区域经济增长。

Zon和Muysken（2001，2003）利用Lucas的内生增长模型，考察了健康人力资本对经济增长产生的四个途径：第一，健康人力资本的提升能提高劳动生产能力；第二，健康人力资本的积累能够促进教育人力资本积累；第三，个人健康人力资本的提升能够提高个人的效用水平；第四，个人健康人力资本的提升能够增加个人寿命从而可能会带来人口老龄化问题。这表明，健康对经济也可能产生负面影响。国内有学者关注到了这个问题，如王第海等（2008）提出健康投资量和经济增长是否具有正相关关系取决于它如何影响物质资本积累，过多的健康投资对经济增长可能具有负作用，他们运用中国跨省数据的研究结果支持了这一结论。

通过梳理国内外文献，本书发现在微观层面上的研究主要集中于健康人力资本对劳动参与（或退出）、就业部门、劳动时间、劳动收入的影响。年龄、健康人力资本、性别等个体变量对我国农村老人的劳动供给影响显著，其中，对农村老人劳动供给影响最大的是老人的疾病状态（具体包括是否患病和所患疾病的严重程度），疾病越严重，农村老人的劳动参与率越低（庞丽华等，2003）。Luft（1975）基于美国经济机会调查数据，分析了18~64岁人群的劳动参与行为，发现健康对劳动参与存在显著影响。Schultz和Tansel（1993）利用世界银行的生活水平测度调查数据，使用Heckman模型对科特迪瓦和加纳的劳动参与进行研究，发现健康对劳动参与具有显著的影响。樊明（2002）采用美国国家医疗支出调查数据、自评健康和构造的健康测度两个健康人力资本指标，选用Probit估计方法分析了16~62岁居民的健康状况对劳动供给的影响，结果表明健康人力资本显著增加居民的劳动供给。魏众（2004）使用1993年中国健康和营养调查（CHNS）中农村部分的数据，采用Heckman两阶段估计模型，以健康因子作为健康指标，研究发现健康人力资本对劳动参与和非农就业具有显著的作用，并且健康人力资本对非农劳动就业的影响大于对工资的影响。刘生龙（2008）运用中国健康与营养调查（CHNS）2006年的数据采用自评健康人力资本指标，研究发现农村居民的健康人力资本改善可以提高劳动参与的可能性，并且在不同性别、不同年龄的农村居民中存在差异。曹乾和杜雯雯（2010）基于Heckman样本选择模型，利用我国东中西部地区9个省份的城镇居民调查数据，发现健康作为人力资本的重要因素，对我国城市地区居民的就业具有显著的正向效应。李钟帅和苏群（2014）根据中国健康与营养调查（CHNS）数据利用二元选择模型和扩展的明瑟收入方程，发现长期健康状况越好的劳动力参与非农就业的可能性越高。邓力源等（2018）基于我国家庭追踪调查数据分析也发现，良好的健康状况会促进农村居民的非农就业和收入增长。

在进一步的异质性考察方面，健康人力资本的劳动力市场绩效对于不同人群影响不同，这可能是因为他们的劳动参与模式、劳动类型等不同。例如，张川川（2011）使用中国健康与营养调查（CHNS）2004年和2006年的数据，考察了上一期的健康自评、两期的健康自评变化对劳动力供给的影响，研究表明城镇居民和男性的劳动参与率受健康状况恶化的影响显著降低，农村居民和女性更容易受健康状况改善的影响而提高劳动参与率。Thomas（2006）通过在印度尼西亚的自然试验发现，健康水平的提高增加了居民劳动参与率，并且对男性的影响更为显著。Cai（2010）使用澳大利亚家庭、收入和劳动动态调查（HILDA）的前四期数据，发现健康人力资本对劳动参与率的影响均显著为正。Kalwij和Vermeulen（2005）研究欧洲11个国家50~64岁居民的劳动参与行为，实证结果表明健康人力资本对劳动参与率的影响在不同国家间差异较大，健康人力资本提高后，澳大利亚、德国等国家的男性劳动参与率提高了10%，荷兰和瑞典的女性劳动参与率提高了10%。

然而一些研究也发现医疗保险会降低人们的工作积极性，这种现象在低收入、接近退休年龄、健康状况较差等人群中比较常见。例如，Mete 和 Schultz（2002）研究发现，在中国台湾地区实现全民保险后，老年人工作的积极性降低。在劳动力退出研究方面，Stern（1989）将个体残疾状况作为健康自评的工具变量，构造劳动参与率和健康内生的结构方程探究残疾对于劳动参与率的影响，发现身患残疾导致劳动参与率下降。Ettner（1996）将被访者父母是否患过精神疾病和被访者18岁前患精神疾病作为工具变量解决健康度量的内生性问题，发现心理不健康导致工作概率显著下降。解垩（2011）使用中国健康和营养调查（CHNS）1997~2006年数据进一步对不同人群进行研究，认为就总人群而言，健康人力资本是劳动力退出的重要因素。但是，这在不同性别和城乡特征人群中的影响存在差异：相比之下男性退出劳动力市场受到健康人力资本的影响要大于女性，女性退出劳动力受到健康人力资本的影响比较微小；健康人力资本对城镇居民退出劳动力市场没有显著影响，但对农村居民退出劳动力市场的影响却比较显著。

为了应对老龄化、慢性病高发等趋势，各国学者更为关注老年群体以及慢性病病种，研究结论一致认为健康人力资本（多为慢性病指标）是决定老年人劳动参与或退出的关键因素。例如，Campolieti（2002）对加拿大老年男性进行研究，发现伤残对他们的劳动参与率有负面影响。Zhang 等（2009）使用澳大利亚国民健康调查的数据研究发现慢性病对劳动参与率的影响在不同性别、年龄人群存在显著的差异，其中对50岁以上人群的影响要大于年轻人。采用中国健康和营养调查（CHNS）1997~2006年四期面板数据，李琴（2014）研究发现城市中老年人患高血压后会选择提前退休从而减少劳动供给，但由于农村居民缺乏完善的社会保障，农村中老年人患高血压后不得不选择坚持劳动。洪秋妹等（2010）的研究表明，健康人力资本会影响老年人自身劳动参与行为，父母健康人力资本的下降也会导致子女劳动参与及劳动时间减少，这意味着健康人力资本对劳动力市场的影响还存在代际效应。在 Zucchelli 等（2010）的研究中，将健康人力资本区分为短期的健康冲击和长期的慢性病，研究结果证明了急剧的健康冲击对促进退休具有关键作用。赵昕东和李翔（2020）也验证了健康人力资本对劳动生产率的正向促进作用。邓力源等（2019）发现健康人力资本会促进中老年人的劳动参与，并且存在城乡、年龄和性别差异。

在健康人力资本对劳动时间的影响方面，Ettner（1996）分析发现心理不健康导致处于就业年龄的男性工作时间下降。田艳芳（2011）采用Tobit模型进行的分析表明，较差的健康水平促使人们减少劳动时间，而关节类疾病对劳动者减少劳动时间的影响更为显著，并且这种影响不存在性别差异。秦立建等（2012）使用农业部农村固定观察点2003~2007年全国性大规模跟踪调查数据与Heckman模型，研究结论为健康人力资本较低导致农民工外出劳动时间减少。杨志海等（2015）基于中国健康与养老追踪调查（CHARLS）2011年的数据对慢性疾病冲击（如“三高”疾病等）、急性疾病冲击（如心脏病等）两类健康人力资本指标进行研究，结果显示两种健康冲击均能显著降低农村中老年人的农业劳动时间。Cai（2014）采用澳大利亚家庭、收入和劳动动态调查（HILDA）的前六期调查数据，研究发现健康人力资本较低导致劳动时间减少，当发生健康冲击时劳动时间减少得更多，但是健康人力资本对劳动时间的影响并没有对劳动参与、劳动收入的影响显著，这可能是因为存在工作单位劳动时间的限制，工人们不可以自由选择工作时间，所以在统计上，健康人力资本较差不会对工人的工作时间产生显著的影响（樊明，2002）。

在健康人力资本对劳动收入的影响方面，众多研究表明健康人力资本的改善能够提高劳动收入。例如，刘国恩等（2004）首次探讨了健康人力资本对中国经济奇迹发挥的作用，研究表明健康人力资本对个人收入增长具有积极的促进作用。Jones等（2008）研究发现健康人力资本与工资水平正向变动。张车伟（2003）较早地研究了我国健康人力资本和种植业收入之间的关系，结果显示农村居民的劳动生产率受到几乎全部的健康和营养指标的影响，在这些指标中疾病和营养摄入指标对其有最显著的影响，如果家庭劳动力因病无法工作，耽搁的时间每增加一个月，种植业收入减少2300元。俞福丽和蒋乃华（2015）采用中国健康和营养调查（CHNS）2004年、2006年和2009年三轮调查数据探讨了在农业机械化程度不同的两个地区（广西和黑龙江）健康人力资本对农村居民种植业收入的影响，研究发现在机械化程度不高或机械较难代替劳动力的地区，健康人力资本与农村居民的种植业收入之间存在显著的正向影响关系；而在机械化程度高或农业机械容易代替劳动力的地区，健康人力资本对农村居民的种植业收入没有显著影响。魏众（2004）研究发现健康人力资本对非农就业机会有显著影响，但对劳动工资缺乏显著的影响。邓力源等（2018）认为，健康人力资本会促进农村居民非农就业，并相应提高了其非农就业收入。张艳华和李秉龙（2006）采用调研收集的数据与 Heckman 模型，研究得出了类似的结论。张川川（2011）使用中国健康和营养调查（CHNS）数据发现滞后期健康状况与当期家庭收入显著正相关，健康恶化会显著降低家庭收入。李钟帅和苏群（2014）使用中国健康和营养调查（CHNS）的截面数据以自评健康作为衡量健康状况的综合指标，发现综合健康指标对农村劳动力的非农就业收入有显著影响。Ettner（1996）通过研究分析心理健康对于劳动力市场表现的影响，发现心理不健康导致劳动者的工资水平降低进而引起收入水平的降低。Stern（1989）研究发现健康不良使爱沙尼亚人的日工资水平下降。王志刚等（2009）利用北京的调查数据，研究发现农民工的营养摄入状况越好，身体状况越好，健康意识越强，其收入水平也越高。高梦滔和姚萍（2005）利用中国 8 个省 1354 个农户的面板数据的估计结果表明，大病冲击导致农户人均纯收入平均减少 5% ~6%；同时发现这种负面影响具有长期性，平均要持续 15 年。从长期来看，农村居民收入与健康人力资本之间确实存在着长期均衡关系，健康人力资本的提升有力地促进了农村居民的收入增长（李谷成等，2006）。王引和尹志超（2009）以热量摄入作为衡量健康人力资本的指标，使用固定效应和动态面板数据模型进行研究，发现热量摄入对农村男性收入的影响大于对农村女性收入的影响。Liu 等（2008）采用中国健康和营养调查（CHNS）1991 年、1993 年和 1997 年三期面板数据，研究发现家庭收入受到家庭成员健康人力资本的影响，这种影响在农村地区更显著。秦立建等（2013）发现健康人力资本较高的农民工外出打工收入较高。大量文献对农村人口进行研究，这可能是因为相对于城镇人口，农村人口的劳动收入对健康人力资本更敏感。例如潘思思（2007）的研究结论也支持了该观点。但一些研究却证明了健康对收入并没有显著影响。例如，曹乾和杜雯雯（2010）基于 Heckman 样本选择模型利用我国东中西部地区 9 个省份的城镇居民调查数据研究发现健康对收入的影响并不显著。魏众（2004）也认为健康对工资具有促进作用，但这种影响并不显著。

（三）有关效应评估方法的文献评述

通过梳理国内外文献发现，在评估医疗保险对健康人力资本的健康绩效和健康人力资本的劳动力市场绩效时，需要重点处理好健康人力资本指标的多维性和健康人力资本方程的内生性两个问题。

仔细考察各类文献对健康人力资本指标的选择，发现已有文献健康指标主要集中于主观健康指标和客观健康指标两类。主观健康人力资本指标通常是在调查询问时，要求被访者回答自我评价与其他同龄人相比自己的健康状况处于“非常好”、“好”、“一般”或“差”的哪一种；客观健康人力资本指标主要指一些体测或患病指标，如个体的体重、身高、生活质量指标（QWB）、身体质量指数（BMI），日常生活能力（ADL）、具体患有哪种疾病（例如慢性病）、过去四周是否生病或受伤等。这些指标并没有绝对的优劣，健康人力资本有着丰富的内涵，研究者可以根据研究目标从不同维度进行衡量。主观健康自评、死亡率指标存在较多争议，部分学者认为主观健康自评具有偏误、存在测量误差等局限性。近年来，为了克服单个健康人力资本指标难以全面反映健康人力资本内涵的缺陷，Campolieti（2002）、Zucchelli（2010）、解垩（2011）、Cai 等（2014）、Lei 和 Lin（2009）、潘杰等（2013）。以研究将主观、客观健康人力资本指标结合使用，选用多种客观健康人力资本指标或选用健康状况与健康冲击指标也是最近的研究中比较常见的做法。Cai 等（2014）指出，健康状况指标可以衡量健康人力资本与劳动力市场状态的长期均衡关系，而健康冲击指标可以衡量短期健康人力资本恶化对劳动力市场的影响，因此，选用健康状况与健康冲击指标可以反映健康人力资本与劳动力市场的长短期均衡关系。但是，选用不同的健康人力资本指标进行实证分析可能得到不同的研究结果。

研究时需要关注的另一个问题是健康人力资本的内生性问题。产生内生性问题的原因主要有：第一，遗漏变量，即存在难以观测的因素影响农村居民在劳动力市场上的决策；第二，健康人力资本这一关键变量的测量误差，在已有的文献中，尚未发现能够完全替代个体真实健康人力资本的指标，所以测量误差难以避免。在实证分析医疗保险的健康效应时，由于健康保险的自愿参加特征，使得模型参保变量存在自我选择从而导致严重的内生性问题；在实证分析健康人力资本的劳动力市场绩效时，劳动力市场绩效与健康人力资本变量之间存在双向因果关系，同样也会产生严重的内生性问题。

仔细考察各类文献在实证回归方法上的选择，发现之前较多的实证文献采用普通最小二乘法（OLS），但是由于未克服上述内生性问题，采用 OLS 方法进行实证研究的文献得出的结论并不准确。为了缓解医疗保险的健康绩效模型存在的内生性问题，常用的研究方法主要有工具变量方法、固定效应模型、倍差匹配法等（Currie 和 Gruber，1996；程令国和张晔，2012；Chen 和 Jin，2012；等）。潘杰等（2013）采用各城市对参保人群的政府补助比例作为工具变量，利用相关模型估计了城镇居民基本医疗保险对城镇居民健康的影响。Card 等（2009）以 65 岁急诊入院病人为研究对象，使用断点回归方法实证分析了 Medicare 对其健康状况的影响。刘玮等（2016）运用两阶段最小二乘模型（2SLS）分析了医疗保险对儿童健康的影响。工具变量方法的使用受限于工具变量的有效性，而固定效应模型只能排除一些随时间不变的可观测因素的影响，倍差匹配法则可以消除由于难以观察到的因素带来的系统性偏误，也可以剔除由于时间变化带来的差异，相比较而言倍差匹配法在已有文献中使用频率较高，研究结果也相对更准确，当前文献中使用频率最高的方法也是倍差法（DID）或倍差法与匹配法相结合的方法（DID - PSM）。例如，Cutler 和 Vigdor（2005）采用 DID 分析在 51 ~ 65 岁人群中有无 Medicare 对疾病冲击后健康的影响。Finkelstein 和 McKnight（2008）用 DID 方法分析 Medicare 的实施效果。Lei 和 Lin（2009）、Chen 和 Jin（2012）、吴联灿和申曙光（2010）均使用倍差法和匹配法相结合的方法考察了新农合对中国农村居民健康的影响。

关于健康人力资本对劳动力市场绩效的影响，现有文献主要可以分为三个方面的研究：一是健康人力资本对劳动参与的影响；二是健康人力资本对劳动时间的影响；三是健康人力资本对劳动收入的影响。对于劳动参与影响的研究，学者多用 Probit 模型（樊明，2002；刘生龙，2008；李钟帅和苏群，2014）、Heckman 两阶段法（Schultz 和 Tansel，1993；杨志海等，2015）、选择模型（魏众，2004）、非连续时间风险模型（解垩，2011）进行研究。也有学者运用工具变量法，Stern（1989）运用残疾症状作为健康自评的工具变量，构造劳动参与率和健康内生的结构方程，分析残疾对于劳动参与率的影响。关于劳动时间影响的研究，杨志海等（2015）将劳动参与和劳动时间运用 Heckman 两阶段法一并研究；田艳芳（2011）运用 Tobit 模型来研究。对于劳动收入影响的研究，曹乾和杜雯雯（2010）使用 Heckman 模型探讨我国城市居民的健康状况对就业及收入的影响。李钟帅和苏群（2014）采用扩展的明瑟收入方程实证分析健康对参与非农就业的劳动力工资水平的影响。

Davis 等（2005）认为劳动者的健康人力资本主要通过三个渠道影响经济产出：一是健康状况较差或残疾导致劳动者退出劳动市场；二是因健康问题导致劳动者工作时间减少；三是因自身健康问题或家庭成员的健康问题导致劳动者生产

率降低。其测算方法为上述三个渠道减少的工作时间之和乘以当年当地区的平均最低工资。采用 UNHS 2005 年和 2006 年的数据，Fred 等（2012）的研究发现，假设平均每月工资为 95958 USH（乌干达先令），健康状况较差对经济产出的影响大约相当于减少每年 1800 万美元的经济损失，占 2005 年 GDP 的 0.02%，其测算方法即用因病及照顾生病家庭成员减少的工作时间平均值乘以当地平均工资。

（四）现有研究的启示

第一，总体来说，国内外对于医疗保险的健康人力资本绩效以及健康人力资本的劳动力市场绩效给予了较多关注，但鲜有学者将两者结合起来分析。在影响健康人力资本的变量中，环境、教育等因素在短期内无法改变，个人人口学特征无法控制，而大量研究表明参加医疗保险直接降低了人们的医疗服务使用成本，影响健康需求与健康投资，因此，相对来说参加医疗保险是改变健康人力资本的一个重要途径。近年来，国家为提高城乡居民的医疗保险覆盖率投入了大量财政补贴，伴随城乡居民医疗保险的实施和全面推进，这项公共政策的实施效果如何，医疗保险是否促进了居民医疗服务的可得性，是否提升了居民健康人力资本，从而促进了他们在劳动力市场的绩效，是一个具有理论和现实意义的选题。

第二，通过文献梳理发现，由于不同的文献在实证中研究对象的国别不同、医疗保险种类不同，研究方法使用不同，对不同覆盖人群进行研究导致得出的结论略有不同，但总体来看医疗保险有提高健康人力资本的趋势，佐证了良好的健康人力资本有利于提升劳动力市场绩效。本书运用不同的研究方法，克服模型的内生性问题，通过对不同群体进行异质性分析，评估当前实施的三大基本医疗保险的健康人力资本效应以及健康人力资本的劳动力市场效应。

第三，已有文献多使用 2006 年以前的调查数据来评估医疗保险对健康人力资本的影响，并且侧重新农合保险对农村居民的健康的影响研究，得出的结论主要是新农合对农村居民的健康人力资本影响不大，实际上考察的是新农合对健康人力资本影响的短期效应。为了从长期的视角更全面地评估医疗保险的实施效果，本书选择时间跨度更长的数据对三大基本医疗保险进行研究，实际上是检测了医疗保险对健康人力资本影响的长期效应。此外，实证研究也发现对于不同人群，医疗保险的健康人力资本绩效存在差异，本书试图通过对不同群体进行分析，评估出医疗保险健康人力资本绩效显著的人群。

第四，对于健康人力资本的劳动力市场绩效的评估争议较多的是健康人力资本指标的选择问题，每种指标都有其优劣，相对来说，使用具体客观的健康人力资本指标评估出的结果更准确。因而，本书使用长期健康人力资本指标和短期健康人力资本指标两类客观指标来分析健康人力资本市场和劳动力市场之间的长期均衡和短期均衡，从而更全面、准确地描述和比较医疗保险对不同维度健康人力资本的影响以及不同维度健康人力资本对劳动力市场的影响。

第五，现有研究在讨论劳动力市场绩效时，大多只对劳动力参与行为的其中一两个方面进行研究，但事实上健康人力资本对不同劳动力市场绩效指标的影响存在差异。本书从劳动参与（类型）、劳动时间、劳动收入三个方面衡量劳动力市场绩效，并从农业劳动和非农劳动两个方面对劳动类型进行划分，细致分析和比较健康人力资本对不同劳动类型劳动力市场绩效的影响。

第三章　我国城乡医疗保险的发展历程与劳动力市场的发展现状

一、我国城乡医疗保险的改革与发展

（一）城镇职工医疗保险的改革与发展

1. 城镇职工医疗保险制度的发展历程

我国城镇职工医疗保险制度于中华人民共和国建立初期开始建立，先后经历了混合医疗制度和医保制度改革两个阶段的发展历程。从城镇职工医疗保险制度建立初到1994年，我国实行混合医疗制度，在这一制度背景下医疗保险是高度集中的计划经济体制下的产物，国家财政压力大，医保基金管理制度不完善等造成医疗资源浪费的现象；1994年开始的医保制度改革，通过不断创新和完善建立了符合市场经济体制的城镇职工医疗保险制度。

第一阶段：劳保医疗和公费医疗混合的医疗制度。

1951年，在高度集中的计划经济体制下，当时的中央人民政府政务院发布了《中华人民共和国劳动保险条例》，1952年初步建立了包括公费医疗和劳保医疗的城镇职工医疗保障制度。公费医疗的受益对象是行政事业单位在职与退休工作人员、革命伤残军人和大学生，其医疗费用全部由国家财政承担，是一种免费的基本医疗保险制度。劳保医疗的受益对象是企业职工及其家属，企业职工可享受免费医疗，职工的家属按规定可享受半费医疗待遇。截至20世纪70年代末，公费医疗和劳保医疗覆盖了全国75%以上的城镇职工及离退休人员。中国传统的城镇职工医疗保险在保障职工健康、促进经济发展等方面发挥了重要作用。但是，随着经济的发展和改革的不断深入，传统的医保制度并不能解决职工的基本医疗保障问题，弊端日益突出，医保制度改革势在必行。

第二阶段：职工基本医疗保险。

（1）医疗保险改革试点（1994～1998年）。1993年，党的十四届三中全会提出“城镇职工养老和医疗保险金由单位和个人共同负担，实行社会统筹和个人账户相结合”①。1994年4月，国家体改委、财政部、劳动部、卫生部四部委根据十四届三中全会的要求，发布了《关于职工医疗制度改革的试点意见》，明确职工医疗保障制度改革的目标是建立社会统筹与个人账户结合的医疗保险制度，并使之逐步覆盖城镇所有职工。同年11月，江苏镇江和江西九江作为试点地区开始进行医疗保险改革（通常称为“两江试点”）。1996年，国务院办公厅于4月8～11日在镇江召开了“全国职工医疗保障制度改革扩大试点工作会议”；5月，国务院办公厅转发了国家体改委等四部委《关于职工医疗保障制度改革扩大试点的意见》，决定在全国范围内再挑选一部分具备条件的城市扩大试点。1996年，国务院决定在“两江试点”基础上增加改革试点，全国各个城市积极申请推行城镇医保试点，最终40多个城市获得试点资格。通过开展试点工作，各地区对职工医疗保障制度改革的指导思想、基本原则、制度框架和政策内容有了比较明确的认识，为我国进一步深化医疗保障制度改革积累了丰富的经验。

（2）建立和实施城镇职工基本医疗保险制度（1998年）。在总结医疗保险改革试点经验的基础上，国务院决定在全国范围内建立城镇职工医疗保险制度。1998年，颁布《国务院关于建立城镇职工基本医疗保险制度的决定》，提出为适应社会主义市场经济体制，建立保障职工基本医疗需求的城镇职工基本医疗保险制度，并于1999年底实现在全国范围内基本建立城镇职工基本医疗保险制度的政策目标。政策明确规定了城镇职工基本医疗保险制度的基本任务、基本原则和政策框架，标志着我国基本医疗保险改革进入了一个新的历史阶段。1998年底，医改试点扩大到40多个城市，参加城职保的职工达到1877.6万人；基金收入60.6亿元，支出52.9亿元，期末滚存结余29.8亿元②。1999年，劳动和社会保障部等主管部委联合发布了《关于印发城镇职工基本医疗保险定点零售药店管理

① 资料来源：中国共产党新闻网，http：//cpc.people.com.cn/GB/64162/134902/8092314.html。

② 资料来源：1998年劳动和社会保障事业发展年度统计公报［R/OL］.http：//www.mohrss.gov.cn/SYrlzyhshbzb/zwgk/szrs/tjgb/200602/t20060207_69891.html。

暂行办法的通知》、《城镇职工基本医疗保险定点医疗机构管理暂行办法》、《关于加强基本医疗保险用药范围管理工作的通知》等，多方面地在政策上规范了城镇职工医疗保险制度。城镇职工医疗保险改革取得了新的突破。1999 年底，全国共有 36 个地级统筹地区和 23 个县级统筹地区实行基本医疗保险改革方案。全国参加基本医疗保险制度的人数达到 2065. 3 万人；当年基本医疗保险基金收入 89. 6 亿元，支出 70. 4 亿元，结余 57. 6 亿元①。

（3）三改并举（2000 年）。2000 年 7 月，国务院在上海召开全国城镇职工医疗保险制度和医药卫生体制改革会议，明确提出"用比较低廉的费用提供比较优质的医疗服务，努力满足广大人民群众基本医疗服务需求"的改革总体目标。会议还指出，坚持这一改革目标，要同步推进城镇职工基本医疗保险制度、医疗机构和药品生产流通体制三项改革②。随后，医疗保险制度改革的步伐逐渐加快，截至 2000 年底，全国有 320 个地级以上统筹地区出台医疗保险制度改革方案，284 个统筹地区已经组织实施改革方案，覆盖人数 4332 万人。2000 年全年基本医疗保险基金收入 170 亿元，支出 124 亿元，全国基本医疗保险基金滚存结余 89 亿元。③ 城镇职工基本医疗保险制度在实现全国范围全面覆盖的同时，相关配套政策也陆续出台，保险制度在用药范围、医疗机构、基金管理等方面得到逐步完善。党的十六届六中全会明确提出，要完善城镇职工基本医疗保险，建立以大病统筹为主的城镇居民医疗保险。2007 年 7 月，国务院下发了《关于开展城镇居民基本医疗保险试点的指导意见》，开始进行城镇居民基本医疗保险的试点工作。

表 3 –1 归纳了我国城镇职工基本医疗保险的相关政策文件。

表 3 –1　城镇职工基本医疗保险主要政策文件汇总

颁发时间	名称	颁发部门	影响或意义
1994 年 4 月	关于职工医疗制度改革的试点意见（体改分〔1994〕51 号）	国家体改委、财政部、劳动部、卫生部	提出推动职工医疗制度改革

① 资料来源：1999 年劳动和社会保障事业发展年度统计公报［R/OL］. http：//www. mohrss. gov. cn/SYrlzyhshbzb/zwgk/szrs/tjgb/200602/t20060207_ 69892. html。

② 资料来源：人民网，http：//www. people. com. cn/GB/channel1/10/20000727/161293. html。

③ 资料来源：2000 年劳动和社会保障事业发展年度统计公报［R/OL］. http：//www. mohrss. gov. cn/SYrlzyhshbzb/zwgk/szrs/tjgb/200603/t20060301_ 69895. html。

续表

颁发时间	名称	颁发部门	影响或意义
1996 年 5 月	国务院办公厅转发国家体改委等四部委关于职工医疗保障制度改革扩大试点意见的通知（国办发〔1996〕16 号）	国务院办公厅	在全国范围内扩大职工医疗保障制度改革试点范围，推进职工医疗保障制度改革，建立新型的职工医疗保险制度
1998 年 12 月	关于建立城镇职工基本医疗保险制度的决定（国发〔1998〕44 号）	国务院	明确城职保改革的任务和原则、覆盖范围和缴费办法，对建立基本医疗保险统筹基金和个人账户等方面做了明确规定
1999 年 1 月	关于印发城镇职工医疗保险制度改革宣传提纲的通知（劳社部发〔1999〕2 号）	劳动和社会保障部	确保城镇职工医疗保险改革的平稳推进和新旧制度的顺利衔接
1999 年 4 月	关于印发城镇职工基本医疗保险定点零售药店管理暂行办法的通知（劳社部发〔1999〕16 号）	劳动和社会保障部、国家药品监督管理局	明确规定了城镇职工基本医疗保险定点零售药店的资格和要求
1999 年 5 月	城镇职工基本医疗保险定点医疗机构管理暂行办法（劳社部发〔1999〕14 号）	劳动和社会保障部、卫生部、国家中医药管理局	规定了城镇职工基本医疗保险定点医疗机构申请的资格和条件
	关于印发城镇职工基本医疗保险用药范围管理暂行办法的通知（劳社部发〔1999〕15 号）	劳动和社会保障部、国家发展计划委员会、国家经济贸易委员会、财政部、卫生部、国家药品监督管理局、国家中医药管理局	明确规定了城镇职工基本医疗保险用药范围及用药费用的支付范围
1999 年 6 月	关于加强城镇职工基本医疗保险费用结算管理的意见（劳社部发〔1999〕23 号）	劳动和社会保障部、国家经济贸易委员会、财政部、卫生部、国家中医药管理局	明确规定结算方式和标准、结算范围和程序、审核办法和管理措施，以有效地控制医疗费用，保证统筹基金收支平衡，规范医疗服务行为，保障参保人员的基本医疗，提高基本医疗保险的社会化管理服务水平

续表

颁发时间	名称	颁发部门	影响或意义
1999 年 6 月	《关于城镇职工基本医疗保险诊疗项目管理的意见》（劳社部发〔1999〕22 号）	劳动和社会保障部、国家发展计划委员会、财政部、卫生部、国家中医药管理局	规定了基本医疗保险诊疗项目范围和目录
	《关于加强城镇职工基本医疗保险费用结算管理的意见》（劳社部发〔1999〕23 号）	劳动和社会保障部、国家经济贸易委员会、财政部、卫生部	指导各统筹地区制定基本医疗保险费用结算办法、规范社会保险经办机构与定点医疗机构和定点零售药店的结算关系
1999 年 7 月	关于加强基本医疗保险用药范围管理工作的通知（劳社部函〔1999〕145 号）	劳动和社会保障部	严禁各地方劳动保障部门以任何名目向药品生产企业收取评审费用
1999 年 10 月	《关于加强职工基本医疗保险财务管理工作的通知》（财社字〔1999〕158 号）	财政部	明确规定了城职保缴费率的测算、财政应负担的支出、列支渠道、基金管理、特殊人群的医疗费用管理、基金监督管理等方面的工作
2000 年 1 月	关于印发城镇职工基本医疗保险定点医疗机构和定点零售药店服务协议文本的通知（劳社部函〔2000〕3 号）	劳动和社会保障部	发布定点医疗机构、定点零售药店协议文本，加强管理
	《城镇职工基本医疗保险业务管理规定》（劳社部函〔2000〕4 号）	劳动和社会保障部	对登记与缴费核定、费用征集、费用记录处理、待遇审核、待遇支付、基金会计核算与财务管理等方面作了详细的规定
2000 年 3 月	关于印发城镇职工基本医疗保险管理信息系统建设指导意见的通知（劳社厅函〔2000〕30 号）	劳动和社会保障部	提高医疗保险管理和社会化服务水平，推动全国社会保险管理信息系统的一体化建设
2002 年 8 月	关于加强城镇职工基本医疗保险个人账户管理的通知（劳社厅发〔2002〕6 号）	劳动和社会保障部	加强个人账户基金管理，严格控制资金支出和使用方向；加强各项基础管理，方便参保职工就医购药

续表

颁发时间	名称	颁发部门	影响或意义
2002年9月	《关于妥善解决医疗保险制度改革有关问题的指导意见》（劳社厅发〔2002〕8号）	劳动和社会保障部	从“积极探索困难企业职工医疗保障办法，完善和加强医疗保险服务管理，妥善处理医疗费用个人负担问题，提高医疗保险管理服务水平”四个方面提出指导意见
2003年5月	关于完善城镇职工基本医疗保险定点医疗机构协议管理的通知（劳社厅函〔2003〕258号）	劳动和社会保障部	加强对完善城职保定点医疗机构管理
2017年1月	《生育保险和职工基本医疗保险合并实施试点试点方案》（国办发〔2017〕6号）	国务院办公厅	指定了两项合并实施的总体要求，规定在河北省邯郸等市开展生育保险和职工基本医疗保险合并实施试点
2017年6月	关于进一步深化基本医疗保险支付方式改革的指导意见（国办发〔2017〕55号）	国务院办公厅	更好地保障参保人员权益、规范医疗服务行为、控制医疗费用不合理增长，充分发挥医保在医改中的基础性作用
2019年3月	关于全面推进生育保险和职工基本医疗保险合并实施的意见（国办发〔2019〕10号）	国务院办公厅	通过整合两项保险基金及管理资源，强化基金共济能力，提升管理综合效能，降低管理运行成本，建立适应我国经济发展水平、优化保险管理资源、实现两项保险长期稳定可持续发展的制度体系和运行机制

2. 城镇职工基本医疗保险的特征

（1）参保对象。《国务院关于建立城镇职工基本医疗保险制度的决定》明确规定城镇所有用人单位，包括企业（国有企业、集体企业、外商投资企业、私营企业等）、机关、事业单位、社会团体、民办非企业单位及其职工，都要参加城职保。乡镇企业及其职工、城镇个体经济组织业主及其从业人员是否参加城职保，由各省、自治区、直辖市人民政府决定。随着城职保制度的逐步完善，保险的覆盖范围逐步扩大，参保对象的限制逐渐突破。表3－2梳理了不同时期城镇职工基本医疗保险参保对象的变化。

表 3-2　城镇职工基本医疗保险参保对象的变化

时间	政策文件	重点参保人群
1998 年 12 月	国务院关于建立城镇职工基本医疗保险制度的决定（国发〔1998〕44 号）	企业（国有企业、集体企业、外商投资企业、私营企业等）、机关、事业单位、社会团体、民办非企业单位及其职工，都要参加基本医疗保险。乡镇企业及其职工、城镇个体经济组织业主及其从业人员是否参加基本医疗保险，由各省、自治区、直辖市人民政府决定
1999 年 6 月	关于铁路系统职工参加基本医疗保险有关问题的通知（劳社部发〔1999〕20 号）	对铁路系统各用人单位及其职工参加统筹地区基本医疗保险做出明确规定
2003 年 4 月	关于进一步做好扩大城镇职工基本医疗保险覆盖范围工作的通知（劳社厅发〔2003〕6 号）	大中城市参保率要达到 60% 以上，其中直辖市和省会城市要达到 70% 以上，其他城市也要在上年参保人数的基础上有所突破，统筹地区的参保人数要达到 50% 以上
2003 年 5 月	关于城镇灵活就业人员参加基本医疗保险的指导意见（劳社厅发〔2003〕10 号）	已与用人单位建立明确劳动关系的灵活就业人员，要按照用人单位参加基本医疗保险的方法缴费参保，其他灵活就业人员，要以个人身份缴费参保
2004 年 5 月	关于推进混合所有制企业和非公有制经济组织从业人员参加医疗保险的意见（劳社厅发〔2004〕5 号）	积极推进混合所有制企业和非公有制经济组织从业人员参加医疗保险，积极促进基本医疗保险事业全面协调可持续发展
2011 年 7 月	关于领取失业保险金人员参加职工基本医疗保险有关问题的通知（人社部发〔2011〕77 号）	领取失业保险金人员应按规定参加其失业前失业保险参保地的职工医保
2019 年 3 月	关于全面推进生育保险和职工基本医疗保险合并实施的意见（国办发〔2019〕10 号）	参加职工基本医疗保险的在职职工同步参加生育保险。实施过程中要完善参保范围，结合全民参保登记计划摸清底数，促进实现应保尽保

（2）筹资方式及筹资水平。城镇职工基本医疗保险费由用人单位和职工共同缴纳。用人单位缴费率控制在职工工资总额的 6% 左右，职工缴费率一般为本人工资收入的 2%。与城居保和新农合政策不同的是，城职保不享受政府财政补贴，而城居保和新农合的参保者在缴费基础上可以享受政府给予的保费补贴。城

职保规定最低缴费年限，达到缴费年限（男25年、女20年）则退休后不再缴费也可享受基本医疗保险待遇。

（3）统账结合，实行社会统筹和个人账户相结合。职工个人缴费全部计入个人账户，用人单位缴费额中约30%划入个人账户，其余部分则划入统筹账户。个人账户由职工所有，可以结转、继承。统筹账户和个人账户基金有不同的支付范围和核算办法。通常而言，个人账户主要支付起付线以下的医疗费用，统筹账户则主要支付超过起付线并低于封顶线以下一定比例的费用，而超过封顶线即最高限额的部分只能自费或依靠大病医疗保险、商业医疗保险、补充医疗保险等途径二次报销。

3. 城镇职工基本医疗保险的发展现状

表3-3列示了我国开始推行城职保制度以来的参保人数、增长率与基金收支情况。1994年江苏镇江和江西九江两个地区作为医疗保险改革试点的先行地区，在推行医疗保险改革后参保人数快速增长，1995年参保人数增加345.6万人，同比增长86.34%。1996年国务院进一步扩大试点范围，城职保参保人数继续增加，1997年参保人数增长到1762万人，同比增长105.91%。2000年之前城职保覆盖率较低，均处于10%以下，从2000年开始，覆盖率快速增长，并于2019年增长到74.41%，实现了“广覆盖”。这得益于1998年有关建立城镇职工基本医疗保险制度政策的出台，明确提出了进一步扩大试点范围的要求。随后城职保参保人数持续增长，截至2019年，城职保参保人数达到44247万人。由于基数变大，2001年后参保增长速度变缓。随着城职保的快速发展，保险的筹资水平也不断提高，基金收入由1995年的9.70亿元增长到2018年的13537.80亿元；基金支出由1995年的7.30亿元增长到2018年的10706.60亿元。到2018年，城职保基金累计结余达到18749.80亿元。

表3-3　城镇职工基本医疗保险的发展现状

年份	城镇就业人员（万人）	参保人数（万人）	比上一年末增加人数（万人）	增长率（%）	覆盖率（%）	基金收入（亿元）	基金支出（亿元）	基金累计结余（亿元）
1994	18653	400.3	—	—	2.15	—	—	—
1995	19040	745.9	345.6	86.34	3.92	9.70	7.30	3.10
1996	19922	855.7	109.8	14.72	4.30	19.00	16.20	14.70
1997	20781	1762.0	906.3	105.91	8.48	52.30	40.50	16.60

续表

年份	城镇就业人员（万人）	参保人数（万人）	比上一年末增加人数（万人）	增长率（%）	覆盖率（%）	基金收入（亿元）	基金支出（亿元）	基金累计结余（亿元）
1998	21616	1877. 6	115. 6	6. 56	8. 69	60. 60	52. 90	29. 80
1999	22412	2065. 3	187. 7	10. 00	9. 22	89. 60	70. 40	57. 60
2000	23151	3786. 9	1721. 6	83. 36	16. 36	170. 00	124. 50	109. 80
2001	24123	7285. 9	3499. 0	92. 40	30. 20	383. 60	244. 10	253. 00
2002	25159	9401. 2	2115. 3	29. 03	37. 37	607. 80	409. 40	450. 70
2003	26230	10901. 7	1500. 5	15. 96	41. 56	890. 00	653. 90	670. 60
2004	27293	12403. 6	1501. 9	13. 78	45. 45	1140. 50	862. 20	957. 90
2005	28389	13782. 9	1373. 3	11. 07	48. 55	1405. 30	1078. 70	1278. 10
2006	29630	15731. 8	1947. 9	14. 13	53. 09	1747. 10	1276. 70	1752. 40
2007	30953	18020. 0	2288. 2	14. 55	58. 22	2257. 20	1561. 80	2476. 90
2008	32103	19995. 6	1975. 3	10. 96	62. 29	3040. 40	2083. 60	3431. 70
2009	33322	21937. 4	1941. 8	9. 71	65. 83	3671. 90	2797. 40	4275. 90
2010	34687	23734. 7	1797. 3	8. 19	68. 43	4308. 90	3538. 10	5047. 10
2011	35914	25227. 1	1492. 4	6. 29	70. 24	5539. 20	4431. 40	6180. 00
2012	37102	26485. 6	1258. 5	4. 99	71. 39	6938. 70	5543. 60	7644. 50
2013	38240	27443. 1	957. 5	3. 62	71. 77	8248. 30	6801. 00	9116. 50
2014	39310	28296. 0	852. 9	3. 11	71. 98	9687. 20	8133. 60	10644. 80
2015	40410	28893. 1	597. 1	2. 11	71. 50	11192. 90	9312. 10	12542. 80
2016	41428	29531. 5	638. 4	2. 21	71. 28	13084. 30	10767. 10	14964. 30
2017	42462	30322. 7	791. 2	2. 68	71. 41	17931. 60	14421. 70	19385. 60
2018	43419	31680. 8	1358. 1	4. 48	72. 97	13537. 80	10706. 60	18749. 80
2019	44247	32926. 0	1245. 2	3. 93	74. 41	—	—	—

注：增长率 = 本年比上一年末增加人数 ÷ 上一年参保人数；覆盖率 = 参保人数 ÷ 城镇就业人员。
资料来源：根据历年《中国统计年鉴》和《劳动和社会保障事业发展统计公报》数据整理所得。

（二）新型农村合作医疗保险的改革与发展

1. 发展历程

农村合作医疗制度，县、乡、村三级医疗保健制度和赤脚医生，解决了农村居民缺医少药的问题，为农村公共卫生服务和居民健康做出了巨大贡献。这在当时是一种成功解决农村医疗卫生问题的模式，得到了世界卫生组织的盛赞，被誉为“成功的卫生革命”。合作医疗在1978年写入《中华人民共和国宪法》，当时合作医疗在农村的覆盖率达到90%以上，对当时我国卫生事业做出了巨大贡献，主要表现在：抑制了传染病、寄生虫和地方病的流行；死亡率尤其是婴儿死亡率大幅度下降；平均预期寿命迅速提高，在同类别国家和地区中位居前列。到20世纪80年代，随着家庭联产承包责任制及统分结合的双层经营模式在全国农村实行，加上人民公社的取消和生产大队的解体，家庭成为农业生产的基本经营单位，农村集体经济迅速萎缩，以农业合作社为依托的合作医疗制度快速走向了滑坡和解体，绝大部分村卫生室、合作医疗站转变成了乡村医生的私人诊所，农村居民缺医少药的现象重新出现。

20世纪90年代，我国政府曾两次尝试重建农村合作医疗，但并未取得明显效果。1993年11月14日，党的十四届三中全会审议并通过了《关于建立社会主义市场经济体制若干问题的决定》，中共中央委员会在该决定中首次提出要“发展和完善农村合作医疗制度”。1994年，国务院研究室、卫生部、农业部与世界卫生组织合作，在全国27个省、直辖市、自治区开展“中国农村合作医疗制度改革”试点及跟踪研究工作。到1997年，经过几年的试点、恢复与重建，农村合作医疗有了一定程度的恢复发展，但仍仅有17%的行政村实施合作医疗，居民覆盖率也仅为9.6%。1997年1月，中共中央、国务院在《关于卫生改革与发展的决定》中指出，“举办合作医疗，要在政府的组织领导下，坚持民办公助和自愿参加的原则。筹资以个人投入为主，集体扶持，政府适当支持，逐步提高保障水平”，要“积极稳妥发展和完善合作医疗制度”；1997年5月，国务院又批准转发了卫生部、国家计划委员会、财政部、农业部、民政部《关于发展和完善农村合作医疗若干意见》，试图恢复农村合作医疗制度，对农村医疗卫生工作实行政府分级管理、以县市为主的管理体制。因没有明确规定政府财政投入数量，再加上县乡政府财力有限，政府对合作医疗的财政投入较少，如1979年国家财政卫生事业费用中用于农村合作医疗的补助费是1亿元，1992年下降到3500万元，仅占卫生事业费用的0.36%。到20世纪90年代末，随着医疗费用的飞涨，农村居民“因病致贫、因病返贫”现象日益严重，“看病难、看病贵”问题日益突出，重建农村合作医疗再次被党和国家提上日程。

在2002年10月召开的全国农村卫生工作会议上，中共中央、国务院发布了

《关于进一步加强农村卫生工作的决定》（以下简称《决定》），强调要建立和完善新型农村合作医疗制度和医疗救助体制等，开启了新型农村合作医疗制度的建设工作。2003 年 1 月 16 日，国务院办公厅转发了卫生部、财政部和农业部《关于建立新型农村合作医疗制度的意见》，要求各省、自治区、直辖市当年至少要选择 2 ~3 个县、市进行新农合试点，并要求到 2010 年新农合基本覆盖农村居民。新农合以县级为实施单位，在国家政策框架的总体指导下，由县级根据自身实际情况，决定该县新农合保险实施的具体要求和规定，这些具体规定包括缴费金额和比例、财政补贴金额、报销范围、报销比例、保险账户、定点医疗机构、转诊规定、仅保大病还是大病小病均保等。2003 年以后，我国各地区开始试点以大病统筹为主的新农合，一些试点地区推出了富有特色的经营模式，如“江阴模式”、“新乡模式”、“湛江模式”等。

表 3 –4 汇总了新农合保险的相关政策文件及其影响和意义。从 2003 年新农合试点实施以来，各地在总结试点经验的基础上，从提高新农合覆盖率、提高补助标准、扩大补偿范围、完善补偿方案、提高管理效率等多个方面来不断完善新农合保险制度。

表 3 –4 有关新农合保险的主要政策文件

时间	事件	颁布单位	影响或意义
1993 年 11 月	《关于建立社会主义市场经济体制若干问题的决定》	中国共产党第十四届中央委员会第三次全体会议	提出“发展和完善农村合作医疗制度”
1997 年 1 月	《关于卫生改革与发展的决定》（中发〔1997〕3 号）	中共中央、国务院	要“积极稳妥发展和完善合作医疗制度”；“举办合作医疗，要在政府的组织领导下，坚持民办公助和自愿参加的原则。筹资以个人投入为主，集体扶持，政府适当支持，逐步提高保障水平”
1997 年 5 月	《关于发展和完善农村合作医疗若干意见》（国发〔1997〕18 号）	国务院	试图恢复农村合作医疗制度，对农村医疗卫生工作实行政府分级管理、以县市为主的管理体制
2002 年 10 月	《关于进一步加强农村卫生工作的决定》（中发〔2002〕13 号）	国务院	建立和完善新型农村合作医疗制度和医疗救助体制等，重新开启了农村合作医疗制度的建设工作

续表

时间	事件	颁布单位	影响或意义
2003年1月	《关于建立新型农村合作医疗制度的意见》（国办发〔2003〕3号）	国务院	从2003年起，各省、自治区、直辖市至少要选择2~3个县（市）先行试点，取得经验后逐步推开。到2010年，实现在全国建立基本覆盖农村居民的新型农村合作医疗制度的目标，减轻农民因疾病带来的经济负担，提高农民健康水平
2006年1月	《关于加快推进新型农村合作医疗试点工作的通知》（卫农卫发〔2006〕13号）	卫生部等7部委	2006年，使全国试点县（市、区）数量达到全国县（市、区）总数的40%左右；2007年扩大到60%左右；2008年在全国基本推行；2010年实现新型农村合作医疗制度基本覆盖农村居民的目标
2007年9月	卫生部、财政部、国家中医药管理局关于完善新型农村合作医疗统筹补偿方案的指导意见（卫农卫发〔2007〕253号）	卫生部、财政部、国家中医药管理局	进一步规范了新型农村合作医疗基金管理，提高了基金使用效率和农民受益水平，逐步扩大农民受益面，推进了新型农村合作医疗制度建设
2009年4月	中共中央国务院关于深化医药卫生体制改革的意见	中共中央、国务院	深化医药卫生体制改革的重要性、紧迫性和艰巨性，提出深化医药卫生体制改革的指导思想、基本原则和总体目标，完善医药卫生四大体系，建立覆盖城乡居民的基本医疗卫生制度，完善体制机制，保障医药卫生体系有效规范运转，积极稳妥推进医药卫生体制改革
2012年8月	六部门关于开展城乡居民大病保险工作的指导意见（发改社会〔2012〕2605号）	国务院	进一步完善了城乡居民医疗保障制度，健全了多层次医疗保障体系，有效提高重特大疾病保障水平
2015年7月	国务院办公厅关于全面实施城乡居民大病保险的意见（国办发〔2015〕57号）	国务院	加快推进大病保险制度建设，筑牢全民基本医疗保障网底，让更多的人民群众受益

续表

时间	事件	颁布单位	影响或意义
2016年1月	国务院关于整合城乡居民基本医疗保险制度的意见（国发〔2016〕3号）	国务院	整合城镇居民基本医疗保险和新型农村合作医疗两项制度，建立统一的城乡居民基本医疗保险制度，推进医药卫生体制改革、实现城乡居民公平享有基本医疗保险权益、促进社会公平正义、增进人民福祉，促进城乡经济社会协调发展、全面建成小康社会

资料来源：根据中华人民共和国中央人民政府、中华人民共和国国家卫生和计划生育委员会等网站公布的政策文件等总结归纳而得。

2. 特征

相对于传统的合作医疗，新型农村合作医疗保险具有以下特征：

（1）在传统的合作医疗中，政府主要通过广泛宣传来支持合作医疗；新农合保险明确规定了个人、集体、政府的筹资职责，并根据发展情况和地方经济状况对个人缴费、集体扶持和政府资助相结合的筹资机制进行调整和完善。新农合保险不仅规定了筹资标准和筹资方法，而且明确了政府对农民的补助金额及比例，确保保险基金中大部分由政府出资补助构成，而农民个人出资只占小部分。同时，政府对补助资金的拨付程序也制定了相关规定，以确保新农合财政补助资金可以及时落实到位。

（2）新农合保险确立了以大病统筹为主的方针。与传统的合作医疗将保障重点放在门诊或小病上不同，新农合保险将保障重点放在更容易导致农村居民贫困的大病上，加大对农民的大额医药费和住院费用的补助。保大病的制度设计，既是保险基本原理（如大数法则）的基本要求，也切实结合农民对于分散大额灾难性医疗支出风险的真实需求，使得医疗保险保障水平明显提高，提高了农民的抗风险能力。

（3）新农合保险提高了统筹层次。相对于传统的合作医疗，新农合保险统筹层次从以乡或村为统筹单位向以县（市）为统筹单位转变。这不仅扩大了统筹范围，而且增强了基金抗风险能力和监管效率。

（4）新农合保险明确了以户为单位自愿参加的原则。传统合作医疗基金采取直接从集体经济中提留的方式进行筹集，带有一定的强制性，而且农民对基金的使用和管理不具有知情权和监管权。新农合实行以户为单位自愿参加的原则，农民根据自身意愿决定是否参保，并通过鼓励农民代表参加管理委员会及监管委员会、经办机构定期公开报销制度及其运行情况等方法让农民具有知情和参与监管的权力，提高了制度的公开性、公平性和公正性。自愿参保似乎会带来参保的逆向选择问题，即健康状况较好的家庭不愿意参保，而健康状况较差的家庭更愿意参保，但实际上，家庭中的各成员年龄、性别和健康状况各异，一定程度上可以缓解逆向选择问题。逆向选择的程度在新农合试点期和全面推广期也存在较大差异。本书会对这一问题进行检验。

（5）政府负责指导和建立经办机构和监管机构。改变了管理松散、监管不力的状况，新农合基金专款专用，规定只能用来支付农民医疗费用补偿款，不能挪作他用，经办机构及监管机构的工作经费由地方财政支付。

3. 新农合保险发展状况

我国于2003年开展新农合试点工作，2006年在国内全面推行，2016年新农合参保人数达到4.1亿人。表3－5汇报了2004～2014年来新农合发展的各项指标。从中可以看出，新农合覆盖人数增长率在2005年和2006年均超过120%，覆盖人数从2004年的0.8亿人增加到2006年的4.1亿人。2007年，新农合覆盖人数为7.26亿人，增长率为77.07%。2008年，新农合覆盖人数首次突破8亿人，达到8.15亿人。2004～2010年，我国新农合覆盖人数呈递增趋势，并在2010年实现最高覆盖人数8.36亿。2011年后，新农合覆盖人数逐渐减少①，截至2014年末，新农合覆盖人数为7.36亿，参合率为98.9%，基本覆盖所有的

表3－5　2004～2014年新农合保险发展现状

指标	2004	2005	2006	2007	2008	2009	2010	2011	2012	2013	2014
县级区划数（个）	2862	2862	2860	2859	2859	2858	2856	2853	2852	2853	2854
开展新型农村合作医疗县（区、市）数（个）	333	678	1451	2451	2729	2716	2678	2637	2566	2489	2349
参加新型农村合作医疗人数（亿人）	0.80	1.79	4.10	7.26	8.15	8.33	8.36	8.32	8.05	8.02	7.36

① 参合人数减少是因为部分城市统一实行城乡居民基本医疗保险制度，不再单设新农合。

续表

指标	2004	2005	2006	2007	2008	2009	2010	2011	2012	2013	2014
新型农村合作医疗参合率（%）	75.20	75.70	80.70	86.20	91.50	94.20	96.00	97.50	98.30	99.00	98.90
新型农村合作医疗人均筹资（元）	50.36	42.09	52.10	58.95	96.30	113.40	156.60	246.21	308.50	370.59	410.89
新型农村合作医疗当年基金支出（亿元）	26.37	61.75	155.80	346.63	662.30	922.90	1187.80	1710.19	2408.00	2908.00	2890.40
新型农村合作医疗年度筹资总额（亿元）	40.29	75.34	213.60	428.05	784.58	944.60	1308.33	2047.56	2484.70	2972.48	3025.28
新型农村合作医疗补偿受益人次（亿人次）	0.76	1.22	2.72	4.53	5.85	7.59	10.87	13.15	17.45	19.42	16.52

资料来源：根据国家统计局官网历年数据整理所得。

农村居民，说明我国农村已基本实现了全民医保。新农合年度筹资总额不断增加，2014 年新农合年度筹资总额达到 3025.28 亿元，基金支出为 2890.40 亿元。2015 年，新农合人均政府补助标准提高到 380 元，个人缴费达到人均 120 元左右，新农合政策范围内门诊费用支付比例达到 50%，政策范围内住院费用支付比例达到 75%左右。以上数据说明，新农合在实施的十几年里基本实现了全覆盖，保险补偿率、受益率和受益面均得到了大幅度提升。

（三）城镇居民基本医疗保险的改革与发展

1. 城镇居民基本医疗保险的发展历程

1998 年我国开始建立城镇职工基本医疗保险制度，之后又启动了新型农村合作医疗制度试点，建立了城乡医疗救助制度，保障了参保职工及农村人口的医疗保障问题。城职保的参保对象是在城镇就业且单位缴纳部分保费的就业人员，单位未缴纳保费的城镇就业人员和非就业人员没有相关医疗保障。为基本实现建立覆盖城乡居民的医疗保障体系的目标，完善城镇医疗保险制度，填补城镇医疗保险覆盖的空白区域，国务院决定从 2007 年起开展城镇居民基本医疗保险试点工作，要求到 2010 年覆盖全体城镇非从业居民。

城居保的参保对象为户口在当地，且没有加入城职保、新农合和政府其他医疗保险的各类城镇居民，主要包括城镇未成年人、老人以及无工作的居民。城居保资金的筹集主要采取个人缴费和政府补贴并行、政府补贴向低收入人群倾斜的办法。对老人、在校学生、儿童、重点优抚对象、重度残疾人、特困家庭子女等重点人群，各地政府要相应地在缴纳保费方面实行部分补贴或全部补贴的倾斜补贴政策。城居保的保障重点是对住院和门诊大病费用进行报销，有条件的地方则同时考虑对门诊费用进行报销，为参保居民在患重大疾病时提供基本保障。政府出台的一系列完善城居保的政策文件列示在表3－6中。

表3－6　城镇居民基本医疗保险主要政策文件目录

时间	政策文件	部门	影响或意义
2007年7月	《国务院关于开展城镇居民基本医疗保险试点的指导意见》（国发〔2007〕20号）	国务院	从2007年起开展城镇居民基本医疗保险试点，并设定试点目标和原则。确定缴费和补助水平以及费用支付范围
	《关于认定2007年城镇居民基本医疗保险试点城市名单的批复》（劳社部函〔2007〕174号）	劳社部	确定2007年城居保试点城市名单
2007年9月	《关于城镇居民基本医疗保险经办管理服务工作的意见》（劳社部发〔2007〕34号）	劳动和社会保障部	为城居保的经办管理服务工作提出基本要求，并指出经办管理服务的主要内容
2007年10月	《关于城镇居民基本医疗保险医疗服务管理的意见》（劳社部发〔2007〕40号）	劳动和社会保障部、发展改革委、财政部、卫生部食品药品监管局、中医药局	具体指出城居保医疗服务管理内容：医疗服务的管理范围、医疗服务的定点管理和医药费用的结算管理
2008年2月	《关于认定2008年城镇居民基本医疗保险扩大试点城市名单的批复》（劳社部函〔2008〕24号）	劳社部	确定2008年城居保试点城市名单
2009年3月	《关于深化医药卫生体制改革的意见》（中发〔2009〕6号）	中共中央国务院	要求2009年全面推开城居保，重视解决老人、残疾人和儿童的基本医疗保险问题，3年内参保率达到90%以上

续表

时间	政策文件	部门	影响或意义
2009 年 3 月	《关于印发医药卫生体制改革近期重点实施方案（2009～2011 年）的通知》（国发〔2009〕12 号）	国务院	扩大基本医疗保障覆盖面；提高基本医疗保障水平；规范基本医疗保障基金管理；完善城乡医疗救助；提高基本医疗保障管理服务水平
2009 年 4 月	《关于全面开展城镇居民基本医疗保险工作的通知》（人社部发〔2009〕35 号）	人力资源和社会保障部、财政部	要求 2009 年全国所有城市都要开展城镇居民基本医疗保险
2009 年 5 月	《关于妥善解决关闭破产国有企业退休人员等医疗保障有关问题的通知》（人社部发〔2009〕52 号）	人力资源和社会保障部、财政部、国务院国有资产监督管理委员会、监察部	各类关闭破产企业退休人员和困难企业职工难以参加城居保的，经省级人民政府批准纳入城镇居民基本医疗保险，中央财政按照城居保有关规定给予补助
2009 年 7 月	《人力资源和社会保障部　财政部　卫生部关于开展城镇居民基本医疗保险门诊统筹的指导意见》（人社部发〔2009〕66 号）	人社部、卫生部、财政部	有条件的地区可逐步开展城镇居民基本医疗保险门诊统筹工作
2009 年 10 月	《人力资源和社会保障部　卫生部　财政部关于规范各项基本医疗保障制度信息报送工作的通知》（人社部函〔2009〕263 号）	人社部、卫生部、财政部	进一步完善基本医疗保障债息统计制度。认真填报《基本医疗保障参保（合）人员情况表》。规范统一管理地区的统计信息报送
2009 年 12 月	《关于基本医疗保险异地就医结算服务工作的意见》（人社部发〔2009〕190 号）	人力资源和社会保障部、财政部	有条件的地区实行市（地）级统筹，减少异地就医结算，并且明确各类异地就医人员的费用结算方法
	《关于印发流动就业人员基本医疗保障关系转移接续暂行办法的通知》（人社部发〔2009〕191 号）	人力资源和社会保障部、卫生部、财政部	明确流动就业人员基本医疗保障关系转移接续办法
2010 年 6 月	《人力资源和社会保障部、财政部关于做好 2010 年城镇居民基本医疗保险工作的通知》（人社部发〔2010〕39 号）	人社部	完善参保政策，巩固扩大覆盖面；提高财政补助标准，健全筹资机制；提高待遇水平，逐步减轻参保人员个人负担

续表

时间	政策文件	部门	影响或意义
2010 年 9 月	《卫生部　人力资源和社会保障部　民政部　财政部　中国残联关于将部分医疗康复项目纳入基本医疗保障范围的通知》（卫农卫发〔2010〕80 号）	卫农卫	各省（区、市）要把以治疗性康复为目的的运动疗法等 9 项医疗康复项目纳入基本医疗保障范围
2011 年 5 月	《人力资源和社会保障部关于普遍开展城镇居民基本医疗保险门诊统筹有关问题的意见》（人社部发〔2011〕59 号）	人社部	要求普遍开展居民医保门诊统筹工作
	《人力资源和社会保障部关于进一步推进医疗保险付费方式改革的意见》（人社部发〔2011〕63 号）	人社部	推进付费方式改革：结合基金收支预算管理加强总额控制，探索总额预付；建立和完善医疗保险经办机构与医疗机构的谈判协商机制与风险分担机制
2012 年 3 月	《"十二五"期间深化医药卫生体制改革规划暨实施方案》（国发〔2012〕11 号）	国务院	2012～2015 年的阶段性目标：巩固扩大基本医保覆盖面；提高基本医疗保障水平
2012 年 4 月	《深化医药卫生体制改革 2012 年主要工作安排》（国办发〔2012〕20 号）	国务院办公厅	2012 年要巩固扩大基本医保覆盖面、继续提高基本医疗保障水平、改革医保支付制度、进一步加大医疗救助力度、探索建立大病保障机制
2013 年 12 月	《教育部等五部门关于将在内地（大陆）就读的港澳台大学生纳入城镇居民基本医疗保险范围的通知》（教港澳台〔2013〕69 号）	教育部、财政部、人力资源社会保障部、国务院港澳事务办公室、国务院台湾事务办公室	自 2013 年 9 月起，将在内地（大陆）各类全日制普通高等学校（包括民办高校）、科研院所接受普通高等学历教育的全日制港澳台学生（含本、专科生及硕士、博士研究生，以下简称港澳台大学生）纳入城镇居民基本医疗保险范围
2015 年 1 月	《人力资源社会保障部　财政部关于做好 2015 年城镇居民基本医疗保险工作的通知》（人社部发〔2015〕11 号）	人社部、财政部	2015 年应完善筹资和待遇调整机制、全面推进大病保险制度

续表

时间	政策文件	部门	影响或意义
2015 年 7 月	《国务院办公厅关于全面实施城乡居民大病保险的意见》（国办发〔2015〕57 号）	国务院办公厅	2015 年底前，大病保险覆盖所有城镇居民基本医疗保险、新型农村合作医疗参保人群，大病患者看病就医负担有效减轻
2015 年 12 月	《人力资源社会保障部关于完善基本医疗保险定点医药机构协议管理的指导意见》（人社部发〔2015〕98 号）	人社部	按照简政放权的精神，国务院决定取消两定资格审查（“基本医疗保险定点医疗机构资格审查”和“基本医疗保险定点零售药店资格审查”）
2016 年 1 月	《国务院关于整合城乡居民基本医疗保险制度的意见》（国发〔2016〕3 号）	国务院	整合城镇居民基本医疗保险和新型农村合作医疗两项制度，建立统一的城乡居民基本医疗保险制度
2016 年 4 月	《人力资源社会保障部 财政部关于做好 2016 年城镇居民基本医疗保险工作的通知》（人社部发〔2016〕43 号）	人力资源社会保障部、财政部	2016 年应增加筹资，提高基金保障能力；保证待遇，实施精准给付政策；加快整合城乡居民医保制度；巩固完善城乡居民大病保险
2017 年 4 月	《人力资源社会保障部 财政部关于做好 2017 年城镇居民基本医疗保险工作的通知》（人社部发〔2017〕36 号）	人力资源社会保障部、财政部	强化个人缴费征缴，力争 2017 年基本建立城乡统一的居民基本医疗保险制度。打破城乡分割，实施全民参保计划，做到应保尽保，促进连续参保，实施精准支付，加强基金预警

资料来源：根据人力资源社会保障部官方网站相关文件整理所得。

2. 城镇居民基本医疗保险的特征

与城职保和新农合保险相比，城居保在参保对象、筹资方式和费用支付上存在以下特征：

（1）参保对象。《国务院关于开展城镇居民基本医疗保险试点的指导意见》明确了不属于城镇职工基本医疗保险制度覆盖范围的中小学阶段的学生（包括职业高中、中专、技校学生）、少年儿童和其他非从业城镇居民都可自愿参加城镇居民基本医疗保险。但在近年的政策实施过程中，由于各地经济发展水平不同，城居保的覆盖范围不同。为了扩大医保覆盖面，国家出台了相关政策明确各阶段应该做好哪些人群的参保工作，具体要求如表 3－7 所示。

表 3－7　城镇居民基本医疗保险参保人群的演变

时间	政策文件	重点参保人群
2007 年 7 月	《国务院关于开展城镇居民基本医疗保险试点的指导意见》（国发〔2007〕20 号）	不属于城镇职工基本医疗保险制度覆盖范围的中小学阶段的学生（包括职业高中、中专、技校学生）、少年儿童和其他非从业城镇居民
2009 年 3 月	《关于深化医药卫生体制改革的意见》（中发〔2009〕6 号）	全面推开城镇居民基本医疗保险，解决老人、残疾人和儿童的基本医疗保险问题
	《关于印发医药卫生体制改革近期重点实施方案（2009—2011 年）的通知》（国发〔2009〕12 号）	用两年左右时间，将关闭破产企业退休人员和困难企业职工纳入城镇职工医保，确有困难的，经省级人民政府批准后，参加城镇居民医保；将在校大学生全部纳入城镇居民医保范围；加城镇职工医保有困难的农民工，可以自愿选择参加城镇居民医保或户籍所在地的新农合
2009 年 5 月	《关于妥善解决关闭破产国有企业退休人员等医疗保障有关问题的通知》（人社部发〔2009〕52 号）	将关闭破产企业退休人员和困难企业职工纳入城镇职工医保，确有困难的，经省级人民政府批准后，参加城居保
2010 年 6 月	《人力资源和社会保障部、财政部关于做好 2010 年城镇居民基本医疗保险工作的通知》（人社部发〔2010〕39 号）	落实符合条件的灵活就业人员、农民工等流动就业人员可以选择参加城镇居民医疗保险的有关政策；进一步推进大学生参保工作
2012 年 4 月	《深化医药卫生体制改革 2012 年主要工作安排》（国办发〔2012〕20 号）	资助低收入重病患者、重度残疾人以及低收入家庭老年人等困难群体参加城镇居民医保
2013 年 12 月	《教育部等五部门关于将在内地（大陆）就读的港澳台大学生纳入城镇居民基本医疗保险范围的通知》（教港澳台〔2013〕69 号）	自 2013 年 9 月起，将在内地（大陆）各类全日制普通高等学校（包括民办高校）、科研院所接受普通高等学历教育的全日制港澳台学生（含本、专科生及硕士、博士研究生，以下简称港澳台大学生）纳入城镇居民基本医疗保险范围

资料来源：根据人力资源社会保障部官方网站相关文件整理所得。

城居保的参保对象包括未参加城镇职工基本医疗保险的60周岁以上无就业经历的城镇居民及劳动年龄阶段的城镇重症残疾人、城镇少年儿童（包括中小学阶段学生含职业高中、中专、技校学生、特殊教育学校学生、托幼机构儿童以及未满周岁未入园、入学的少年儿童）、劳动年龄阶段的非就业城镇居民、全部在校大学生。简单地说，城居保的参保对象即是被城镇职工基本医疗保险和新型农村合作医疗保险排除在外的居民。

（2）筹资方式及筹资水平。城镇居民基本医疗保险以家庭缴费为主，政府给予适当补助。参保居民按规定缴纳基本医疗保险费，享受相应的医疗保险待遇，有条件的用人单位可以对职工家属参保缴费给予补助。国家对个人缴费和单位补助资金制定税收鼓励政策。城居保以省辖市市区和县市为单位进行统筹，财政补助标准如表3－8所示，具体方案由财政部门的劳动保障、民政等部门研究确定，补助经费要纳入各级政府的财政预算。政府按照一定比例对城居保参保人群进行补助，随着人均最低缴费水平的不断升高，政府补助水平也相应逐步提高。

表3－8　城镇居民基本医疗保险筹资水平

时间	政策文件	政府财政补助	个人缴费
2007年7月10日	《国务院关于开展城镇居民基本医疗保险试点的指导意见》（国发〔2007〕20号）	对试点城市的参保居民，政府每年按不低于人均40元给予补助，其中，中央财政从2007年起每年通过专项转移支付，对中西部地区按人均20元给予补助。在此基础上，对属于低保对象的或重度残疾的学生和儿童参保所需的家庭缴费部分，政府原则上每年再按不低于人均10元给予补助，其中，中央财政对中西部地区按人均5元给予补助；对其他低保对象、丧失劳动能力的重度残疾人、低收入家庭60周岁以上的老年人等困难居民参保所需家庭缴费部分，政府每年再按不低于人均60元给予补助，其中，中央财政对中西部地区按人均30元给予补助。中央财政对东部地区参照新型农村合作医疗的补助办法给予适当补助	根据经济发展、城镇居民可支配收入等情况，由省级人民政府制定

续表

时间	政策文件	政府财政补助	个人缴费
2009年3月18日	《关于印发医药卫生体制改革近期重点实施方案（2009—2011年）的通知》（国发〔2009〕12号）	资助城乡低保家庭成员、五保户参加城居保或新农合，逐步提高对经济困难家庭成员自负医疗费用的补助标准	适当提高个人缴费标准，具体标准由省级人民政府制定
2010年6月1日	《人力资源和社会保障部、财政部关于做好2010年城镇居民基本医疗保险工作的通知》（人社部发〔2010〕39号）	2010年各级财政对城镇居民医保的补助标准提高到每人每年不低于120元，其中中央财政对中西部地区按人均60元给予补助，对东部地区的补助标准同比例提高	各地要根据经济发展、城镇居民可支配收入等情况，适当提高个人缴费水平
2012年4月14日	《深化医药卫生体制改革2012年主要工作安排》（国办发〔2012〕20号）	政府对城镇居民医保补助标准提高到每人每年240元	个人缴费水平相应提高，人均筹资达到300元左右
2015年1月27日	《人力资源社会保障部 财政部关于做好2015年城镇居民基本医疗保险工作的通知》（人社部发〔2015〕11号）	补助标准在2014年的基础上提高60元，达到人均380元。其中，中央财政对120元基数部分按原有比例补助，对增加的260元按照西部地区80%和中部地区60%的比例给予补助，对东部地区各省份分别按一定比例给予补助	个人缴费在2014年人均不低于90元的基础上提高30元，达到人均不低于120元
2016年4月29日	《人力资源社会保障部 财政部关于做好2016年城镇居民基本医疗保险工作的通知》（人社部发〔2016〕43号）	补助标准在2015年的基础上提高40元，达到每人每年420元。其中，中央财政对120元基数部分按原有比例补助，对增加的300元按照西部地区80%、中部地区60%的比例补助，对东部地区各省份分别按一定比例补助	个人缴费在2015年人均不低于120元的基础上提高30元，达到人均不低于150元标准

续表

时间	政策文件	政府财政补助	个人缴费
2017 年 4 月 24 日	《人力资源社会保障部 财政部关于做好 2017 年城镇居民基本医疗保险工作的通知》（人社部发〔2017〕36 号）	2017 年居民医保各级财政人均补助标准在 2016 年基础上新增 30 元，平均每人每年达到 450 元。其中，中央财政对西部、中部地区分别按照 80%、60% 的比例进行补助，对东部地区各省分别按一定比例进行补助	人均个人缴费标准在 2016 年基础上提高 30 元，平均每人每年达到 180 元

资料来源：根据人力资源社会保障部官方网站相关文件整理所得。

（3）保障范围与保障水平。《国务院关于开展城镇居民基本医疗保险试点的指导意见》（国发〔2007〕20 号）指出，城镇居民基本医疗保险基金重点用于参保居民的住院和门诊大病医疗支出，有条件的地区可以逐步试行门诊医疗费用统筹。从 2010 年开始，60% 的统筹地区将报销范围从原来的住院费用和大病门诊费用扩大到全部门诊和住院费用，并建立城镇居民医保门诊统筹，将门诊费用纳入保险基金支付范围①。在报销种类上，先后增加了多项医疗项目：2010 年在可报销诊疗项目中增加了住院生产和产前检查中产生的符合政策要求的诊疗开支，将其加入城居保基金的报销范围；2011 年把以治疗性康复为目的的运动疗法等 9 项医疗康复项目加入城居保基金的报销范围；2016 年提出要按规定将调整后的儿科医疗费用纳入医保支付范围②，逐步完善城居保报销范围。具体费用支付项目及保障水平如表 3 -9 所示。从中不难发现，纳入城居保保障范围的诊疗项目和医疗服务设施越来越广泛，更多种类的大病被纳入保障和救助范围，基金支付比例逐步提高。2017 年医疗保险整合过程中，个人缴费实行分档的统筹地区，最低档应不低于国家规定标准，将农村妇女符合条件的住院分娩医疗费用纳入支付范围。并且实施精准支付，加大大病保险向困难人员政策倾斜力度，通过降低起付线、提高报销比例等实施精准支付政策，切实提高贫困人口受益水平，注重在保障对象与支付政策方面形成保障合力。

① 《人力资源和社会保障部、财政部关于做好 2010 年城镇居民基本医疗保险工作的通知》。
② 《关于加强儿童医疗卫生服务改革与发展意见的通知》（国卫医发〔2016〕21 号）。

表 3－9 城镇居民基本医疗保险费用支付项目及保障水平

时间	政策文件	费用支付
2007 年 9 月 4 日	《关于城镇居民基本医疗保险医疗服务管理的意见》（劳社部发〔2007〕40 号）	1. 把国家《基本医疗保险和工伤保险药品目录》甲类目录药品全部纳入城居保基金的支付范围，适当增加儿童用药的品种及剂型 2. 原则上执行当地城镇职工基本医疗保险的诊疗项目、医疗服务设施范围。各地也可根据本地实际适当增加孕产妇、婴幼儿必需的诊疗项目和医疗服务设施及中医药诊疗项目和医疗服务设施 3. 定点医疗机构和零售药店就医购药所发生的费用，按规定予以支付。各地要将符合条件的妇产医院、妇幼保健院、儿童医院和社区卫生服务机构等纳入定点范围
2009 年 7 月 24 日	《人力资源和社会保障部 财政部卫生部关于开展城镇居民基本医疗保险门诊统筹的指导意见》（人社部发〔2009〕66 号）	1. 根据城居保基金支付能力，在重点保障参保居民住院和门诊大病医疗支出的基础上，逐步将门诊小病医疗费用纳入基金支付范围 2. 门诊统筹原则上用于在定点基层医疗卫生机构发生的门诊医疗费用，逐步将支付范围扩大到符合规定的转诊费用 3. 建立门诊统筹可以从慢性病发生较多的老年人起步，也可以从群众反映负担较大的多发病、慢性病做起
2010 年 6 月 1 日	《人力资源和社会保障部、财政部关于做好 2010 年城镇居民基本医疗保险工作的通知》（人社部发〔2010〕39 号）	1. 2010 年居民医保基金最高支付限额要提高到居民可支配收入的 6 倍以上 2. 参保人员住院政策范围内医疗费用基金支付比例要达到 60%，二级（含）以下医疗机构住院政策范围内医疗费用基金支付比例要达到 70% 3. 将参保人员住院分娩和产前检查发生的符合规定的医疗费用纳入城镇居民医保基金支付范围
2010 年 9 月 6 日	《卫生部人力资源和社会保障部 民政部 财政部中国残联关于将部分医疗康复项目纳入基本医疗保障范围的通知》（卫农卫发〔2010〕80 号）	把以治疗性康复为目的的运动疗法等 9 项医疗康复项目（运动疗法、偏瘫肢体综合训练、脑瘫肢体综合训练、截瘫肢体综合训练、作业疗法、认知知觉功能障碍训练、言语训练、吞咽功能障碍训练、日常生活能力评定）纳入基本医疗保障范围
2011 年 5 月 24 日	《人力资源和社会保障部关于普遍开展城镇居民基本医疗保险门诊统筹有关问题的意见》（人社部发〔2011〕59 号）	对在基层医疗卫生机构发生的符合规定的医疗费用，支付比例原则上不低于 50%

续表

时间	政策文件	费用支付
2012 年 4 月 14 日	《深化医药卫生体制改革 2012 年主要工作安排》（国办发〔2012〕20 号）	1. 基金最高支付限额提高到当地居民年人均可支配收入的 6 倍以上，且均不低于 6 万元。政策范围内住院费用支付比例达到 70% 以上 2. 全面推开尿毒症、儿童白血病、儿童先天性心脏病、乳腺癌、宫颈癌、重性精神疾病、耐多药肺结核、艾滋病机会性感染等 8 类大病保障，将肺癌、食道癌、胃癌、结肠癌、直肠癌、慢性粒细胞白血病、急性心肌梗塞、脑梗死、血友病、Ⅰ型糖尿病、甲亢、唇腭裂 12 类大病纳入保障和救助试点范围
2015 年 1 月 27 日	《人力资源社会保障部　财政部关于做好 2015 年城镇居民基本医疗保险工作的通知》（人社部发〔2015〕11 号）	住院费用报销比例达到 75% 左右
2016 年 4 月 29 日	《人力资源社会保障部　财政部关于做好 2016 年城镇居民基本医疗保险工作的通知》（人社部发〔2016〕43 号）	将住院费用政策范围内支付比例保持在 75% 左右

资料来源：根据人力资源社会保障部官方网站相关文件整理所得。

（4）补助标准与支付比例方面。如表 3－8 所示，2010 年全国各级政府财政对城居保的补贴水平达到每人每年 120 元；2011 年对参加城居保个人的补贴提高到每人每年 240 元，个人需要支付的保险费用也同步增加，每人所缴保费提高到每年 300 元左右；2015 年人均补贴标准在 2014 年的基础上提高 60 元，达到每人每年 380 元；2016 年进一步提高筹资水平，对城居保的补贴水平在 2015 年的基础上提高 40 元，实现每人每年 420 元①。在支付比例方面：2010 年将最高支付限额提高到居民可支配收入的 6 倍以上；参保人员在政策范围内的住院医疗费用基金支付比例达到 60%。2012 年支付比例不低于 70%；城居保基金个人最高支付水平不低于当地居民当年人均可支配收入的 6 倍，最低不得少于 6 万元。2015 年实现参保人员住院政策范围内费用报销比例达到 75%，逐步地缩小与实际住

① 历年《关于做好城镇居民基本医疗保险工作的通知》。

院费用支付比例之间的差距①。

（5）政府工作方面。2009 年提出要在全国范围内全面推进城居保制度，以提高住院和门诊大病保障为重点，逐步提高筹资和保障水平②。同年，人力资源与社会保障部要求在各县经济发展水平相近的城市，对城居保实行统一的政策、统一的补贴和报销标准、统一的基金管理方法和统一的结算方式，减少流动人员异地就医结算成本③。2011 年在将门诊费用全部纳入城居保报销范围的同时，以北京等 40 个城市作为试点，探索按人头付费、按病种付费等新型付费方式的改革。

城居保自 2007 年开展试点以来，历经了多年的实践和发展，报销工作和基金管理结算制度不断完善，使得城镇居民在操作上更加简便；财政补助标准不断提高，筹资机制日趋健全；支付范围和支付比例不断提高，更多的医疗费用被纳入保障范围，参保人员的个人负担得到逐步减轻；社会医疗保险覆盖范围进一步扩大。

3. 城镇居民基本医疗保险的运行状况

（1）整体运行状况。根据 2008 ~ 2016 年《中国统计年鉴》数据，本节分析城居保政策实施以来城居保的参保人数、增长率及城居保的人均筹资水平和基金支出情况，如表 3 – 10 所示。城居保 2007 年开始试点工作，2008 年扩大试点范围，参保人数从 2007 年的 4291. 1 万人迅速增至 2008 年的 11826. 1 万人，增长率达到 175. 6%。2009 年试点范围进一步扩大，城居保的参保人数为 18209. 6 万人，同比增长 53. 98%。2010 年在全国所有城市推行城居保，当年参保人数为 19528. 3 万人，参保人数增长率 7. 24%。随后的 2011 年和 2012 年，城居保参保人数和增长率持续递增，2011 年城居保参保人数首次突破 2 亿人次；2012 年参保人数高达 27155. 7 万人，实现 22. 79% 的增长率。2013 年和 2014 年城居保参保人数分别增加 2473. 3 万人和 1821. 5 万人，2014 年参保人数突破 3 亿人，达到 31450. 9 万人。2015 年城居保参保人数再次实现高速增长，参保人数达到 37688. 5 万人，这是因为部分城市开始实行统一的城乡居民基本医疗保险制度，原有的参加新型农村合作医疗的人转投城居保。由于城居保制度建设还处于初始阶段，各项政策相对不稳定导致增长率呈现不规律的升降变化，但整体表现为快

① 历年《关于做好城镇居民基本医疗保险工作的通知》。

② 《关于深化医药卫生体制改革的意见》（中发〔2009〕6 号）。

③ 《关于基本医疗保险异地就医结算服务工作的意见》（人社部发〔2009〕190 号）。

速增长，参保人数快速突破 3 亿人次。截止到 2018 年末，全国城居保参保人数已突破 10 亿人次。

在参保人数不断增加的过程中，城居保制度也在不断完善，筹资水平和补助标准也在不断提升。从表 3 – 10 可以看出，城居保年度筹资总额由 2007 年的 43.00 亿元快速增长到 2018 年的 7846.40 亿元，基金支出从 2007 年的 10.10 亿元增至 2018 年的 7115.90 亿元；而且城居保的人均基金支出也在不断增长，增幅很快，由 2007 年的人均 23.54 元增加至 2018 年的人均 692.36 元，翻了近 30 倍。从政府补助标准的政策上看，2016 年各级财政部门对居民医疗保险的补助标准在 2015 年的基础上提高 40 元，达到每人每年 420 元。居民个人缴费部分在 2015 年人均不低于 120 元的基础上提高 30 元至 150 元①。从以上数据可以看出，城镇居民医疗保险覆盖人群不断扩大，保险补助水平、报销范围和报销比例均实现了大幅度提升，城居保制度正朝着更高的目标不断完善，并努力真正解决城镇居民“看病难，看病贵”的问题。

表 3 – 10　城镇居民基本医疗保险发展现状

年份	参保人数（万人）	比上一年末增加人数（万人）	筹资总额（亿元）	基金支出（亿元）	人均筹资额（元）	人均基金支出（元）
2007	4291.1	—	43.00	10.10	100.21	23.54
2008	11826.1	7535.0	154.90	63.90	130.98	54.03
2009	18209.6	6383.5	251.60	167.30	138.16	91.87
2010	19528.3	1318.7	353.50	266.50	181.04	136.49
2011	22116.1	2587.8	594.20	413.10	268.66	186.79
2012	27155.7	5039.6	876.80	675.10	322.86	248.62
2013	29629.4	2473.7	1186.60	971.10	400.49	327.75
2014	31450.9	1821.5	1649.30	1437.00	524.40	456.90
2015	37688.5	6237.6	2109.40	1780.60	559.69	472.45
2016	44860.0	7171.5	2810.50	2480.40	626.50	552.92

①《人力资源社会保障部　财政部关于做好 2016 年城镇居民基本医疗保险工作的通知》（人社部发〔2016〕43 号）。

续表

年份	参保人数（万人）	比上一年末增加人数（万人）	筹资总额（亿元）	基金支出（亿元）	人均筹资额（元）	人均基金支出（元）
2017	87358.7	42498.7	5653.30	4954.80	647.14	567.18
2018	102777.8	15419.1	7846.40	7115.90	764.41	692.36

资料来源：根据历年《中国统计年鉴》整理计算所得。

（2）各省份运行状况。

1）参保人数。根据《国务院关于开展城镇居民基本医疗保险试点的指导意见》提出的目标，2007年在有条件的省份选择2~3个城市启动试点工作。按照符合条件、地方自愿、平稳起步的原则，从上报的城市中最终确定河北唐山等79个城市为试点城市①。2008年扩大试点范围，将河北保定等229个城市和地区确定为试点地区②；2009年全面推行城居保制度，将在校大学生全部纳入城镇居民医保范围；2010年进一步扩大覆盖范围，提高参保率。随着城居保工作的深入推进，参保人数逐年增加，截至2018年末，城居保参保人数为102777.8万人。由于各地推行城居保制度的进度存在差异，各省份的参保人数也存在一定差异。分省统计的城居保年末参保人数如表3-11所示。

2）筹资水平。2014年各级财政对城居保参保人群的筹资补助标准为每人每年320元。其中，中央财政对120元基数部分按原有比例补助，对增加的200元按照西部地区80%和中部地区60%的比例给予补助，对东部地区各省份分别按一定比例给予补助。财政补助以统筹地区地方财政为主，省级财政对经济薄弱地区给予适当支持。2014年居民个人缴费为人均不低于90元，地方各级政府和人社部门根据当地居民人均承受能力及财政能力决定具体的居民个人缴费标准③。

各级经办机构对个人缴费义务大力宣传，认真做好个人缴费征缴工作，使得我国城居保保费实现持续增长。截至2018年末，全国城居保基金收入7846.40亿元。分省统计的城居保基金收入如表3-12所示。

① 《关于认定2007年城镇居民基本医疗保险试点城市名单的批复》。

② 《关于认定2008年城镇居民基本医疗保险扩大试点城市名单的批复》。

③ 《人力资源社会保障部　财政部关于做好2015年城镇居民基本医疗保险工作的通知》（人社部发〔2015〕11号）。

表 3-11　2007~2018 年全国及各地区城居保参保人数

单位：万人

地区	2007 年	2008 年	2009 年	2010 年	2011 年	2012 年	2013 年	2014 年	2015 年	2016 年	2017 年	2018 年
全国	4291.1	11826.1	18209.6	19528.3	22116.1	27155.7	29629.4	31450.9	37688.5	44860.0	87358.7	102777.8
北京	146.4	146.1	145.5	143.7	159.8	173	160.1	151.9	181.0	191.2	202.2	389.2
天津	21.3	85.4	161.2	490.9	498.3	514	508.4	502.2	532.1	531.1	534.3	541.5
河北	60.0	344.5	619.0	670.0	686.6	735.1	748.2	737.6	706.7	5698.4	5896.2	5884.1
山西	54.9	152.1	344.5	361.5	409.3	443.9	439.7	434.9	463.3	461.0	2551.3	2580.3
内蒙古	98.9	238.8	394.9	452.8	469.3	527.4	521.7	512.6	530.6	531.0	1666.4	1659.0
辽宁	112.4	298.1	548.6	647.5	620.7	738	708.5	664.9	744.8	740.4	701.6	2400.9
吉林	339.4	486.5	756.4	783.7	793.4	804.4	803.7	800.5	804.7	804.9	804.9	2031.4
黑龙江	74.5	268.1	693.0	687.1	697.0	712.5	712.3	712.5	721.1	720.3	2048.9	2052.3
上海	—	183.5	254.2	259.2	249.7	257.7	256.4	262.6	272.9	338.0	344.6	342.8
江苏	700.8	1233.3	1329.9	1401.2	1488.1	1435.7	1152.9	1453.4	1585.3	1493.9	5018.0	4969.1
浙江	91.2	268.7	610.7	619.4	729.7	3947.5	2330.0	1135.8	2971.4	2975.8	3134.2	3091.7
安徽	467.1	795.0	865.6	930.9	953.6	1016.5	944.9	974.8	974.3	839.6	1298.9	5250.5
福建	71.3	360.7	633.5	654.0	637.8	555.7	580.8	596.6	541.9	505.8	2949.3	2951.7
江西	381.3	704.0	785.3	794.3	793.8	915	906.7	891.8	945.5	1215.4	4203.7	4223.7
山东	176.4	580.8	1111.6	1229.3	1310.7	2127.8	1838.2	1367.1	7331.4	7228.8	7282.6	7364.9
河南	116.8	708.6	1050.0	1086.4	1105.8	1157.6	1157.0	1140.0	1144.2	1133.4	9182.5	9170.6
湖北	226.0	720.8	991.3	1012.3	1029.7	1034.7	1037.8	1039.1	1022.7	1020.8	4603.3	4532.2
湖南	103.9	639.6	1085.5	1117.2	1151.7	1492.8	1516.9	1544.3	1843.6	1816.6	6039.1	5939.5

续表

地区	2007 年	2008 年	2009 年	2010 年	2011 年	2012 年	2013 年	2014 年	2015 年	2016 年	2017 年	2018 年
广东	259. 4	1181. 1	2012. 1	2043. 2	3532. 8	6157. 1	5706. 8	5048. 4	6424. 2	6336. 1	6402. 4	6445. 1
广西	22. 1	206. 8	461. 2	521. 7	544. 1	584. 7	564. 4	555. 3	572. 1	565. 7	4616. 5	4548. 2
海南	47. 9	127. 9	131. 0	156. 4	166. 1	195. 2	186. 6	173. 2	193. 4	186. 2	209. 9	689. 7
重庆	42. 8	224. 4	407. 0	424. 6	866. 3	2681. 1	2695. 3	2722. 6	2677. 8	2654. 5	2608. 2	2587. 0
四川	205. 0	520. 4	954. 2	1011. 2	1079. 3	1247. 1	1204. 0	1142. 9	1272. 1	3616. 2	6188. 4	6969. 5
贵州	65. 6	146. 9	287. 5	309. 0	314. 9	332. 4	327. 4	319. 0	582. 7	583. 8	590. 9	3801. 6
云南	54. 5	261. 4	365. 0	405. 7	422. 4	673. 3	660. 8	430. 2	672. 5	684. 5	3972. 5	4014. 0
西藏	—	12. 3	13. 5	15. 1	18. 7	25. 9	24. 3	22. 6	27. 5	28. 5	29. 9	298. 8
陕西	49. 3	284. 6	426. 8	473. 1	550. 2	671. 9	672. 5	571. 3	667	648. 4	631. 2	3211. 5
甘肃	228. 0	273. 2	285. 2	298. 6	299. 8	328. 1	325. 7	323. 6	327	328. 9	2192. 0	2215. 1
青海	25. 7	21. 5	29. 1	61. 6	69. 2	97. 1	91. 6	86. 2	99. 6	98. 8	455. 0	455. 9
宁夏	35. 7	75. 4	99. 0	94. 2	88. 5	462. 5	456. 9	455. 2	470	476. 6	494. 8	494. 3
新疆	12. 7	275. 5	357. 4	372. 7	378. 5	387. 1	389. 1	382. 9	385. 2	405. 5	505. 0	1671. 5

资料来源：根据历年《中国统计年鉴》整理计算所得。

表 3－12　2009～2018 年全国及各地区城居保基金收入　　单位：亿元

地区	2009 年	2010 年	2011 年	2012 年	2013 年	2014 年	2015 年	2016 年	2017 年	2018 年
全国	251.6	353.5	594.2	876.8	1186.6	1649.3	2109.4	2810.5	5653.3	7846.4
北京	5.1	1.6	11.4	9.5	12.8	20.3	25.0	25.8	25.6	111.7
天津	3.2	9.8	13.8	19.5	26.6	32.9	42.8	47.4	54.0	59.7
河北	6.9	13.2	15.6	21.4	25.5	27.5	32.8	326.6	361.9	421.7
山西	4.8	6.2	8.0	11.5	14.0	15.6	21.1	24.2	157.9	181.9
内蒙古	5.3	7.1	10.6	15.4	17.6	20.4	24.9	25.6	113.1	125.1
辽宁	6.6	10.0	14.7	15.2	21.5	26.4	31.2	35.5	40.4	166.7
吉林	8.4	10.8	17.9	22.1	24.6	23.2	26.5	30.4	33.9	129.3
黑龙江	10.4	14.0	18.2	24.2	24.6	30.9	36.8	54.6	148.1	152.9
上海	11.0	13.0	22.9	20.9	24.3	24.7	24.0	53.8	64.0	80.2
江苏	16.0	23.0	37.3	52.0	64.7	74.1	93.8	122.4	390.1	435.3
浙江	15.9	21.0	35.2	58.4	137.3	205	255.5	276.8	339.0	402.5
安徽	14.3	17.8	24.5	29.4	35.0	37.2	45.1	47.3	80.2	355.0
福建	5.8	7.5	11.0	13.3	16.1	19.7	22.5	71.8	188.0	213.0
江西	9.9	12.0	20.2	25.6	30.9	32.5	41.1	61.0	296.9	302.6
山东	11.6	16.2	27.8	33.9	57.0	268.8	379.4	422.8	455.2	658.0
河南	10.2	13.1	24.4	32.3	35.3	41.9	49.1	57.6	533.5	582.8
湖北	10.5	16.5	26.0	29.2	37.2	40.6	50.7	56.0	325.5	325.0
湖南	10.7	15.8	24.0	41.4	46.8	58.9	83.6	92.3	362.8	408.4
广东	28.6	41.3	101.9	161.2	229.4	280.3	345.1	400.0	412.4	452.9
广西	4.4	7.9	11.3	14.7	16.9	18.9	23.4	28.5	180.4	345.7
海南	1.5	2.9	4.6	6.0	7.0	8.1	9.4	10.5	13.5	45.1
重庆	3.8	6.9	11.5	80.9	94.7	106.1	128.6	145.9	160.3	228.1
四川	19.4	31.7	48.0	59.7	81.1	112.7	152.6	214.3	373.5	536.6
贵州	3.1	3.6	7.0	7.2	8.0	7.9	23.8	26.5	32.5	215.5
云南	5.7	8.2	11.2	10.8	24.2	28.3	34.8	39.3	252.9	285.5
西藏	0.5	0.9	0.6	0.7	0.9	1.9	1.2	1.3	4.7	23.1
陕西	6.2	7.5	11.5	17.7	24.1	27.4	35.5	35.6	41.2	225.5
甘肃	4.6	4.4	7.2	8.0	9.9	12.1	14.5	15.8	134.2	148.1
青海	0.4	1.5	2.7	3.8	4.4	4.9	6.1	6.3	6.7	40.6
宁夏	2.1	1.9	2.8	18.7	20.4	23	27.8	29.7	35.0	43.0
新疆	4.9	6.2	10.5	12.1	13.9	17.3	20.5	24.9	35.8	145.0

资料来源：根据历年《中国统计年鉴》整理计算所得。

3）保障水平。随着参保人数的增加、城居保保障范围的扩大及城居保基金收入的持续增长，基金支出呈现出逐年增长的态势，基金支出由 2009 年的 167.30 亿元增加到 2018 年的 7115.90 亿元。分省统计的城居保基金支出如表 3－13所示。

表 3－13　2009～2018 年全国及各地区城居保基金支出情况　　单位：亿元

地区	2009 年	2010 年	2011 年	2012 年	2013 年	2014 年	2015 年	2016 年	2017 年	2018 年
全国	167.3	266.5	413.1	675.1	971.1	1437	1780.6	2480.4	4964.8	7115.9
北京	4.1	4.7	7.4	8.8	13.0	14.1	14.6	17.0	22.1	103.0
天津	2.4	9.1	14.0	16.8	20.1	23.4	29.4	29.4	34.1	42.5
河北	4.8	7.4	10.3	13.2	16.8	19.8	24.8	315.2	311.1	405.4
山西	1.4	3.3	4.9	7.6	10.1	13.6	17.1	20.3	136.3	181.8
内蒙古	2.8	5.5	8.4	11.3	14.3	16.4	19.3	22.0	105.5	125.7
辽宁	3.6	6.2	8.5	12.6	15.8	18.8	24.6	27.4	33.7	154.1
吉林	5.6	7.4	10.1	12.4	15.9	19.1	24.7	27.7	31.1	114.2
黑龙江	4.7	8.3	11.2	15.3	20.6	24.3	30.6	49.4	127.7	126.4
上海	10.7	13.2	22.8	19.3	20.8	24.3	26.6	55.5	65.7	84.7
江苏	12.3	17.6	29.7	46.6	55.0	66.4	85.8	109.7	339.3	388.0
浙江	13.5	18.8	29.7	54.0	135.2	206	242.4	267.3	326.3	371.3
安徽	9.3	12.7	16.8	20.6	26.7	30.8	37.1	37.1	66.4	333.6
福建	4.8	7.0	8.2	11.3	14.7	16.3	21.0	66.9	162.3	205.7
江西	4.6	7.0	10.1	16.2	19.0	22.1	26.5	41.5	210.1	272.8
山东	8.2	12.4	17.1	21.0	46.5	246.8	313.1	387.3	462.6	533.5
河南	6.7	10.3	13.7	20.6	25.9	31.8	41.1	45.4	488.7	601.2
湖北	5.9	9.3	13.3	19.3	26.0	30.6	36.4	42.3	260.1	303.1
湖南	6.6	11.0	16.8	32.3	39.8	51.5	71.9	82.5	317.8	381.8
广东	21.8	35.0	67.9	120.6	174.7	234.8	278.1	342.6	377.8	443.1
广西	1.4	3.6	5.2	7.4	9.9	12.2	15.1	16.2	117.2	249.1
海南	0.8	1.9	3.1	4.2	5.1	6.8	7.7	9.0	11.0	35.5
重庆	3.5	6.0	9.9	70.9	77.0	92.9	116.5	135.4	151.1	173.2
四川	11.9	22.4	37.5	53.1	72.6	101.1	134.6	180.6	313.2	439.2

续表

地区	2009 年	2010 年	2011 年	2012 年	2013 年	2014 年	2015 年	2016 年	2017 年	2018 年
贵州	1.6	2.8	3.8	4.9	6.0	7.1	17.1	18.7	22.8	214.9
云南	3.6	6.5	8.6	11.3	23.2	28.3	31.8	33.4	214.6	258.4
西藏	0.3	0.5	0.7	0.8	1.4	1.9	2.8	2.8	3.5	18.7
陕西	3.1	4.9	6.6	9.2	20.2	24.8	30.0	30.8	42.0	230.6
甘肃	2.8	3.7	4.9	6.9	9.1	9.6	12.1	12.6	130.1	150.9
青海	0.4	1.0	2.0	3.5	5.4	5.1	6.4	7.1	7.1	29.3
宁夏	1.1	1.9	2.4	12.7	18.7	22.3	25.8	28.2	36.5	38.1
新疆	2.9	5.4	7.3	10.2	11.8	14.1	15.7	19.3	26.9	105.9

资料来源：根据历年《中国统计年鉴》整理计算所得。

二、我国城乡居民医疗服务需求及保险需求的发展趋势

（一）我国城乡居民医疗服务需求

本节所用数据源于《国家卫生服务调查分析报告》。该调查是我国规模最大的居民健康询问调查，是通过深入城乡家庭全面获取居民健康状况、卫生服务需求及利用等信息的综合性调查。该调查从 20 世纪 90 年代开始，每 5 年调查一次，跨越 20 余年，调查数据可以全面地反映出我国城乡居民医疗服务需求的变化。本小节从居民健康和卫生服务需要、居民医疗服务使用情况、居民满意度三方面展开分析，进而全面地分析我国城乡居民医疗服务需求。

1. *居民健康和卫生服务需要*

在卫生服务领域一般使用被访者在两周内是否患病及是否患有慢性病情况等客观健康指标来代表居民对医疗卫生服务的需要。根据 2013 年《国家卫生服务调查分析报告》，判断两周患病与否的依据是调查前两周内是否有如下任何一种情况发生：第一，因疾病或损伤去医疗卫生机构就诊；第二，为疾病服药、理疗，或者一直在治疗以控制慢性病的发作等。

（1）居民患病整体情况。从图 3－1 可以看出，1993～2013 年，我国城乡居民两周患病率[①]整体呈上升趋势，说明我国城乡居民医疗卫生服务需要在增加，而且在调查的 20 年间，城市居民的两周患病率一直高于农村居民，说明城市居民的健康状况差于农村居民，对医疗服务的需要高于农村居民。

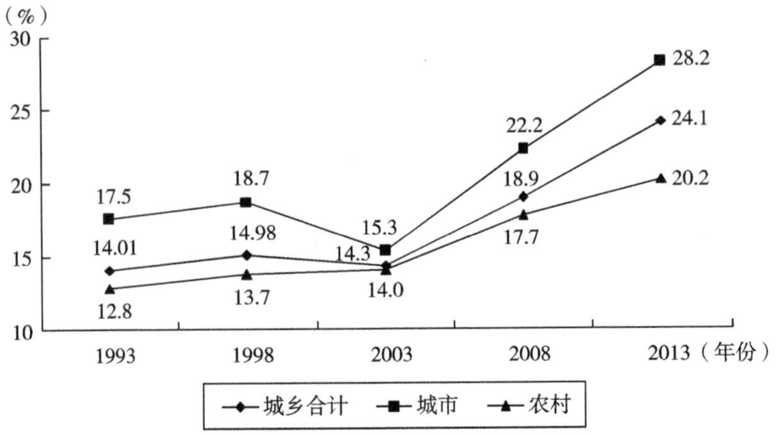

图 3－1　1993～2013 年调查人口城乡居民两周患病率

图 3－2 汇总了 1993～2013 年不同性别调查人口的两周患病率。在这 20 年间，不管是城市还是农村，女性居民的两周患病率均高于男性，说明由两周患病率指标判断的健康状况是女性差于男性，女性居民对医疗卫生服务的需要高于男性，且城市居民对医疗卫生服务的需要高于农村居民。

图 3－3 汇总了 1993～2013 年不同年龄组调查人口的两周患病率。与生命周期的疾病发生规律一致，55 岁以上的城乡居民一直是两周患病率最高的群体，患病率次之的群体是 0～4 岁的婴儿和 45～54 岁人群，15～24 岁的青年患病率最低。这也印证了城乡居民对医疗卫生服务需要最大的年龄群体是老年群体和婴幼儿群体。

① 按照《国家卫生服务调查分析报告》的定义，两周患病率是指调查的两周实际患病人次数与调查的总人数之比，用百分率或千分率表示。

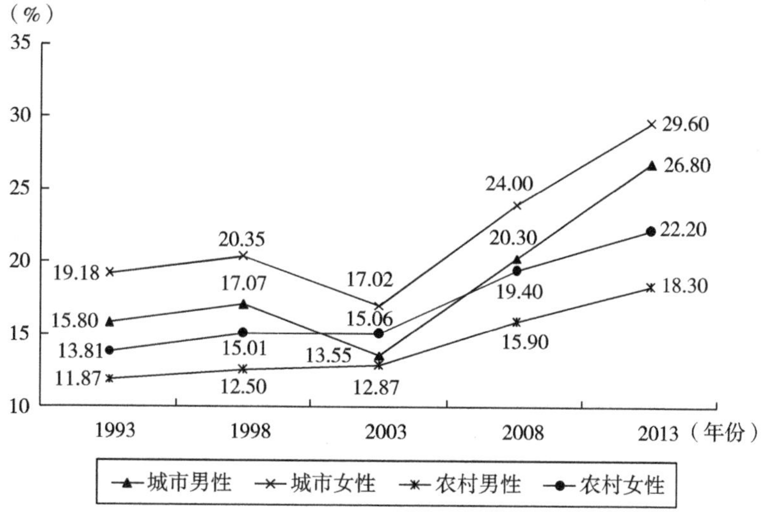

图 3－2　1993～2013 年不同性别调查人口两周患病率

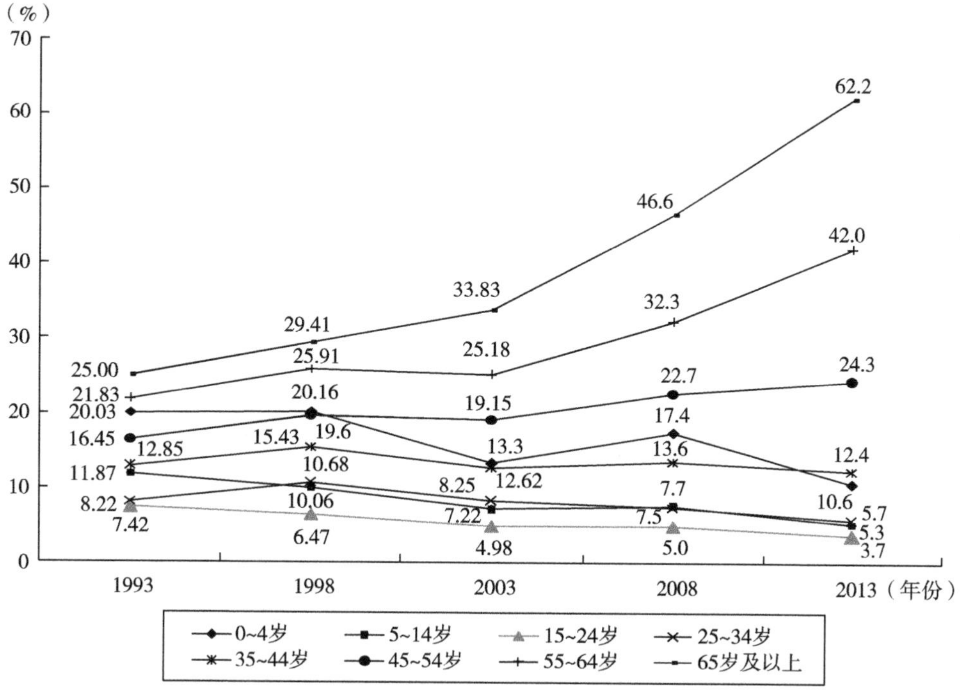

图 3－3　1993～2013 年不同年龄调查人口两周患病率

如同两周患病率一样，慢性病患病率是反映居民健康状况、疾病负担和医疗卫生服务需要的重要指标。近年来，居民生活质量虽不断提高，但生活方式也越来越不健康，居民高血压、糖尿病、冠心病等慢性病的发生率在逐步增加，慢性病已经成为现代居民面临的主要疾病。从图 3－4 可以看出，类似两周患病率指标的发展趋势，1993～2013 年城乡居民慢性病患病率①从整体来看呈上升趋势，而且 2003～2013 年的增长明显快于前 10 年。

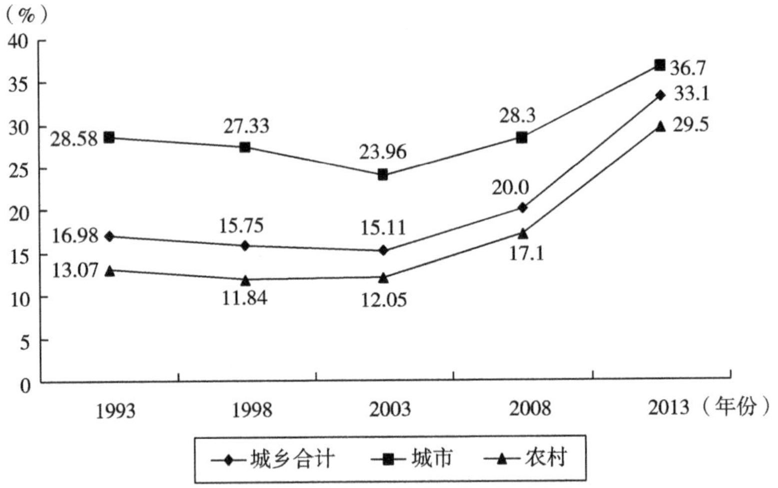

图 3－4　1993～2013 年调查人口城乡居民慢性病患病率

图 3－5 汇总了 1993～2013 年不同性别调查人口的慢性病患病率。从中可以看出，1998 年前，女性居民的慢性病患病率高于男性，1998 年后，城市女性居民的慢性病患病率高于农村女性和城乡男性居民的慢性病患病率。女性居民对医疗卫生服务的需要高于男性，且城市居民的医疗卫生服务需要高于农村。

图 3－6 汇总了 1993～2013 年不同年龄调查人口的慢性病患病率。从中可以看出，与图 3－3 两周患病率所反映的规律一致，65 岁以上的城乡居民一直是慢性病患病率最高的群体，城乡居民中对医疗卫生服务需要最多的是老年群体。

（2）居民患病的疾病构成。随着社会经济的不断进步和医疗技术水平的发展，居民生活质量日益提高，但伴随这种进步与发展的同时，居民工作和生活压力变大，生活方式越来越不健康，自然环境的恶化使得居民疾病谱也在发生变化。

① 按照《国家卫生服务调查分析报告》的定义，慢性病患病率是指每百名 15 岁及以上被调查者中慢病患病的人数或例数。除有说明外，本书慢性病患病率均按例数计算。

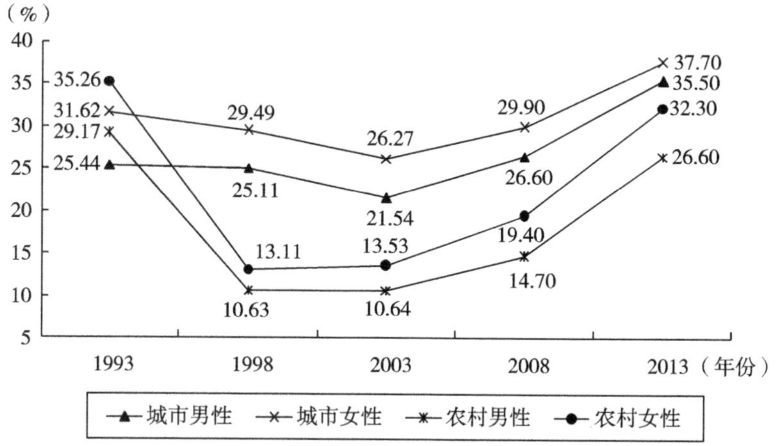

图 3-5　1993～2013 年不同性别调查人口慢性病患病率

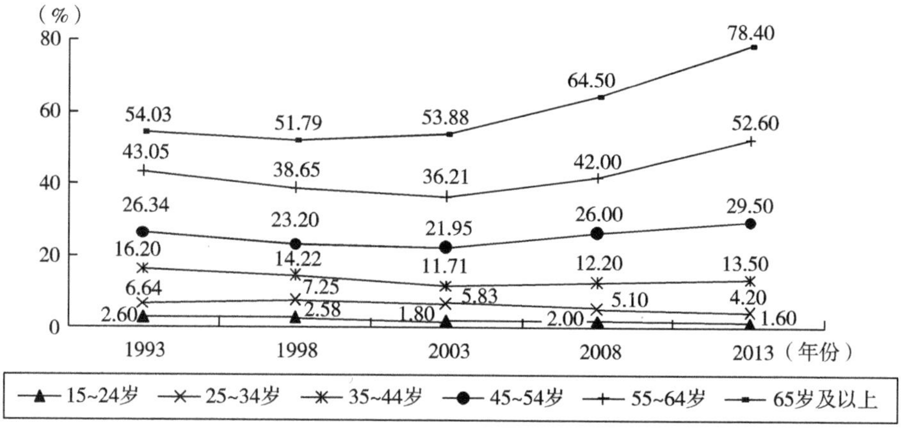

图 3-6　1993～2013 年不同年龄调查人口慢性病患病率

注：慢性病患病率的调查对象是年龄在 15 岁及以上的城乡居民。

表 3-14 中所列疾病类别是 2013 年调查人口两周患病率前十名的疾病类别。从中可以看出，位于第一的循环系统疾病①从 1993 年起持续增长，直到 2013 年，成为调查人口两周患病率最高的疾病，并且城市居民的患病率远高于农村居民。这同时也说明，尽管城市经济的发展快于农村，城市居民的收入水平远高于农村居民，但城市居民并不比农村居民健康。

表 3-15 中所列疾病类别是 2013 年调查人口慢性病患病率前十名的疾病类别。

① 循环系统疾病一般指心脑血管疾病，是心脏血管和脑血管疾病的统称，泛指由于高脂血症、血液黏稠、动脉粥样硬化、高血压等所导致的心脏、大脑及全身组织发生的缺血性或出血性疾病。

表 3-14　不同年份调查人口分疾病类别两周患病率

单位：‰

疾病类别	城乡合计					城市					农村				
	1993 年	1998 年	2003 年	2008 年	2013 年	1993 年	1998 年	2003 年	2008 年	2013 年	1993 年	1998 年	2003 年	2008 年	2013 年
循环系统	17.1	17.1	24.4	50.3	116.8	25.9	38.1	45.2	91.7	144.2	6.06	10.1	17.2	35.6	90.7
呼吸系统	69.4	69.4	52.6	47.8	41.3	72.04	74.7	42.4	40.5	42.4	62.42	67.6	56.1	50.4	40.2
内分泌	1.34	2.1	3.1	7.4	28.4	3.43	5.4	7.7	17.8	41.5	0.64	1	1.6	3.7	15.9
肌肉骨骼	9.51	10.9	14.7	25	16.5	12.5	13.2	16.3	21.1	15.2	8.51	10.1	14.2	26.4	17.7
消化系统	23.33	22.6	21.1	26.4	15	27.72	25.8	17.7	20.6	14.1	21.85	21.5	22.3	28.5	15.8
泌尿、生殖	4.4	4.2	5.2	6.6	5.2	5.31	4.7	4.4	5.7	5.6	4.09	4	5.5	6.9	4.9
损伤中毒	4.33	4.5	5.7	5.6	4.2	4.7	4.5	4	4.4	3.9	4.2	4.6	6.3	6	4.5
神经系统	3.43	3.2	3.5	3.4	2.7	3.8	3.1	3.4	3.1	3	3.3	3.2	3.5	3.5	2.5
皮肤	3.6	2.9	1.9	3	2.1	4.98	3.3	1.7	2.7	2.1	3.13	3.3	2	3.1	2
恶性肿瘤	0.53	0.6	0.9	1.4	1.7	1.05	1	1.3	2.2	2.2	0.35	0.4	0.8	1.1	1.3

资料来源：根据 1993～2013 年五次《国家卫生服务调查分析报告》整理所得。

表 3－15 不同年份调查人口分疾病类别慢性病患病率

单位：‰

疾病类别	城乡合计					城市					农村				
	1993 年	1998 年	2003 年	2008 年	2013 年	1993 年	1998 年	2003 年	2008 年	2013 年	1993 年	1998 年	2003 年	2008 年	2013 年
循环系统	31. 4	38. 8	62. 8	103. 8	180. 3	78. 55	93. 6	122. 7	174	203. 7	15. 51	20. 3	39. 7	76. 4	156. 8
内分泌	3. 14	4. 7	9. 4	15. 6	39. 1	8. 66	13. 1	23. 6	35. 6	54. 6	1. 27	1. 8	3. 9	7. 8	23. 6
肌肉骨骼	25. 51	23. 4	29	37. 6	37. 3	38. 36	35. 2	34. 6	31. 1	34. 3	21. 18	19. 4	26. 8	40. 1	40. 3
消化系统	36. 53	32. 5	31. 7	29. 6	24. 9	48. 96	46. 4	32. 6	24. 7	23. 7	32. 34	27. 9	31. 3	31. 4	26. 1
呼吸系统	22. 71	19. 8	18. 9	17. 5	15. 6	31. 28	30. 7	21. 8	17. 4	15. 8	19. 82	16. 1	17. 8	17. 5	15. 5
泌尿、生殖	8. 33	8. 3	10. 5	11. 2	10. 3	12. 9	11. 8	11. 7	10. 7	10. 5	6. 79	7. 2	10. 1	11. 5	10. 1
神经系统	5. 53	5	4. 8	4. 9	4. 3	6. 36	5. 8	5. 3	4. 5	4. 5	5. 25	4. 8	4. 6	5	4. 2
恶性肿瘤	1. 01	1. 2	1. 5	2. 4	2. 9	2. 1	2. 3	2. 8	3. 8	3. 5	0. 65	0. 8	1. 1	1. 9	2. 3
眼及附器	3. 42	4. 3	3. 4	3. 2	2. 8	6. 69	9. 4	5. 4	4. 6	3	2. 32	2. 5	2. 7	2. 7	2. 5
传染病	5. 34	4. 8	3. 1	3. 2	2. 3	5. 18	5. 8	2. 7	1. 9	2. 2	5. 4	4. 5	3. 3	3. 7	2. 3

资料来源：根据 1993～2013 年五次《国家卫生服务调查分析报告》整理所得。

与表3-14的规律一致，2013年调查人口慢性病患病率最高的也是循环系统疾病，并且城市居民的循环系统慢性病患病率也高于农村居民。

（3）居民自我健康状况评价。从2008年开始，《国家卫生服务调查分析报告》运用欧洲五维健康量表（EQ-5D）和直观式测量表（Visual Analogue Scale/Score，VAS）对居民自我健康情况进行度量。EQ-5D是国际上广泛应用的、标准化的测量健康相关生命质量的量表，它测量了健康的5个维度，即行动、自我照顾、日常活动、疼痛不适、焦虑抑郁；并将每个维度分为三个层次，即没有问题、中度问题和重度问题。VAS用于评价健康总体状况，0代表健康状况最差，100代表健康状况最好。

图3-7描述的是不同年份城市居民EQ-5D各维度回答“有问题”的比例。从中可以看出，EQ-5D各个维度回答“有问题”（即有中度问题和重度问题）的城市居民比例均较低，大多数维度都在5%以下。除疼痛不适这一维度在2008~2013年有大幅增加外，其余维度在2008~2013年变化不大。

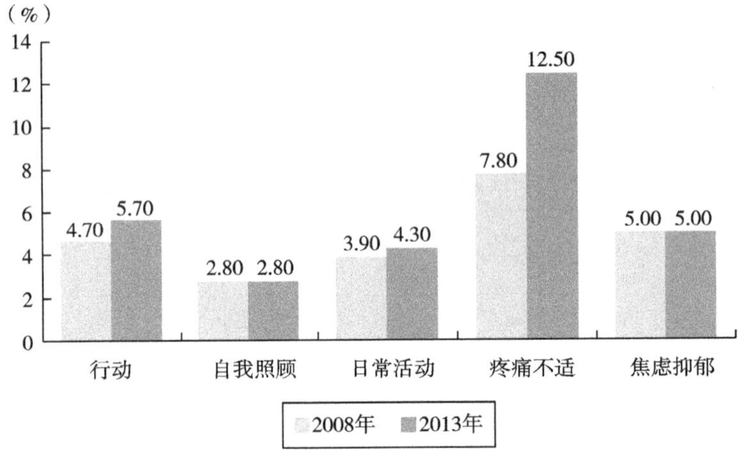

图3-7 城市居民欧洲五维健康量表各维度回答“有问题”的比例

图3-8描述了2008年和2013年农村居民EQ-5D各维度回答“有问题”的比例。从中可以看出，农村居民在EQ-5D各个维度回答“有问题”（即有中度问题和重度问题）的比例均较低，大多数维度都在5%左右。其中，2013年焦虑抑郁维度有问题比例较2008年有所下降，这可能是因为国家对农村居民提供

了各类型的政策性农业补贴，农民收入大幅度提高，农村贫困问题得到了很好的缓解，政府构建了全民普及的医疗保险体系和养老保险体系，使得农村居民有了保障，极大地改善了农村居民的精神健康状况。

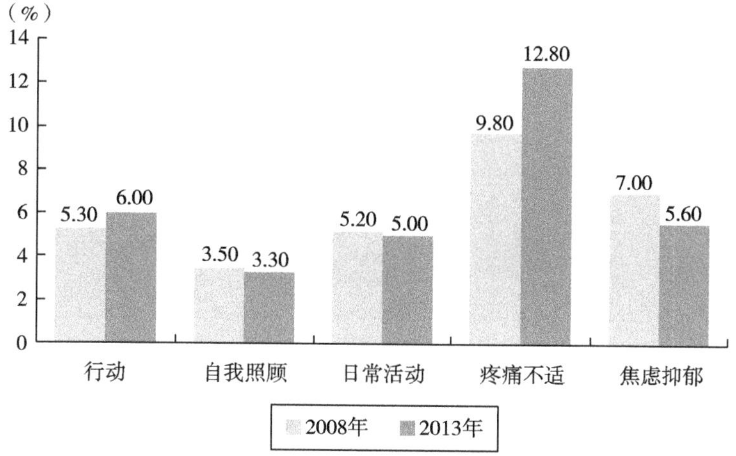

图 3－8　农村居民欧洲五维健康量表各维度回答“有问题”的比例

通过比较图 3－7 和图 3－8 可以看出，无论是 2008 年还是 2013 年，农村居民 EQ－5D 各个维度回答“有问题”的比例均高于城市居民，但总体来说差距在缩小。

图 3－9 描述的是不同年份城乡居民的 VAS 评分，VAS 评分分数越高说明健康状况越好。从中可以看出，2008 年和 2013 年农村居民的 VAS 评分均高于城市居民，2013 年城乡居民 VAS 评分较 2008 年略有上升，城市居民的上升幅度略高于农村居民。这说明农村居民自我评价健康状况高于城市居民，但城乡居民的自我评价健康状况差距在缩小。

综上所述，城乡居民的患病率逐年增加，城乡居民的疾病类别呈现出多样性，但当前不可忽视循环系统疾病的严重性。从总体看，尽管城市居民的经济状况优于农村居民，但使用两周患病率、慢性病患病率和自我健康状况评价指标表示的健康状况均呈现出城市居民差于农村居民的特征，反映了城市居民对医疗服务的需要大于农村居民。特别要注意的是，分性别和年龄特征来分析不同人群医疗服务需要，发现女性的健康状况相对最差，医疗服务需要相对更高，特别是城市女性群体和老年群体，在所有人群中属于最脆弱的群体[①]。

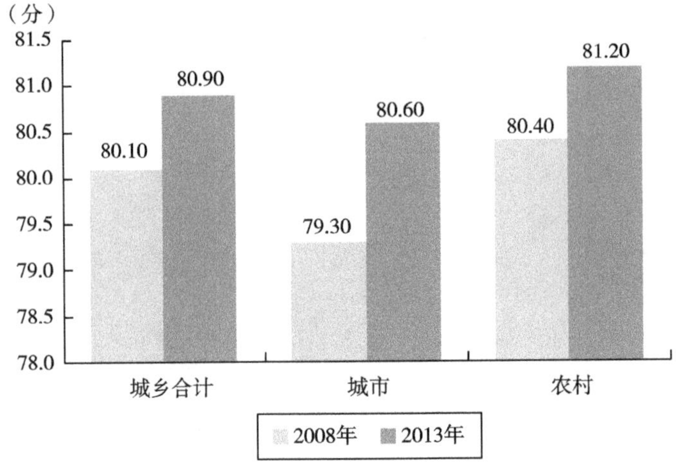

图 3－9　2008 年和 2013 年调查人口 VAS 评分

2. 居民医疗服务使用情况

（1）门诊服务使用。本书使用城乡居民两周就诊情况描述居民门诊服务使用情况。根据《国家卫生服务调查分析报告》，将两周就诊率定义为在每百名被调查的人群中，两周内由于病、伤、保健等健康方面的原因去医疗卫生机构就诊的次数。

1）两周就诊率情况。从图 3－1 和图 3－4 可知，1993～2013 年我国城乡居民两周患病率和慢性病患病率呈上升趋势，但图 3－10 反映的则是城乡居民两周就诊率总体上却呈下降趋势。这可能是因为居民前往医院或诊所就医的机会成本（如时间成本、精力成本等）增加，加上自身对医学常识的日益了解，因此自我感知疾病不严重的情况下实行自我医疗。

① 需要说明的是，本书使用患病指标来判断医疗服务需要，是为了从一般的描述性统计上总览城乡居民医疗服务需要和健康状况的总体情况。但究竟是农村居民还是城市居民更健康，还需要更加全面的指标和进一步的论证才能得出。

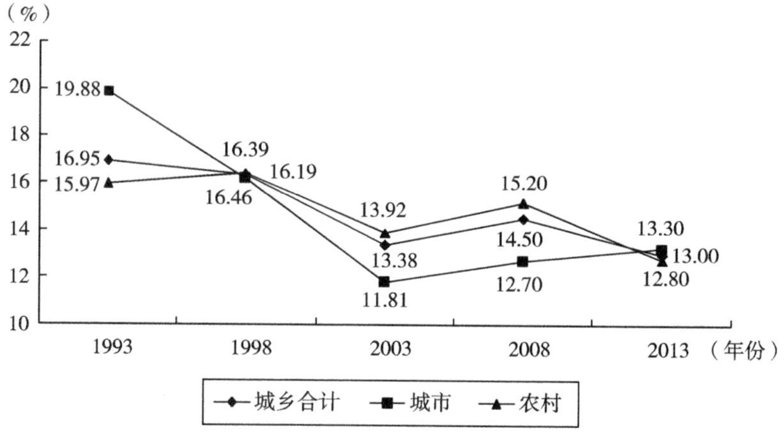

图3-10　1993~2013年调查人口城乡居民两周就诊率

分性别来看城乡居民的两周就诊率，如图3-11所示，20年间城市女性居民的两周就诊率高于城市男性居民，农村女性居民的两周就诊率也高于农村男性居民；无论是城市或农村地区，女性对门诊服务的使用率更高，这与女性相对于男性的疾病发生率更高有关。

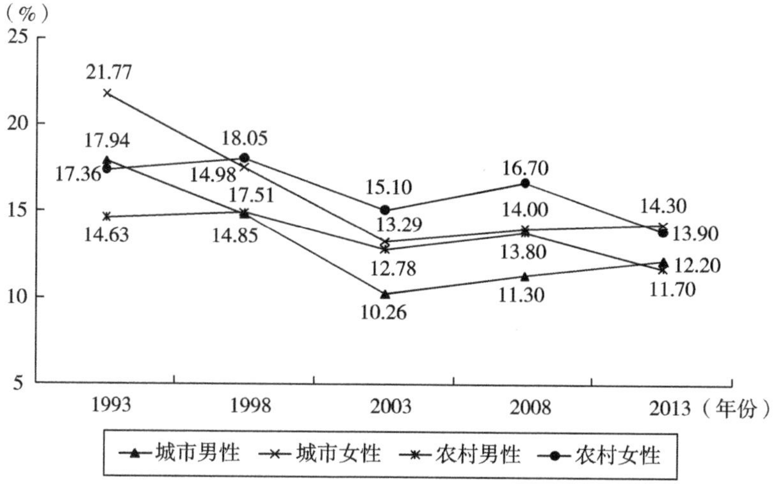

图3-11　1993~2013年不同性别调查人口两周就诊率

分年龄组来看城乡居民的两周就诊率，如图3-12所示，与不同年龄组患病率的规律一致，0～4岁及55岁以上的城乡居民两周就诊率较高，较高的患病率对应较高的门诊就诊率。

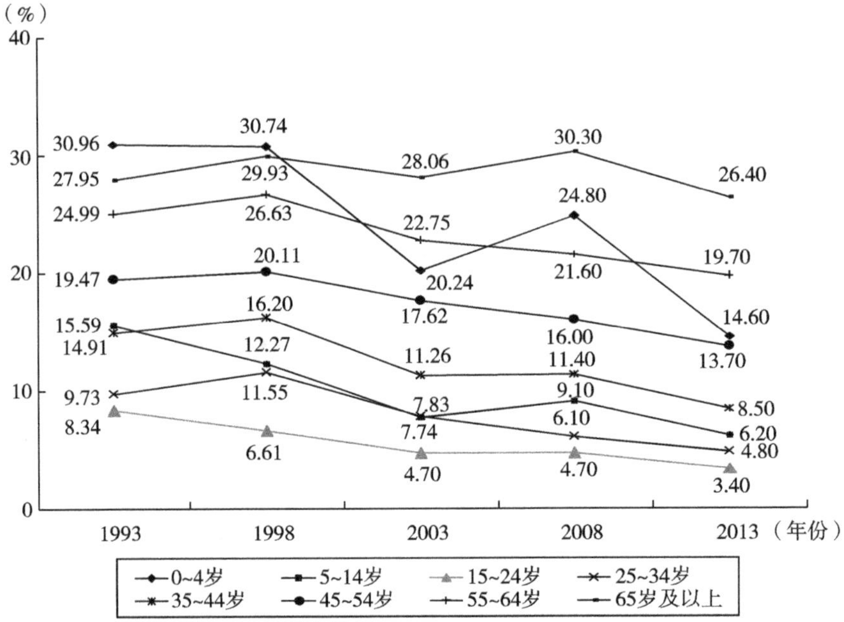

图3－12　1993～2013年不同年龄调查人口两周就诊率

2）两周就诊机构选择情况。如表3－16所示，城市居民由于距离高层级医院较近，也出于对更高层级医院医疗质量的信任，所以多选择省、地或市医院作为就诊机构，而农村居民由于距离城市较远，路途交通成本较高且负担不起高昂的医疗费用，所以多以基层医疗卫生机构为主要就诊机构。从时间的变化来看，1993～2003年，城市居民首诊在省、地、市医院的比例高于在基层医疗卫生机构的比例，但从2008年起，城市居民首诊在基层医疗机构的比例超过了在省、地、市医院的比例。这可能是2007年实行的城镇居民医疗保险制度，要求实行从下往上的逐级转诊治疗。当然，这也可能与大医院“一号难求”、看病难、看病贵，患者就诊时主动选择向基层医疗卫生机构下沉有关。对于农村居民来说，尽管新农合保险也实行了严格的转诊制度，但由于经济困难、路途遥远等各种原因，选择县级医院治疗的比例本身就很小，因而农村居民并未出现这样的趋势。

表 3-16　调查地区居民两周就诊医疗机构构成

单位：%

机构类型	城乡合计					城市					农村				
	1993 年	1998 年	2003 年	2008 年	2013 年	1993 年	1998 年	2003 年	2008 年	2013 年	1993 年	1998 年	2003 年	2008 年	2013 年
基层医疗卫生机构	71. 14	73. 33	69. 50	73. 70	72. 70	37. 16	38. 14	36. 60	48. 30	65. 20	85. 34	85. 50	79. 30	81. 70	80. 10
县、市、区级医院	12. 48	10. 34	11. 30	17. 30	16. 90	15. 96	10. 36	13. 30	23. 70	17. 60	11. 11	10. 33	10. 70	15. 30	16. 10
省、地、市医院	12. 41	13. 16	11. 90	7. 90	8. 20	38. 93	45. 59	41. 80	26. 60	14. 00	1. 65	1. 95	2. 90	2. 10	2. 50
其他	3. 94	3. 17	7. 20	1. 00	2. 20	8. 23	5. 93	8. 30	1. 40	3. 10	2. 21	2. 21	7. 00	0. 90	1. 40

注：数据均为调查地区两周患病者首次就诊的医疗机构的构成比例。

3）门诊就诊费用情况。从图 3－13 可以看出，城乡居民次均门诊就诊费用呈快速增加趋势，且城市次均门诊就诊费用上升的速度要快于农村。由于城市居民更愿意选择医疗设施比基层医疗卫生机构好的县级以上医疗机构进行门诊就诊，所以城市居民次均门诊就诊费用要高于农村居民。

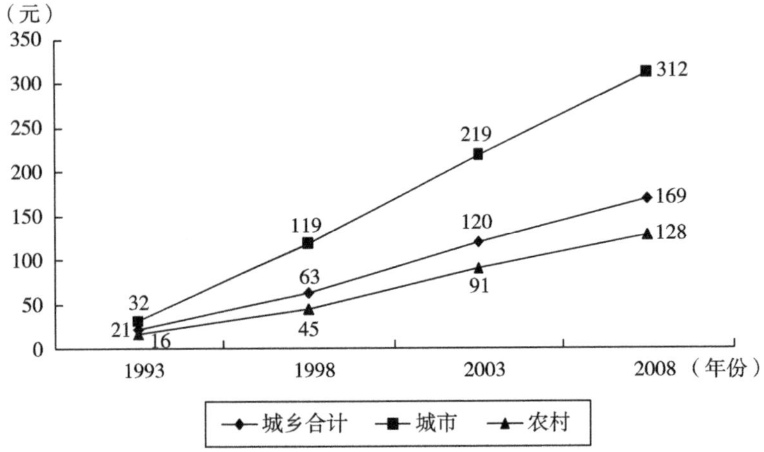

图 3－13　1993～2008 年调查人口城乡居民次均门诊就诊费用

（2）住院服务使用。本书使用城乡居民住院情况描述其住院服务使用情况。根据《国家卫生服务调查分析报告》，住院率指自调查之日前 12 个月（或某一年）内，每百名被调查者住院的次数。

1）住院率情况。从图 3－14 可以看出，调查人口城乡居民住院率整体呈上升趋势，这与城乡居民两周患病率持续上升有关。结合图 3－10 门诊就诊率下降的趋势，表明患者更多地使用了住院服务来代替门诊服务。这可能与基本医疗保险保大病、保住院、保大额费用的激励有关，由于使用住院服务才能获得更高比例的报销，实际上刺激了供给方——医院，和需求方——患者都会更多地选择使用住院服务。同时，由于城市居民患病率高于农村居民且城市居民的支付能力普遍高于农村居民，所以城市居民的住院率也高于农村居民；但随着时间的推移，城乡之间居民住院率的差距在逐渐缩小。

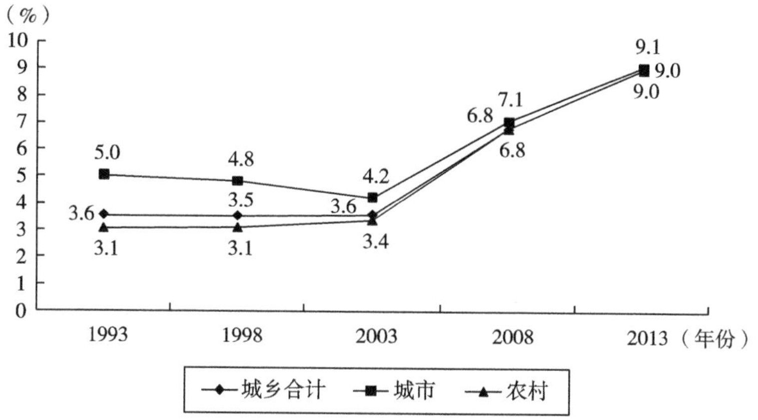

图 3-14 1993~2013 年调查人口城乡居民住院率

图 3-15 汇总了不同性别调查人口的住院率。从中可以看出，城市女性一直是住院率最高的群体，但从 2003 年开始，农村女性的住院率开始增加，到 2008 年时已经超过城市女性，成为住院率最高的群体。

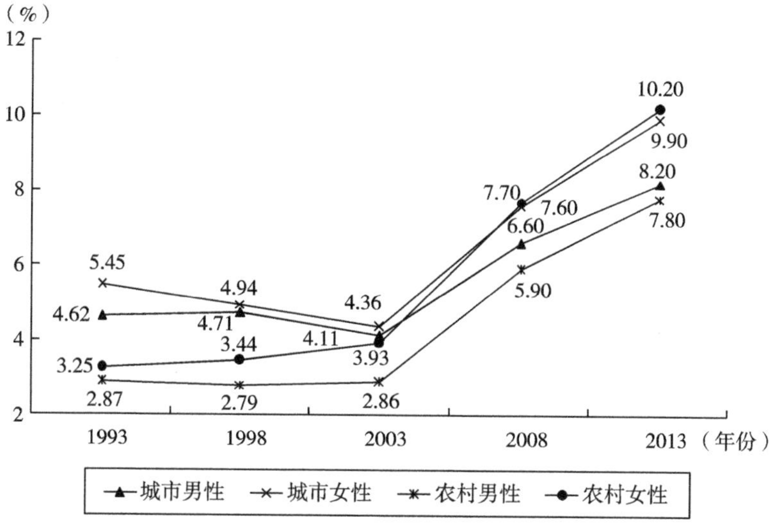

图 3-15 1993~2013 年不同性别调查人口住院率

图 3-16 汇总了不同年龄组调查人口的住院率。从中可以看出，0~4 岁及

55 岁以上的城乡居民住院率较高，这与 0 ~ 4 岁及 55 岁以上的城乡居民的患病率较高有关。

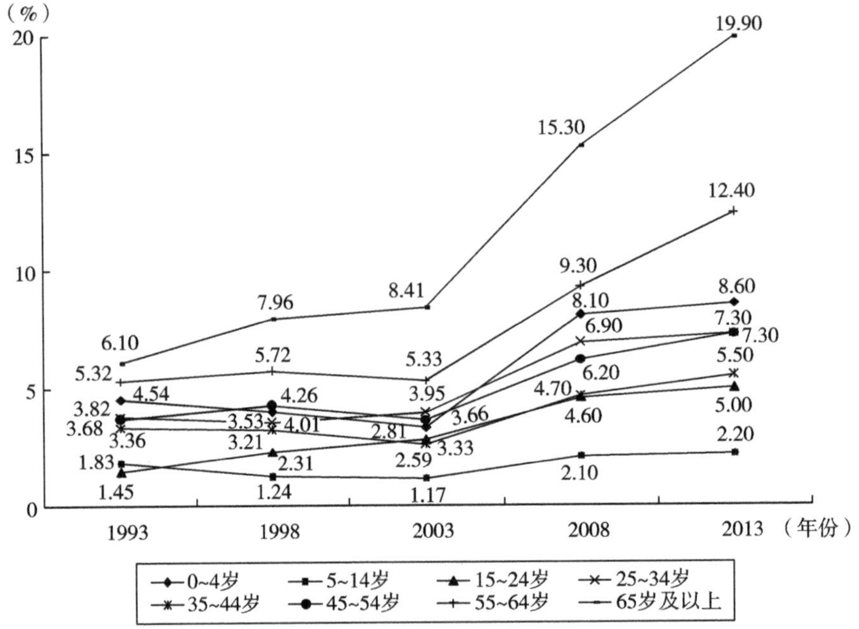

图 3 – 16　1993 ~ 2013 年不同年龄调查人口住院率

2）住院医疗机构构成。由表 3 – 17 可以看出，城市居民由于距离医院较近且拥有医疗保险，所以多选择省、地或市医院作为住院治疗机构，而农村居民由于距离城市较远，且支付能力有限，所以多以县、市或区级医院为主。随着时间的推移，城市居民倾向于选择医疗费用不高且医疗水平达到居民要求的基层卫生机构及县、市或区级医院作为住院医疗机构。伴随新农合保险的发展，农村居民在高一层级的医疗机构就诊可以获得更高的报销比例，所以农村居民患者选择医疗水平更高的县、市或区级医院机构住院的比例在增加。

3）平均住院天数。如图 3 – 17 所示，城乡住院患者平均住院天数呈下降趋势。影响患者平均住院天数的因素很多，如疾病种类和严重程度、医院床位稀缺状况等，如果仅从医疗保险这一因素分析，由于城市居民先于农村居民拥有基本医疗保险，且城市居民医疗保险报销比例高于农村居民，所以早期城市住院患者的平均住院天数远高于农村住院患者。但随着时间的推移，新型农村合作医疗不断完善，城市居民与农村居民在医疗保险上的差异在逐渐缩小，使得城市居民与农村居民的平均住院天数也在逐渐接近。

表 3－17　住院患者医疗机构构成

机构类型	城乡合计				城市				农村			
	1998 年	2003 年	2008 年	2013 年	1998 年	2003 年	2008 年	2013 年	1998 年	2003 年	2008 年	2013 年
基层医疗卫生机构	25.15	21.70	28.70	21.00	5.31	5.10	6.70	11.80	35.42	28.80	36.60	29.80
县、市、区级医院	32.60	35.00	48.20	51.60	13.73	17.00	43.40	47.30	42.36	42.60	50.00	55.70
省、地、市医院	28.23	30.20	20.10	25.20	61.30	67.90	46.60	38.10	11.12	14.10	10.60	12.90
其他	14.03	13.20	2.90	2.20	19.66	9.90	3.20	2.80	11.11	14.50	2.80	1.60

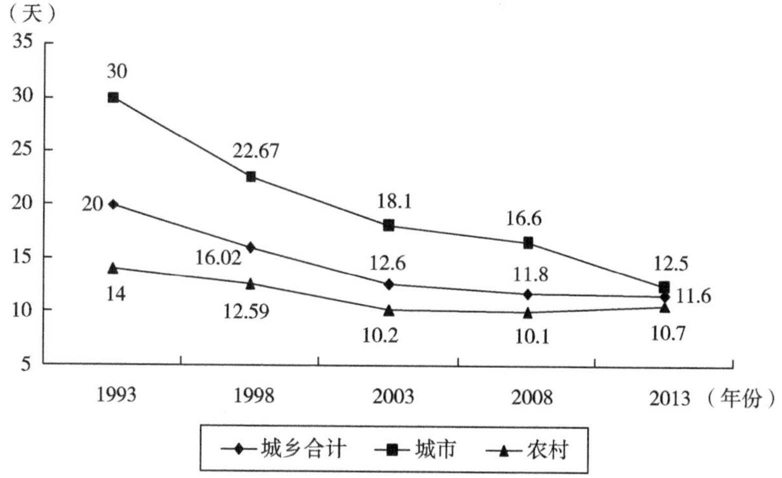

图 3－17　1993～2013 年住院患者平均住院天数

4）住院费用。如图 3－18 所示，城乡住院患者次均住院费用大幅度增加，城市住院者次均住院费用从 1998 年的 4037 元上升到 2013 年的 10353 元，同期农村住院患者的住院费用从 1532 元上升到 6762 元。结合表 3－17 可以看出，城市居民选择费用较高的县级以上医疗机构作为住院医疗机构的比例要高于农村，所以城市住院者次均住院费用高于农村住院者。

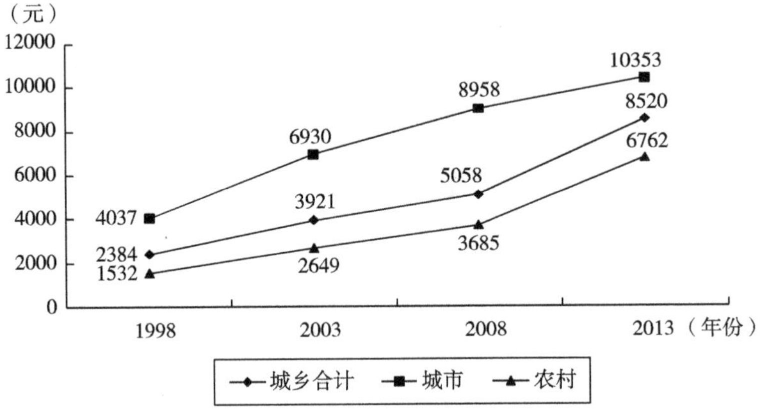

图3－18　1998～2013年住院患者次均住院费用

5）需住院而未住院情况。从图3－19可以看出，城乡居民需住院未住院的比例呈下降趋势。结合图3－14，农村居民住院率的增长速度快于城市居民，所以农村居民需住院未住院比例的下降速度明显快于城市居民。随着城职保、城居保、新农合基本医疗保险覆盖率的提高，城乡居民住院率之间的差异逐渐缩小，城乡居民需住院未住院的比例逐渐接近。

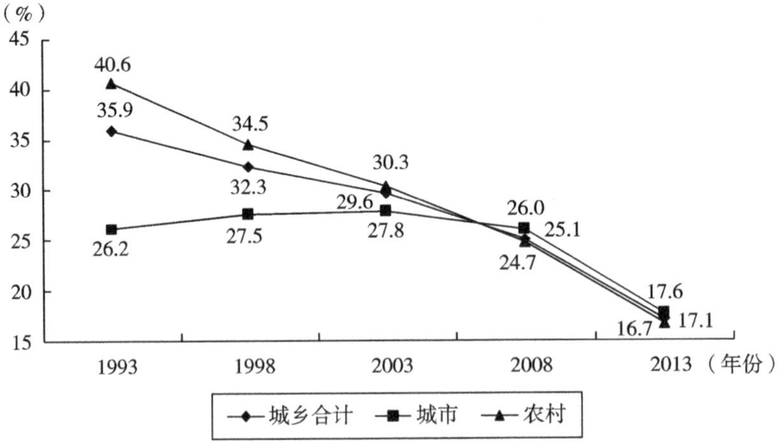

图3－19　1993～2013年调查人口需住院而未住院比例

（3）居民满意度。

1）门诊服务满意度。根据《国家卫生服务调查报告》，本书使用“候诊时间”、“就诊机构环境”及“医护人员解释治疗方案清晰程度”三个指标来反映门诊患者对门诊服务的满意度，如表3－18所示。从“就诊机构环境”及“医护人员解释治疗方案清晰程度”来看，城乡居民对门诊服务总体上比较满意且满意度上升，但门诊患者对门诊服务的候诊时间的满意程度却逐年降低。

表3－18　门诊患者对门诊服务的满意度　　单位：%

评价		城乡合计			城市			农村		
		2003年	2008年	2013年	2003年	2008年	2013年	2003年	2008年	2013年
候诊时间	短	67.1	59.4	63.6	53.6	46	56.4	71.1	63.8	70.7
	一般	27	32	28.4	34.3	37.2	32.6	24.8	30.3	24.1
	长	5.9	8.6	8.1	12.1	16.7	11	4.1	5.9	5.2
就诊机构环境	好	41.7	44.8	65.6	54.1	60.1	63.2	37.9	39.2	67.9
	一般	51.4	47.5	33.2	41.4	36.7	35.3	54.4	51.9	31.1
	差	6.9	7.7	1.3	4.5	3.3	1.5	7.7	8.9	1
医护人员解释治疗方案清晰程度	好	59.9	58.9	78.7	61.9	61.1	77.1	59.2	57.1	80.3
	一般	34.7	37.3	20.4	32.9	34.2	21.7	35.2	39.7	19.4
	差	5.5	3.8	0.9	5.2	4.8	1.2	5.6	3.2	0.6

资料来源：根据《国家卫生服务调查分析报告》整理所得。

2）住院服务满意度。如表3－19所示，本书使用居民对“病房环境”及“医护人员解释治疗方案清晰程度”的评价来衡量住院患者对住院服务的满意度。总体来看，城乡居民对住院“病房环境”及“医护人员解释治疗方案清晰程度”的评价较好，并且农村居民的满意度超过了城市居民。

表3－19　住院患者对住院服务的满意度　　单位：%

评价		城乡合计			城市			农村		
		2003年	2008年	2013年	2003年	2008年	2013年	2003年	2008年	2013年
病房环境	好	55.40	56.80	66.50	58.10	63.40	62.40	54.30	54.10	70.30
	一般	38.90	37.30	30.30	35.00	32.20	33.80	40.50	39.50	27.00
	差	5.70	5.90	3.30	6.90	4.40	3.80	5.20	6.50	2.70

续表

评价		城乡合计			城市			农村		
		2003 年	2008 年	2013 年	2003 年	2008 年	2013 年	2003 年	2008 年	2013 年
医护人员解释治疗方案清晰程度	好	69.50	71.10	78.90	70.10	73.80	76.10	69.20	69.30	81.60
	一般	26.20	27.00	19.60	25.10	23.80	21.80	26.70	29.00	17.40
	差	4.30	1.90	1.50	4.80	2.40	2.10	4.10	1.70	1.00

资料来源：根据《国家卫生服务调查分析报告》整理所得。

（二）我国城乡居民医疗保险需求

本节主要从居民基本医疗保险参保情况、基本医疗保险与医疗服务使用情况来展开分析，进而对我国城乡居民的医疗保险需求做出梳理。

1. 社会基本医疗保险参保情况

社会基本医疗保险是我国覆盖人数最多、保障范围最广的保险。1998 年后，随着城镇职工基本医疗保险改革的不断深入，我国社会基本医疗保险无论从参保率还是筹资额来看，发展都十分迅速。图 3－20 描绘了我国社会基本医疗保险 2004～2015 年的发展趋势，从中可以看出，我国社会基本医疗保险的发展大体上分为两个阶段，2008 年以前的快速发展阶段和 2008 年后的平稳发展阶段。2008 年，

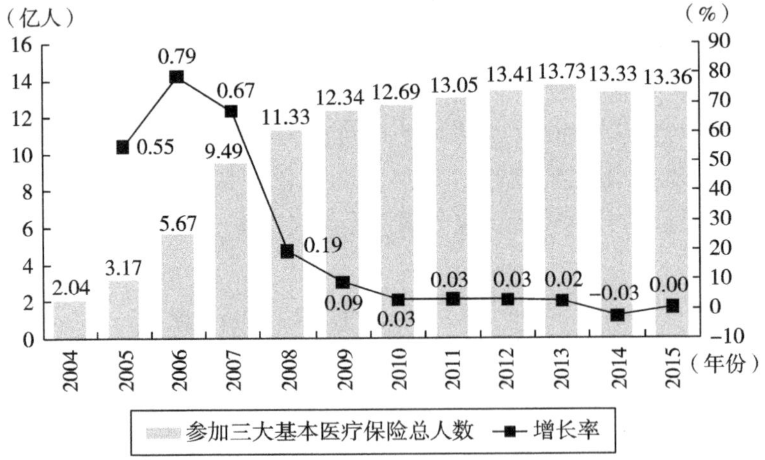

图 3－20　2004～2015 年我国社会基本医疗保险参保人数及增长率

资料来源：根据国家统计局官网历年数据统计计算所得。

基本医疗保险参保人数超过 10 亿，达到 11.33 亿人，主要得益于新农合保险和城居保在全国范围内的大幅度推广；2009 年以后，参保人数增长缓慢，这是因为基本医疗保险已基本实现了全民覆盖。

2004～2006 年，三大基本医疗保险的增长率处于持续上升的状态，社会基本医疗保险市场处于迅速扩张的阶段。2004 年是我国开始试点实施新农合的第一年，2004 年参加新农合和城职保的总人数达到 2.04 亿人，2006 年，参加两类基本医疗保险的居民人数为 5.67 亿人，同比增长 79.1%，这是我国购买社会基本医疗保险人数增长最快的一年。随着 2007 年开始试行城镇居民基本医疗保险，我国参加社会基本医疗保险的居民达到 9.49 亿人，同比增长 67.3%。到了 2013 年末，参加人数高达 13.73 亿人。截至 2015 年末，参加三大基本医疗保险的居民达到 13.36 亿人。

图 3－21 分类别展示了三大基本医疗保险的发展趋势。2003 年，我国正式开始新农合试点工作。2004 年，在国家大力推广下，参保人数达到 8000 万人。2005 年和 2006 年，新农合参保人数快速增加，增长率分别为 123.8% 和 129.1%，参保人数从 8000 万人直接增长至 4.1 亿人。2007 年，我国新农合参保居民达到 7.26 亿人，同比增长 77.1%。2008 年末，参加新农合居民数首次超过 8 亿人，达到 8.15 亿人。截至 2010 年末，新农合覆盖居民人数为 8.36 亿人，创史上新高。从 2011 年开始，新农合参保率逐渐降低，这是由于我国开始走上城镇化道路，很多农村居民向城市居民过渡，部分转移的劳动力参加城居保。

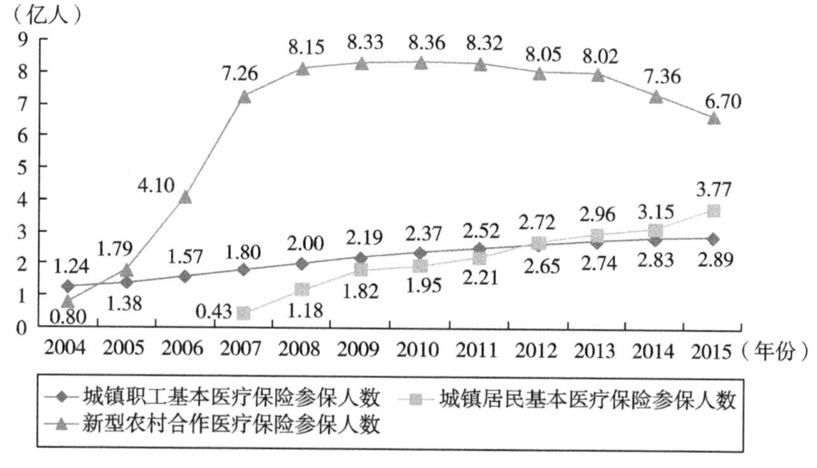

图 3－21 2004～2015 年我国三大基本医疗保险历年参保人数

资料来源：根据国家统计局官网及《中国统计年鉴》历年数据统计计算所得。

城镇职工基本医疗保险 2004~2015 年一直处于平稳增长趋势，参保人数从 2004 年的 1.24 亿人增长到 2015 年的 2.89 亿人。2007 年，政府试点城镇居民基本医疗保险，当年参保居民达到 4291 万人，在国家政策支持下，次年参保人数突破 1 亿人，增长率为 175.6%。2012 年，城镇居民基本医疗保险参保人数超过了城镇职工基本医疗保险。到 2015 年底，城镇居民基本医疗保险参保居民高达 3.77 亿人，年均增长率为 29.24%。

2. 基本医疗保险与医疗服务使用

本节分析三大基本医疗保险覆盖人群的医疗服务利用情况，探讨基本医疗保险与医疗服务使用之间的关系。

（1）城镇职工基本医疗保险参保人口的医疗服务使用情况。

1）门诊服务使用。根据 2013 年《国家卫生服务调查分析报告》，2013 年城职保参保人口两周就诊率为 13.4%，2003~2013 年该指标数据变化不大。而从门诊服务使用的情况来看（见图 3-22），随着城镇职工基本医疗保险制度进一步完善，城镇职工基本医疗保险参保人口的医疗负担将会减轻，故而更倾向于在医生的指导下接受治疗，未治疗比率也大大降低。图 3-22 描绘了 2003~2013 年城职保参保人口两周患病医治情况。2013 年城职保参保人口患病后在医生指导下进行治疗的比例从 2003 年的 46.5%、2008 年的 66.6% 上升到 2013 年的 87.6%，而“纯自我治疗”和“未治疗”的比例大幅度降低。这说明城职保促进了参保居民门诊就诊治疗。

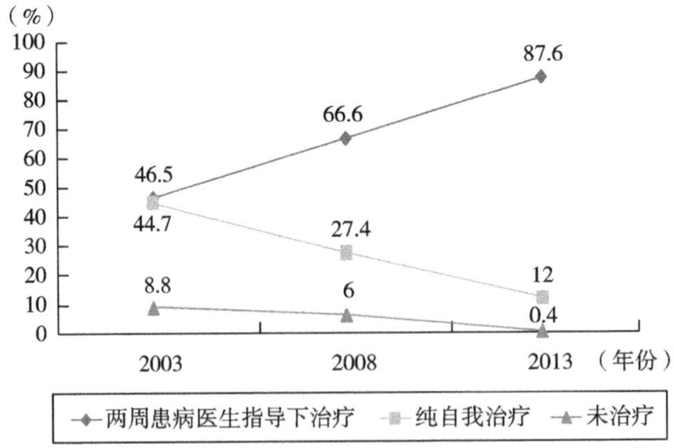

图 3-22　2003~2013 年城职保参保人口两周患病医治情况比例

2）住院服务使用。如图 3－23 所示，城镇职工基本医疗保险参保人口住院的比例从 2003 年的 5.9% 上升到 2013 年的 11.2%，需住院未住院的比例同期从 2003 年的 20.7% 下降到 2013 年的 15.8%。这说明随着城职保制度的不断完善，参保患者住院服务的可及性和可得性提高。

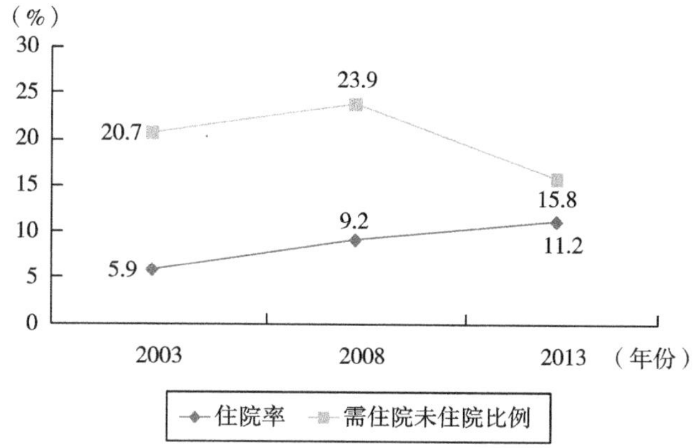

图 3－23　2003～2013 年城职保参保人口住院率和需住院未住院比例

进一步分析城职保参保人口应住院但未住院的原因。如图 3－24 所示，在所调查的几种原因中，最主要的原因仍是“经济困难”，其次是“自认为没必要”。“没有时间”也是城职保参保人口应住院未住院的原因之一，但占比非常小，仅占 1% 左右。

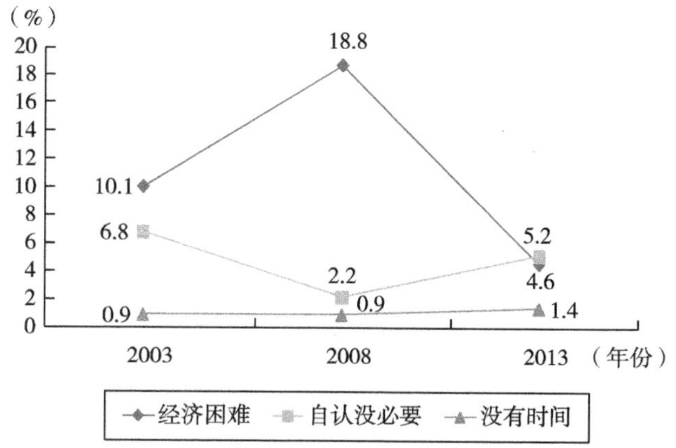

图 3－24　2003～2013 年城职保参保人口未住院的原因

如图 3－25 所示，多年以来，城镇职工基本医疗保险制度不断完善，参保者患病住院获得报销的比例及报销费用比[①]不断升高，次均自付费用占家庭人均年收入的比例逐年下降。这说明随着城镇职工基本医疗保险的进一步完善，城镇职工基本医疗保险的受益面增加，且参保人口的住院医疗经济负担大幅度减轻。

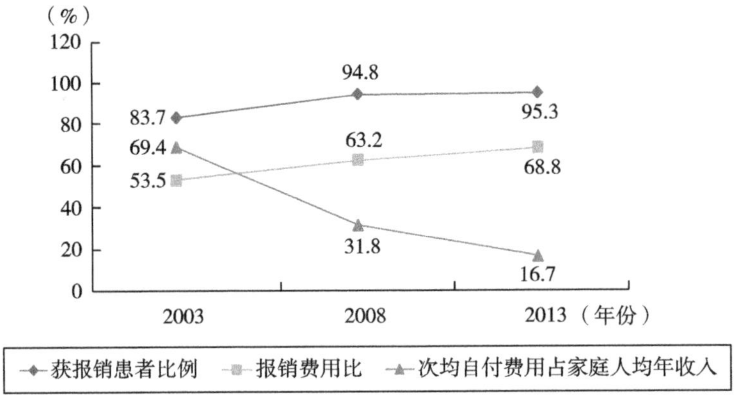

图 3－25　2003～2013 年城职保参保人口住院费用报销比例

综上所述，随着城镇职工基本医疗保险的进一步完善，尽管还有少部分参保人口由于各种原因应住院而未住院，但是城镇职工基本医疗保险受益面逐渐增加，参保人口住院医疗负担大幅度减轻。

（2）城镇居民基本医疗保险参保人口的医疗服务使用情况。

1）门诊服务利用。图 3－26 描绘了 2008 年和 2013 年城居保参保人口两周患病医治情况。2013 年城居保参保人口患病后在医生指导下进行治疗的比例，从 2008 年的 58% 上升到 2013 年的 82.2%，而“纯自我治疗”和“未治疗”的比例大幅度降低。这说明城居保促进了参保居民门诊就诊治疗。

2）住院服务使用。如图 3－27 所示，2008 年城居保参保人口的住院率为 5.1%，应住院而未住院的比例为 25.9%，2013 年住院率上升到 7.1%，应住院而未住院的比例下降到 18.4%。这说明随着城镇居民医疗保险体系的完善，促进了城居保参保人口对住院服务的使用。

① 报销费用比是指职工医保病人次均报销费用占治疗总费用的比例。

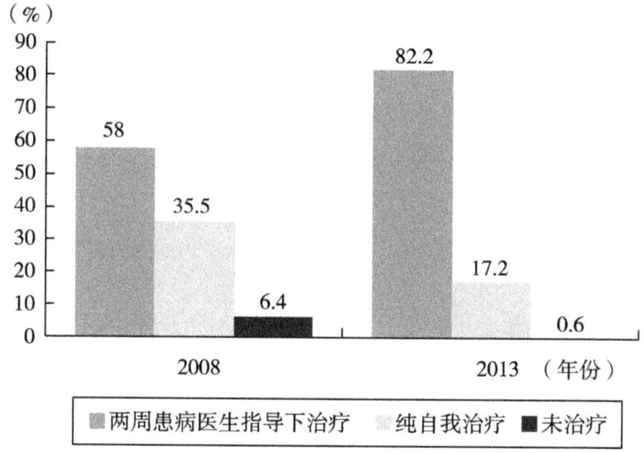

图 3－26　城居保参保人口两周患病医治情况比例

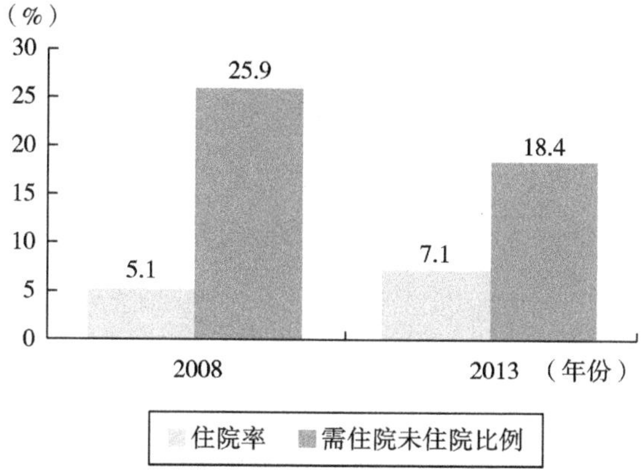

图 3－27　城居保参保人口住院率和需住院未住院比例

图 3－28 进一步统计了城居保参保人口需住院但未住院的原因。总体来说，第一大原因是“经济困难”，但 2013 年相比 2008 年，出于这一原因需住院而未住院的比例从 22% 下降到 9.1%，说明城居保促进了参保人口住院服务的使用，大幅度地降低了参保患者应住院而因经济困难未住院的情况。除此之外，其他导致未住院的原因还包括“没有时间”、“自认为没必要”、“无床位”等。

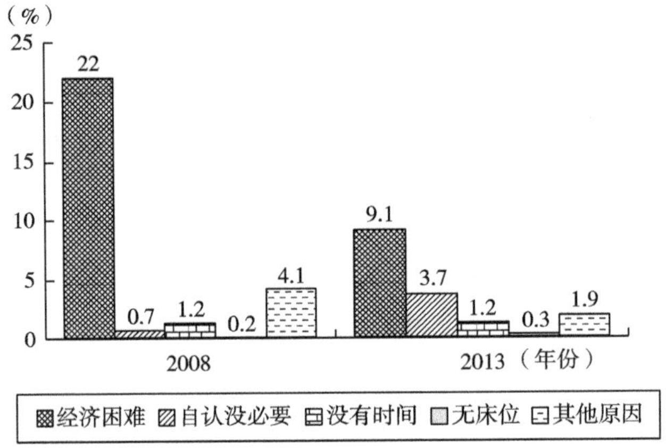

图3-28　城居保参保人口需住院未住院的原因

如图3-29所示，随着城居保制度的大力推进和不断完善，城居保参保人口住院获得报销的比例及报销费用比升高，次均自付费用占家庭人均年收入的比例降低。这说明随着城镇居民医疗保险的进一步完善，城居保的受益面不断增加，参保人口的住院医疗经济负担减轻。

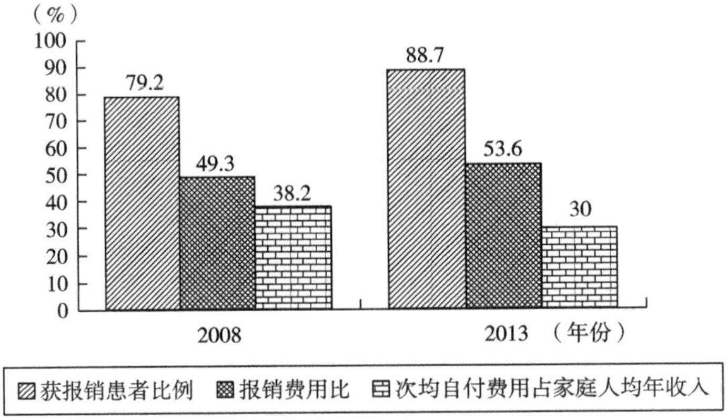

图3-29　城居保参保人口住院费用报销比例

(3) 新型农村合作医疗参保人口的医疗服务使用情况。

1) 门诊服务使用。从图3-30描绘的关于新农合参保人口两周患病治疗情况来看，参保人口患病后在医生的指导下接受治疗的比例从2003年的55.3%上升到2008年的62.3%和2013年的83.4%，“纯自我医疗”和“未治疗”的比例相应大幅度降低。这说明新农合保险促进了参保居民就诊治疗，与图3－22城职保和图3－26城居保参保人口患病治疗情况反映的规律一致。

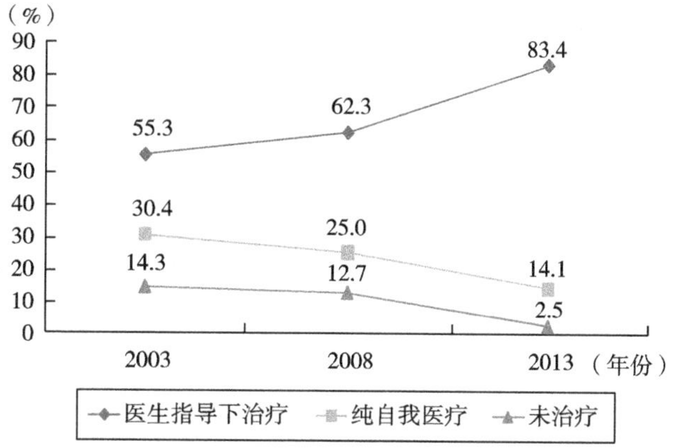

图3－30　2003～2013年新农合参保人口两周患病医治情况比例

2）住院服务使用。如图3－31所示，新农合参保人口的住院率从2003年的3.4%上升到2008年的6.5%和2013年的9%，需住院而未住院的比例从2003年的34.7%下降到2008年的27.9%，2018年进一步下降到18.1%。这说明新农合保险促进了参保人口住院服务的使用，降低了参保人口应住院而未住院的概率。

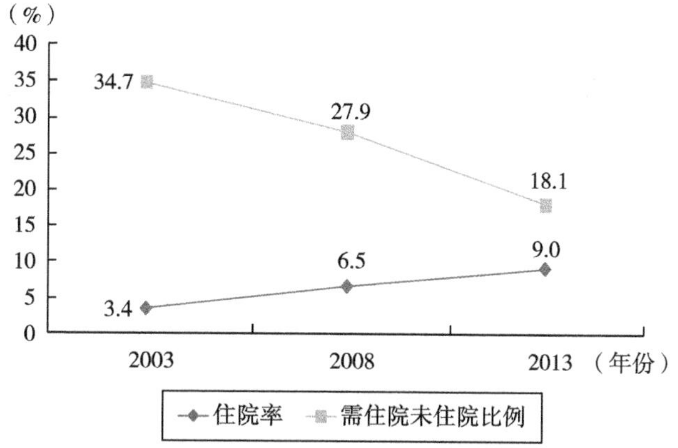

图3－31　2003～2013年新农合参保人口住院率和需住院未住院比例

进一步分析参保人口应住院而未住院的原因。如图 3－32 所示，经济困难仍是参保人口未住院的首要原因，其他原因还包括“自认为没必要”、“没有时间”、“无床位”等。尽管新农合保险的报销制度促进了参保人口住院服务的使用，但是由于农村居民较低的收入水平，面对仍然高昂的自付费用部分，很有可能还是支付能力，因此选择不住院治疗。

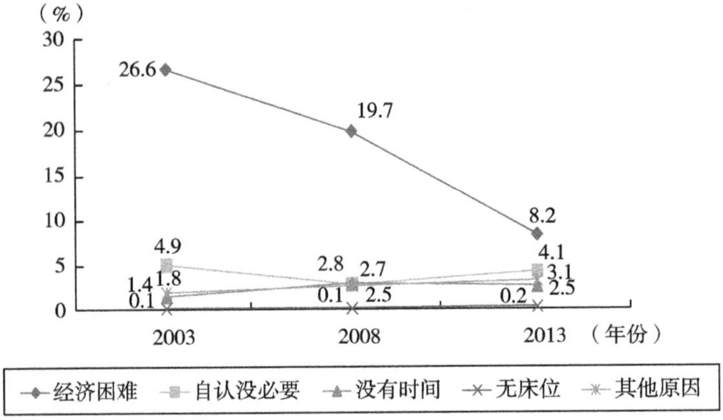

图 3－32　2003～2013 年新农合参保人口需住院未住院的原因

从图 3－33 可以看出，2003～2018 年，新农合参保人口住院获得报销的比例从不到 10% 上升到 90% 以上，报销费用比同期从 8.9% 上升到 50.1%，次均自付

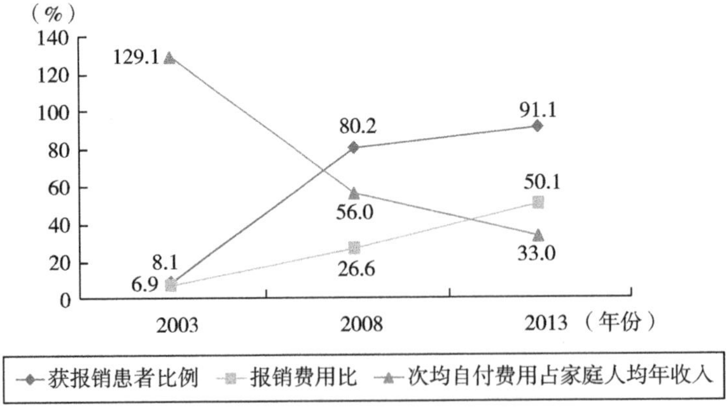

图 3－33　2003～2013 年新农合参保人口住院费用报销比例

费用占家庭收入的比例从 129.1% 下降到 33%，说明新农合保险的受益面大幅度提高，参保人口住院经济负担大幅度下降。

三、我国劳动力市场发展的现状

当前，我国经济发展进入新常态，蔡昉（2013，2014）认为我国老龄化进程加快，人口结构变化、劳动力数量下降，这必然影响整个社会的劳动力的成本，人口红利逐渐消失，结果导致我国经济的潜在增长能力下降。在过去 40 年经济高速增长过程中，我国劳动年龄人口总数量持续上升，劳动力市场呈现买方垄断状态，大量劳动年龄人口给企业提供了劳动力。同时劳动力在不同生产率部门间转移、从农村流动到城市，资源的重新配置给经济发展注入了无限的活力。从图 3－34 人口增长相关数据变化趋势可以看出，我国人口出生率逐年降低，由 1995 年的 17.12‰下降到 2019 年的 10.48‰；死亡率增加了 0.57‰，变化幅度较小；人口自然增长率下降幅度较为明显，1995～2019 年下降了 6.71‰。

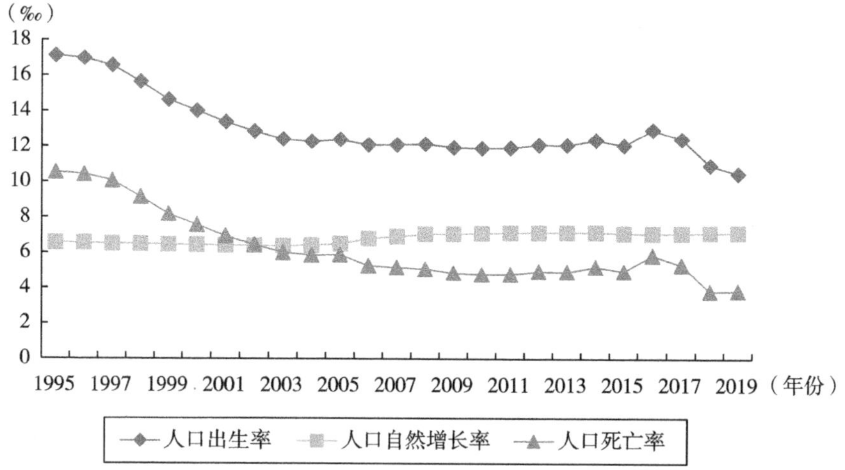

图 3－34　1995～2019 年我国人口增长变化趋势

资料来源：根据国家统计局官网（http：//data.stats.gov.cn/）历年数据整理所得。

如图 3－35 所示，从人口年龄结构来看，2019 年我国 0～14 岁人口为 23492

万人，占总人口的比重为16.78%；15～64岁劳动年龄人口为98910万人，占总人口的比重为70.65%，15～64岁劳动年龄人口总数比2018年降低了447万人，这是2014年以来劳动年龄人口数量下降最多的一年；65岁及以上人口数为17603万人，占总人口的比重为12.57%[①]。从图3－35还可以看出，0～14岁人口总数、占总人口的比重均逐年递减；15～64岁人口总数、占总人口比重总体呈上升趋势，但由于人口老龄化，劳动年龄人口总数和比重有所下降；65岁及以上人口总数、占总人口的比重均逐年递增。此外，1995～2019年，我国GDP增速呈先上升后下降的趋势，与15～64岁人口占总人口比重变化趋势比较一致。

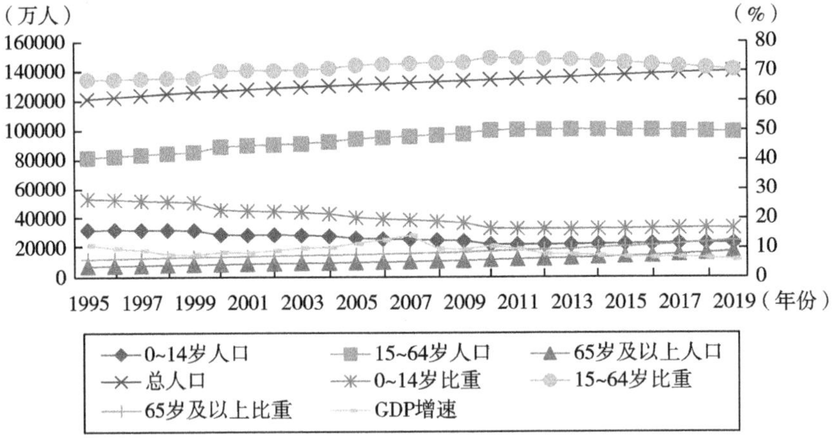

图3－35　1995～2019年我国人口年龄结构与GDP增速变化趋势

资料来源：根据国家统计局官网（http：//data.stats.gov.cn/）历年数据整理所得。

低出生率、低死亡率增加了劳动年龄人口的抚养负担。我国人口抚养比（即依赖型人口与劳动年龄人口的比率）在2010年达到最低点34.2%之后，每年均呈上升趋势[②]（见图3－36）。在劳动年龄人口下降的同时，劳动参与率也呈下降趋势。根据世界银行公布的数据，我国劳动参与率由1990年的84%下降为2019年的76%[③]。

① 根据2014年《中国统计年鉴》整理计算所得。

② 国家统计局官网。

③ http：//data.worldbank.org.cn/indicator/SL.TLF.CACT.ZS/countries？page＝4.

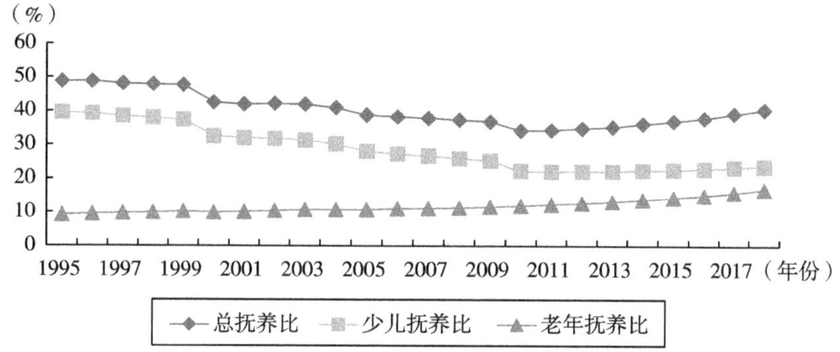

图 3－36 1995～2018 年我国人口抚养比变化趋势

四、本章小结

近年来，我国人口结构发生较大变化，人口红利逐渐消失殆尽，由于人力资本数量短时间内难以得到突破，如何提高人力资本质量成为当前挖掘二次人口红利、保持经济稳定增长的关键。本章使用宏观数据描述统计了我国人口结构的变化，从提高健康人力资本质量的切入点分析我国居民健康人力资本的现状，梳理我国医疗保险政策的发展和演变，以及对居民医疗服务使用和健康的关系。通过本章的分析可以得出以下几个判断：

第一，当前我国已实现了全民医保，特别是在 2003 年新农合保险试点和 2007 年城居保试点以来，医疗保险迅速发展，很快实现了制度的全覆盖。在基本医疗保险制度全面推广后，制度得到不断完善和发展，参保率持续稳定、保险受益面逐步扩大，筹资额、报销比例、受益比例逐步提高，促进了参保人口医疗服务的使用。

第二，多年以来，由于城乡卫生服务体系的完善和医疗技术的发展，居民疾病谱发生了一些变化，传统的以传染病为主的疾病模式不再是公共卫生体系中面临的主要问题，当前慢性病问题突出，家庭疾病经济负担主要面临来自大病、住院等产生的大额医疗支出。

第三，伴随基本医疗保险的试点和全面推进，基本医保制度逐步成熟完善，三大基本医疗保险的参保人口对门诊医疗服务和住院医疗服务的使用也随之提高，自我医疗或未治疗的比例逐渐下降，参保患者应住院但因经济困难而未住院的比例减低，三大基本医疗保险的受益面和报销费用比大幅度提高，参保人住院经济负担降低。

第四，对比三大基本医疗保险参保人口医疗服务使用情况可以发现，相对于城居保和新农合，参加城职保的参保人口从基本医疗保险中受益更多。这主要体现在：城职保参保人口两周门诊在医生指导下就诊的比例、住院率、获得报销比例的参保人口、报销费用比均比城居保和新农合参保人口更高，而城职保参保人口的自我医疗和未治疗比例、因经济困难应住院而未住院的比例更低，由次均自付费用占家庭收入的比例反映的住院经济负担也是城职保参保人口比城居保和新农合参保人口更低。

第四章　城乡医疗保险市场的逆向选择问题

本章首先检验逆向选择问题在我国医疗保险市场多大程度存在，比较城市医疗保险市场和农村医疗保险市场的逆向选择行为，以及基本医疗保险和商业健康险市场的逆向选择行为，提出在研究自愿参保为特征的医疗保险时逆向选择行为导致的模型内生性问题，以为后续的实证分析做铺垫。

一、医疗保险市场逆向选择行为产生的原因与后果

（一）医疗保险市场逆向选择行为产生的原因

国外最早研究逆向选择问题的是美国经济学家 Akelof，他提出了著名的柠檬理论。在旧车市场普遍存在信息不对称情形，即买方不能完全清楚卖方提供的旧车质量，仅知道所有旧车的平均质量，买方只能接受平均质量车的价格。由于卖方是理性的，他们将把质量高于平均水平的车从市场撤出，剩余的都是低于或等于平均质量的旧车。这直接导致旧车平均质量进一步降低，买方愿意支付的最高价格也会降低。长此以往，市场交易的都是低质量的旧车，最终结果是旧车市场不复存在。由此，他提出了逆向选择概念。

在医疗保险市场，逆向选择行为是自主决定参保的医疗保险广泛存在的难题，只要消费者有自主决定权，那医疗保险市场将无法避免逆向选择行为的产生（Culter，1996）。张维迎（1996）指出保险市场逆向选择行为源于保险公司事前不清楚被保险人的风险，市场不能达到对称信息情况下的均衡状态。叶艳和顾成瑶（2004）指出，医疗保险中参保单位及个人都可能出现逆向选择行为，这和“劣币驱逐良币”的现象极为相似。科尔奈和翁笙和（2003）指出新农合作为一

种公立的自主性保险，面临着参保主体向高风险群体聚集的现象，使得医疗保险市场必将出现逆向选择行为。简单来说，健康风险较高的人群更倾向于购买医疗保险，而健康风险较低的人群倾向于不购买医疗保险，这就是医疗保险市场的逆向选择行为。

医疗保险市场逆向选择行为的产生受多种因素影响，归结起来主要包括信息不对称、理性人行为、缺乏风险规避意识、经营和展业的局限性四个方面。

1. 逆向选择行为的根本原因在于医疗保险市场的信息不对称

保险购买者利用自身的信息优势以获取更低价格上的保险产品的行为就是逆向选择行为。如果保险人能成功观察到投保人的风险，并根据风险分类来对不同风险的投保人购买的保险产品进行有差异的定价，就能维持保险的健康运营；如果保险人很难甄别投保人的高风险和低风险，或风险分类的成本太高，那么保险人只能按照平均风险水平向每个投保人收取相同的保险费，必然导致高于平均风险的投保人支付的保费低于其期望损失而更乐意购买保险，低于平均风险的投保人购买保险的期望效用比不购买保险的期望效用更低，就不会购买保险，因此保险市场最终剩下的是高风险的参保人群，保险人只能按照高风险水平确定保险费率，导致把低风险水平投保人驱逐出市场。如果一个群体的健康风险较高，赔付率和赔付额必然上升，给医疗保险基金及对保险基金进行补贴的公共财政带来巨大支付压力，最终使得保险公司面临经营困难，无法持续发展。

2. “理性人”是经济学的核心假设，每个理性人都会追求自身效用最大化

在没有任何束缚的条件下，个体会展现有利于自身优势行为的一面，规避对自身不好的信息。在医疗保险市场表现为：保险人希望参保者是健康风险低的个体，或最多是平均风险的参保者。而事实上，健康风险较低的个体出于理性考虑会放弃购买医疗保险，而风险较高的个体需要保险减轻医疗费用支出负担，最终医疗保险市场充斥着较高健康风险的被保险人。在客观环境下，每个参保者都会选择最有利于自身的合约，尽管他们的出发点并不一定是要损害保险人利益。但是，如果是投保人仅因为出于对自身健康状况的自信而选择不购买保险或不购买足量保险，这虽也是一种理性选择行为，但可以看作是短视行为。

3. 缺乏风险规避意识

长期以来，我国居民缺乏风险规避等金融知识，也不了解保险的本质和功能，一些人只顾眼前可以节省保费支出，对于以后生病需要支付的高昂医疗费用的风险不加考虑，因此购买保险的往往是出险率高的人群；甚至一些参保者将保

险作为投资工具，混淆了保险产品和投资理财产品的功能。

4. 经营和展业的局限性

在保险业务发展初期，保险公司经营粗放，为抢占保险市场份额，降低对参保者的风险识别与筛选标准，只注重参保者数量，忽视参保者的质量，重展业，轻核保。保险人的净收入来源主要依靠大量参保者缴纳的保费收入，保险公司的风控、理赔和核保业务还处于不成熟阶段。另外，令人诟病的还有保险代理人问题，我国保险代理人文化程度普遍不高，对保险业务知晓有限，在推销产品过程中误导消费者能够获得超过保费本身的更多利益，致使投机人群增多。保险代理人的经济来源主要依赖佣金，投保者数量越多，他们的报酬越丰厚。现实中保险市场上积极购买医疗保险的往往是高风险人群，他们可以给保险代理人带来丰厚的收入，而当前的保险制度不能有效地使保险代理人远离高风险人群，有时甚至出现保险代理人为帮助高风险者投保而出现违规的现象。

（二）医疗保险市场逆向选择行为的后果

逆向选择的直接后果是保险市场出现市场失灵。由于保险市场逆向选择行为的存在，购买保险概率高的是那部分健康风险高的人群，低风险人群发现自身出险能够得到的补偿低于购买保险所要支付的保费，因而，他们往往放弃购买医疗保险。当低风险人群放弃参保，原先那部分较高风险人群相对来说就属于参保的低风险人群，保险市场整体风险水平上升，保险公司为维持公司正常经营运作，不得不提升保费，这又会导致原本一部分参保者退保，并由此引发一系列不利影响。最终结果是保险公司经营每况愈下，优质客户大量流失，高风险参保者大量充斥保险市场。从整体来看，逆向选择将优质客户人群排除在参保范围之外，使保险需求受到抑制，对保险市场的健康发展造成不利影响，致使保险市场效率低下。具体来说，逆向选择行为的后果如下：

第一，增加了保险公司成本。对保险人而言，虽然按照保险合同的约定，被保险人应严格遵守最大诚信原则，但被保险人出于理性，健康风险较大的人会更倾向于投保，并尽可能地隐瞒自己的疾病史，保险人为了尽可能地降低逆向选择带来的后果，必将更加严格地调查被保险人身体健康状况，这无疑增加了保险公司的成本。实际上，即使保险公司不对投保人身体状况进行调查而要求参保人提交体检表，保险公司看似成本虽未上升，但社会成本也会增加，一些投保人因不愿意体检而拒绝参保，导致保险公司客户流失。尽管当前大多数保险产品不要求投保人体检而设置豁免期，使得保单不能立即生效，但这会影响保险公司业务的效率。

第二，导致保险公司保费制定困难。保费的制定应遵循公平合理原则。公平有两层含义：就保险公司而言，保费收入应和面临的风险相匹配；对被保险人来说，保费支出应和补偿相当。合理指保险费用应当合理，保费要和保险种类、期限、金额相匹配。但基于信息不对称的前提，不可能达到完全合理。投保人可能为得到较高利益，回避自身健康风险；保险公司可能因为逆向选择行为的存在而提高费率。因此，逆向选择行为使保费的制定变得更加困难。逆向选择行为的存在会在一定程度上改变保险费用的制定标准，使得保费水平难以确定，给保险公司带来经济损失，阻碍医疗保险市场健康发展。

另外，一些研究也证明，逆向选择行为是导致医疗保险市场赔付额不断快速增长的因素之一。伴随人口老龄化进程加快、疾病谱发生变化、环境污染愈加严重以及新医疗设备和技术的运用，人们对医疗服务的需求越来越大，医疗保险市场迎来了发展机遇，保费收入逐年上升。但同时，全国医疗费用支出大幅度上涨，其上涨速度甚至高于我国居民收入的增长速率，医疗保险的赔付额及赔付率呈不断上升趋势，且增长速度超过保费收入增长速度。

从理论上说，只要是自愿投保的保险都极有可能出现逆向选择行为（Arrow，1963）。相比寿险市场和财产保险市场，健康保险市场的逆向选择行为更严重。商业健康险的逆向选择行为已经在众多研究中得到证明，对于自愿参保的社会医疗保险，逆向选择行为程度有多大，如何制定相应的措施减少社会医疗保险市场的逆向选择行为，使基本医疗保险健康运营持续实施是值得研究的主题。特别是对于具有普惠性、保基本、自愿参加特征的社会基本医疗保险，如果仅因为对于自身健康状况的自信而放弃参保，一旦发生大病风险，会给家庭带来巨大冲击。对于政府来说，实现社会基本医疗保险的全民覆盖，缓解基本医疗保险市场的逆向选择行为，促使基本医疗保险能够长期、稳定地为全体居民提供基本保障，是政府的责任与义务。

一直以来，逆向选择都是保险经济学领域的重点研究选题，大量研究使用各国数据进行实证检验。Cutler 和 Zeckhauser（2000）分析 1992～1996 年哈佛大学健康保险和马萨诸塞州团体保险计划（GIC）的保费金额、参保者支付的保费比例以及实际的参保率，得出结论，随着保障程度高的保险保费金额不断上升，一些个体会逐步放弃购买此类保险，选择继续参保的都是较大年龄的居民，这验证了保险市场确实存在逆向选择行为。Boone（2015）也得到与之一致的结论。Barrett 和 Robert（2003）发现，1989～1995 年美国购买商业健康保险人数与逆向选择行为有关。Riphahn 等（2003）利用德国医疗保险市场相关数据进行实证分析也发现参保人在医疗保险市场存在较为明显的逆向选择行为。Divya 和 Aurelia（2012）的研究证明了非洲农村居民商业健康保险市场存在逆向选择行为。另外，也有一些研究发现医疗保险的逆向选择行为并不明显，认为个人信息特征及风险态度在很大程度上决定了居民购买医疗保险决策。例如，Hurd 和 McGarry（1997）研究发现自评健康与购买保险没有显著关联，而收入以及财富对购买医疗保险有显著影响。Cardon 和 Hendel（2001）通过结构模型检验医疗保险市场逆向选择行为，研究结果表明：价格、收入弹性以及人口特征就能解释参保者与未参保者之间医疗费用支出差别，逆向选择行为在医疗保险市场并不显著。

本章通过研究医疗保险市场逆向选择行为能够清楚地分析我国城市和农村居民对于社会基本医疗保险及商业健康保险的投保倾向及其对我国医疗保险市场造成的不利影响，以更加清晰地了解我国医疗保险市场现状，从而使政府制定更加完善的保险政策法规、保险公司设计更加科学的条款和保单，在保证居民既有利益前提下使得医疗保险市场逆向选择行为得到有效削弱，保证我国医疗保险市场实现可持续发展。尽管十多年来我国社会基本医疗保险的迅速发展成功地实现了城乡居民全民医保，并设计了“以户为单位参保”以期望在一定程度上缓解逆向选择行为，但这仍需要经验检验。在本书评估基本医疗保险对健康人力资本的影响时，如果不考虑逆向选择行为，即参保自选择行为带来的模型内生性问题，就不能得到准确的评估结果。这也是本章研究逆向选择行为的重要原因。

二、数据来源

本章数据来源于中国健康和营养调查（CHNS）。CHNS 数据覆盖我国 9 个省份 9 个年度的数据。考虑到新型合作医疗保险在农村开始试点实施的时间是 2003 年，并且商业健康保险在 2000 年之前的覆盖率非常低，所以选用 2000 年、2004 年、2006 年、2009 年及 2011 年数据，由于调查问卷设计的限制（吸烟和喝酒的被调查对象为 12 岁及以上），且 12 岁以下儿童购买保险并非由自己独立抉择，因此本章研究对象年龄限制在 12 岁及以上，将关键和主要变量缺失值和不符合条件的样本筛除后，共保留有效样本 51021 个[①]。

由于我国城乡经济和文化存在差异，本章从城市和农村分别进行比较研究。社会基本医疗保险和商业健康保险无论从保费定价和功能定位都存在显著差异，本章从社会基本医疗保险和商业健康保险两个方面进行比较研究，以此更加具体地分析我国医疗保险市场的逆向选择行为。本章以逆向健康状态和逆向健康行为作为衡量健康风险的主要指标。其中，逆向健康状态包含过去四周是否生病或有疾病史和慢性病患病；逆向健康行为包含吸烟和喝酒两个变量。通过对微观数据进行处理后建立基于固定效应的 Probit 模型，分析逆向健康行为和逆向健康状态对居民购买保险的影响，以此验证我国医疗保险市场逆向选择行为的存在及程度。

三、实证分析模型

本章采用固定效应 Probit 与 Bivariate Probit 模型分别研究我国医疗保险市场上的逆向选择行为及其在不同条件下的异质性。模型设置具体如下：

（一）Probit 模型

以受访者是否购买医疗保险为被解释变量建立 Probit 模型，分析健康风险（逆向健康行为和逆向健康状况）与购买医疗保险的关系，即验证健康风险高的居民购买医疗保险的概率是否更高，以及影响居民参加医疗保险的其他因素，并在此基础上将受访者按照收入、年龄和性别进行分类，分析在不同收入水平、不同年龄段以及不同性别特征下受访者的逆向选择的程度。模型如下：

$$Insurance_i = \beta_0 + \beta_1 Risk_{ij} + \beta_i X_i + \varepsilon_i \quad (4-1)$$

式中，$Insurance_i$代表受访者参加各种类型医疗保险情况；β_0为常数项；β_1为健康风险的系数；β_i为其他各因素的系数；ε_i为随机误差项。

影响逆向选择行为的因素可归纳为健康风险、个人及家庭特征、家庭收入水平和地区状况四类，其中，健康风险和家庭收入水平是决定居民是否购买医疗保

① 合并后总样本数为 92808 个，删除家庭人均收入小于 0、商业健康保险参保信息缺失、吸烟或喝酒信息缺失、慢性病患病情况缺失、年龄 12 岁以下，文化程度信息缺失、户籍信息缺失、年龄值缺失、工作情况信息缺失及婚姻状态缺失的样本共计 41787 个，最终得到 51021 个有效样本。

险的主要因素。本章使用逆向健康行为和逆向健康状况作为衡量健康风险的两个指标来研究医疗保险市场中的逆向选择行为，并将性别、年龄、文化程度、是否在婚、是否购买医疗保险等变量作为控制变量加入回归模型，根据文化程度的不同将其分为四组：文盲、小学文化、初中文化和高中及以上，其中文盲作为参照组。另外，考虑到东部、中部、西部三个地区经济发展及医疗卫生状况存在明显区别，设定地区状况为虚拟变量，以显示地区差异性。本章进一步从三个角度分析和比较逆向选择行为的异质性：第一，不同收入水平个体的逆向选择行为，按照被调查者家庭的人均收入将其平均分为低收入组、中等收入组和高收入组；第二，不同年龄段个体的逆向选择行为，根据受访者年龄大小将其分为低于 35 周岁、35 ~50 周岁和高于 50 周岁三组，结合各年龄段特点分析比较逆向选择行为；第三，不同性别人群的逆向选择行为，比较男性和女性在逆向选择行为上的差异。

（二）Bivariate Probit 分析

由于 Probit 模型是线性回归模型，假定购买医疗保险与健康风险之间是线性关系，而实际上保险费率与健康风险往往存在着非线性关系，因此采用 Probit 模型分析可能会存在函数形式设定的限制。为了得到更稳健的估计结果，本章进一步采用 Chiappori 和 Salaniet（2000）方法对保险参保与风险相关性进行检验。实证模型如下：

$$Risk_{ij} = f(X_i) + \varepsilon_i \tag{4-2}$$

$$Insurance_i = f(X_i) + \eta_i \tag{4-3}$$

式中，$Risk_{ij}$表示居民健康风险，$Insurance_i$表示是否购买医疗保险；X_i表示受访者的一系列特征变量。对两个 Probit 方程进行回归并估计其残差。在服从 N（0，1）分布的假设条件下，通过判断两个估计残差的相关系数 ρ 的显著性来判断医疗保险参保方程与健康风险方程是否存在显著的相关性，并通过判断 ρ 的符号来判断两个变量之间是正相关还是负相关关系。如果两个残差之间存在正相关关系，那么购买医疗保险与健康风险之间就存在正相关关系，即医疗保险市场上存在逆向选择行为。

四、变量定义及描述性统计

本章所指的社会基本医疗保险包括新农合、城居保、城职保等社会医疗保险；商业健康保险为保险公司在投保人生病或受到意外伤害时给予补偿的保险。逆向健康行为和逆向健康状态是衡量健康风险的两个主要指标，存在逆向健康行为或处于逆向健康状态即认为参保者存在健康风险。定义逆向健康行为为吸烟与喝酒两个变量，定义逆向健康状态为过去四周是否生病以及是否有疾病史或慢性病患病两个变量。只要个体吸烟或喝酒，即认为个体存在逆向选择行为；只要个体满足过去四周生病或有疾病史或者有慢性病其中的一项，即认为个体处于逆向健康状态；控制变量包括受访者的年龄、性别、文化程度、目前是否有工作、是否在婚、家庭规模、家庭人均收入的对数和地区虚拟变量。变量定义及描述性统计如表 4－1 所示。

表 4－1　变量定义及描述性统计

变量名称	变量定义	均值	标准差	最小值	最大值
医疗保险					
社会基本医疗保险	参加新农合、城职保或城居保或其他社会保险的一种＝1，未参加＝0	0.573	0.495	0	1
商业健康保险	是＝1，否＝0	0.046	0.209	0	1
健康风险	存在逆向健康行为或处于逆向健康状态＝1，不存在＝0	0.572	0.495	0	1
逆向健康行为	存在吸烟或喝酒行为＝1，否＝0	0.439	0.496	0	1
逆向健康状态	过去四周是否生病或有疾病史＝1，否＝0	0.233	0.433	0	1
个人和家庭特征					
性别	男性＝1，女性＝0	0.478	0.499	0	1
年龄	单位：周岁	48.451	15.874	0	1
小学文化	小学毕业＝1，其他＝0	0.230	0.421	0	1
初中文化	初中毕业＝1，其他＝0	0.310	0.463	0	1
高中及以上	高中毕业及以上＝1，其他＝0	0.242	0.428	0	1
目前是否有工作	有＝1，否＝0	0.545	0.498	0	1

续表

变量名称	变量定义	均值	标准差	最小值	最大值
个人和家庭特征					
是否在婚	在婚 =1，不在婚 =0	0.967	0.291	0	1
家庭规模	家庭人口数量	3.712	0.544	1	13
家庭人均收入的对数	Ln［（家庭纯收入/家庭人口数量）+1］	8.331	1.407	0	12.639
地区虚拟变量					
东部地区	东部 =1，西部或中部 =0	0.357	0.479	0	1
中部地区	中部 =1，东部或西部 =0	0.400	0.490	0	1

资料来源：根据中国健康和营养调查（CHNS）数据整理得到。

表4－2汇报了相关变量的描述性统计。从中可以看出，研究样本购买社会基本医疗保险的人群比例较高，达到57.3%，而参加商业健康保险人数的比例仅为4.6%。面临健康风险人群的比例为57.2%，其中存在逆向健康行为的人群占43.9%、处于逆向健康状态的人群占比23.3%。在控制变量中，男性所占比例略低，为47.8%；已婚人群比例很高；高学历人群较少，目前有工作人群占比54.5%；家庭规模平均接近4人。

对有无医疗保险与参保人群个人及其特征进行描述性统计分析，比较这些类别人群在个人特征及地域分布上的差异，t检验结果表明参保居民和未参保居民在某些个人特征上表现出明显的区别，如表4－2所示。具体来说，医疗保险中参保人群存在逆向健康行为的比例明显高于未参保人群，且城市居民存在逆向健康行为的比例高于农村居民。就逆向健康状况变量来说，社会基本医疗保险参保人群中处于逆向健康状况的城市居民占比31.6%，高于未参保人群中处于逆向健康状况的比例，农村居民中也是如此。而商业健康保险中农村参保和未参保人群的逆向健康状况的分布无明显差异。城市和农村居民中男性所占比例都接近一半，尽管在医疗保险参保人群中男性占比略高于未参保人群中男性比例，但两组的差异并不大。社会基本医疗保险中参保人群平均年龄明显高于未参保人群，而商业健康保险参保人群的平均年龄却低于未参保人群，这可能由于年龄较大将面临更高的健康风险，因而购买医疗保险的概率更高，但商业健康保险有筛选机制，年龄较大的高风险人群被排除在外。医疗保险中参保和未参保人群的文化程度也存在明显区别：城市居民中医疗保险参保者主要集中在高中及以上学历，而农村居民中参保主体的学历则主要为初中。另外，相比医疗保险未参保人群，参保

表 4－2　不同特征居民参保行为差异的 t 检验

	社会基本医疗保险						商业健康保险					
	城市			农村			城市			农村		
	有基本险	无基本险	t 检验	有基本险	无基本险	t 检验	有商业险	无商业险	t 检验	有商业险	无商业险	t 检验
逆向健康行为	0.465	0.403	0.062***	0.447	0.424	0.023***	0.501	0.437	0.064***	0.478	0.435	0.043**
逆向健康状况	0.316	0.222	0.094***	0.232	0.153	0.079***	0.285	0.282	0.03*	0.213	0.195	0.018
男性	0.508	0.459	0.049***	0.468	0.472	-0.004	0.505	0.488	0.017	0.477	0.470	0.007
年龄	51.87	46.33	5.54***	49.48	45.04	4.44***	45.84	50.14	-4.30***	42.35	47.50	-5.15***
文盲	0.134	0.165	-0.031***	0.295	0.274	0.021***	0.078	0.137	-0.059***	0.190	0.286	-0.096***
小学文化	0.113	0.173	-0.039***	0.266	0.326	-0.060***	0.107	0.152	-0.045***	0.238	0.296	-0.058***
初中文化	0.261	0.333	-0.072***	0.335	0.319	0.016***	0.270	0.289	-0.019*	0.364	0.327	0.037**
高中及以上	0.492	0.329	0.163***	0. 104	0.081	0.023***	0.545	0.422	0.123***	0.208	0.091	0.117***
目前是否有工作	0.491	0.435	0.096***	0.584	0.626	-0.042***	0.614	0.458	0.156***	0.633	0.603	-0.030
是否在婚	0.937	0.841	0.109***	0.944	0.874	0.070***	0.871	0.903	-0.032***	0.861	0.912	-0.051***
家庭规模	3.22	3.51	-0.29***	3.92	4.12	-0.20***	3.29	3.33	-0.04	3.86	4.02	-0.16***
家庭人均收入的对数	9.12	8.19	0.93 ***	8.31	7.62	0.69***	8.93	8.76	0.17 ***	8.55	7.97	0.58***
东部地区	0.528	0.342	0.186***	0.333	0.215	0.118***	0.527	0.453	0.074***	0.628	0.270	0.358***
中部地区	0.309	0.429	-0.120***	0.401	0.477	-0.076***	0.317	0.356	-0.039***	0.233	0.442	-0.219***
西部地区	0.163	0.229	-0.066***	0.266	0.308	-0.042***	0.156	0.191	-0.035***	0.139	0.288	-0.149***

注：***、**、*分别表示 1%、5%、10%的显著水平。

人群中初中及以上学历占比更高。这一方面表明城市地区教育资源发达，文化程度显著较高，另一方面表明高学历群体参保概率更高。医疗保险参保人群家庭规模普遍小于未参保人群的家庭规模，可能是由于家庭规模小，抗风险能力较弱，更需要医疗保险。医疗保险参保人群的人均收入均高于未参保人群的人均收入，且城市居民家庭人均收入显著高于农村居民人均家庭收入，这表明城市居民享有更加自由的经济支配权，保险支付能力更高。就地区来看，医疗保险参保人群主要集中在东部地区，这是因为东部地区经济发达，人们健康意识更强，因而参保比例更高。

五、逆向选择行为实证结果分析

（一）社会基本医疗保险逆向选择行为实证结果分析

表4－3的回归结果显示，有逆向健康行为的城市居民参保的概率显著高于无逆向健康行为的人群，而农村居民逆向健康行为与社会基本医疗保险参保无统计上的显著关系；逆向健康状况与购买社会基本医疗保险有显著的正相关关系，城市居民处于逆向健康状况的人群比其他人群参保概率高14.2%，农村居民中这一比例为20.7%。总体来看，有健康风险的人群参保可能性更高，其中城市和农村居民中有健康风险的人群参保概率比无健康风险人群分别高9.7%和11.2%，且在1%水平上都通过了显著性检验。

表4－3　社会基本医疗保险逆向选择行为的回归结果

	城市			农村		
健康风险	0.097 *** (0.0294)	—	—	0.112 *** (0.0188)	—	—
逆向健康行为	—	0.053 * (0.0286)	—	—	0.024 (0.0215)	—
逆向健康状况	—	—	0.142 *** (0.0261)	—	—	0.207 *** (0.0204)

续表

	城市			农村		
性别	-0.004 (0.0312)	0.008 (0.0301)	0.042* (0.0241)	-0.077*** (0.0192)	-0.032 (0.0219)	-0.009 (0.0163)
年龄	0.026*** (0.0012)	0.027*** (0.0012)	0.025*** (0.0012)	0.012*** (0.0007)	0.013*** (0.0007)	0.011*** (0.0008)
小学文化	0.237*** (0.0419)	0.234*** (0.0419)	0.236*** (0.0418)	-0.018 (0.0242)	-0.020 (0.0221)	-0.020 (0.0221)
初中文化	0.433*** (0.0420)	0.430*** (0.0420)	0.432*** (0.0419)	0.225*** (0.0240)	0.224*** (0.0239)	0.226*** (0.0460)
高中及以上	0.828*** (0.0438)	0.825*** (0.0438)	0.827*** (0.0437)	0.335*** (0.0327)	0.335*** (0.0327)	0.336*** (0.0327)
目前是否有工作	0.253*** (0.0275)	0.252*** (0.0276)	0.264*** (0.0275)	-0.076*** (0.0185)	-0.076*** (0.0185)	-0.065*** (0.0185)
是否在婚	0.268*** (0.0437)	0.268*** (0.0439)	0.281*** (0.0437)	0.317*** (0.0325)	0.323*** (0.0325)	0.331*** (0.0324)
家庭规模	-0.014 (0.0088)	-0.014 (0.0088)	-0.014 (0.0088)	0.005 (0.0050)	0.004 (0.0050)	0.006 (0.0050)
家庭人均收入的对数	0.289*** (0.0093)	0.289*** (0.0093)	0.288*** (0.0093)	0.249*** (0.0062)	0.250*** (0.0062)	0.249*** (0.0062)
东部地区	0.332*** (0.0321)	0.334*** (0.0321)	0.326*** (0.0321)	0.286*** (0.0210)	0.285*** (0.0210)	0.283*** (0.0211)
中部地区	-0.113*** (0.0329)	-0.113*** (0.0329)	-0.113*** (0.0328)	-0.018 (0.0188)	-0.020 (0.0188)	-0.019 (0.0188)
Prob > chi2	0	0	0	0	0	0
对数似然值	-12441.11	-12446.67	-12433.61	-18127.85	-18145.08	-18094.10
Wald chi2	2598.76	2589.58	2617.62	3046.71	3020.33	3103.33
样本量	22383	22383	22383	28638	28638	28638

注：表内的系数为边际效应。***、**、*分别表示1%、5%、10%的显著水平。表中东部地区、中部地区均以西部地区为对照组。下同。

另外，一些个人及家庭特征变量与购买保险也存在显著的关联。随着年龄上升，个体参保概率更高，且在城市居民中更为明显：随着年龄上升，城市居民参保概率提升2.6%，同等条件下农村居民仅为1.2%，这是因为年龄越大会面临更高的健康风险，且城市居民风险意识更高，因而参保概率高于农村居民。就文化程度来看，初中文化和高中以上文化对购买社会基本医疗保险的影响都显著为正，在城市居民中尤为明显，且回归结果都通过了显著性检验。这表明更高学历人群对经济有更高的支配权，对健康更为重视（城市居民中这种情况更明显）。城市居民中有工作的人群参保概率比无工作人群高25%，而在农村居民中有工作和购买社会基本医疗保险却是负相关关系，即有工作的人群社会基本医疗保险参保概率比无工作人群低7%。这是由于城市居民享有更好的福利，企业会给本公司员工缴纳保险，而在农村居民中，工作是稳定的保障，能够弥补风险发生时带来的损害。家庭人均收入的系数为正，回归结果显著，说明收入越高的人群经济更加自由，更有能力购买社会基本险。

地区虚拟变量与购买社会基本医疗保险也存在相关关系，相比于西部地区，东部地区的居民购买社会基本险的概率更高，城市居民和农村居民这一比率分别为33%和28%，这是因为东部地区经济更发达，医疗卫生设施更完善。处于中部地区的居民社会基本险的参保率更低，这可能是由于中央政府对西部社会基本医疗保险的补贴促进了居民参保。

（二）商业健康保险逆向选择行为实证结果分析

表4-4报告了健康风险、个人及家庭特征等变量和购买商业健康保险之间的关系。样本中逆向健康行为对购买商业健康保险有正向影响，并通过了显著性检验。其中，城市居民中有逆向健康行为的人群购买商业健康保险的概率比其他人群高15.3%，在农村居民中这一比例为17.6%。跟社会基本医疗保险相比，都显著高于同等条件下的参保系数估计值。处于逆向健康状况的人群购买商业健康保险的概率明显高于普通人群，城市和农村居民中这一比例分别为5.1%和11.9%。但相比社会基本医疗保险，购买商业健康保险的人群所占比例明显更低。这是由于是否处于逆向健康状况是保险公司可以观测到的风险因素，因此可以直接排除在外，而逆向健康行为恰恰是不易观测的因素，是潜在的风险因素，商业保险公司难以观测和进行风险分类，因此无法控制。那些处于逆向健康状况而被排除在商业健康保险参保范围以外的人群，只能选择购买社会基本医疗保险，处于逆向健康状况的人群选择购买社会基本医疗保险的比例较大，城市和农

村居民这一比例分别为14.2%和20.7%。从健康风险角度分析，商业健康保险中有健康风险的城市和农村居民分别比其他人群参保可能性高11.9%和15.8%，而社会基本医疗保险中该系数分别为9.7%和11.2%，即商业健康保险中有健康风险的人群参保比例普遍高于社会基本医疗保险。

年龄与购买商业健康保险呈负相关关系，且通过了显著性检验，这是由于随着年龄的增长，面临的健康风险更高，而保险公司又有着严格筛选机制，很多年龄较高的人群被排除在外。高中及以上学历对于商业健康险参保影响为正，农村居民中此现象更为明显：高中及以上学历参保可能性高达30%，且检验结果都显著。这是因为学历高的人群风险防范意识更强，且有更好的经济支配能力，这跟社会基本医疗保险参保结果一致。城市居民中有工作的人群购买商业健康保险的可能性比无工作人群高18%，而在农村居民中有工作的人群购买商业健康保险的概率比无工作人群低15%，这与社会基本医疗保险中的结论一致。购买社会基本医疗保险对于商业健康保险参保有促进作用，这是由于参加社会基本医疗保险的人群本身就有良好的风险防范意识，经济支配自由，更加愿意多一重保障。这在城市居民中尤为明显。相比于西部地区，东部经济发达地区购买商业健康险的概率更高，这是由东部地区天然的经济优势和发达的医疗设施所决定。

表4-4　商业健康保险逆向选择行为的回归结果

	城市			农村		
健康风险	0.119*** (0.0327)	—	—	0.158*** (0.0509)	—	—
逆向健康行为	—	0.153*** (0.035)	—	—	0.176*** (0.0576)	—
逆向健康状况	—	—	0.051* (0.0327)	—	—	0.119** (0.0531)
性别	-0.062* (0.0320)	-0.101** (0.0357)	-0.007 (0.0281)	-0.067 (0.0523)	-0.101* (0.0594)	0.021 (0.0450)
年龄	-0.008*** (0.0015)	-0.007*** (0.0014)	-0.008*** (0.0015)	-0.015*** (0.0022)	-0.014*** (0.0021)	-0.014*** (0.0022)
小学文化	0.002 (0.0569)	-0.003 (0.0596)	-0.005 (0.0595)	-0.005 (0.0732)	-0.009 (0.0661)	-0.010 (0.0733)

续表

	城市			农村		
初中文化	0.021 (0.0561)	0.018 (0.0561)	0.017 (0.0560)	0.020 (0.0680)	0.015 (0.0679)	0.018 (0.0681)
高中及以上	0.104* (0.0558)	0.100* (0.0558)	0.100* (0.0557)	0.301*** (0.0799)	0.294*** (0.0799)	0.300*** (0.0800)
目前是否有工作	0.183*** (0.0348)	0.173*** (0.0349)	0.190*** (0.0348)	-0.156*** (0.0475)	-0.162*** (0.0476)	-0.147*** (0.0477)
是否在婚	-0.057 (0.0527)	-0.068 (0.0527)	-0.047 (0.0527)	-0.015 (0.0799)	-0.023 (0.0801)	0.004 (0.0803)
是否有社会基本险	0.304*** (0.0322)	0.304*** (0.0321)	0.306*** (0.0321)	0.244*** (0.0463)	0.246*** (0.0462)	0.246*** (0.0464)
家庭规模	-0.029*** (0.0115)	-0.029*** (0.0115)	-0.029*** (0.0115)	-0.014 (0.0147)	-0.015 (0.01471)	-0.015 (0.0148)
家庭人均收入的对数	-0.010 (0.0117)	-0.010 (0.0117)	-0.010 (0.0117)	0.131*** (0.0209)	0.131*** (0.0209)	0.132*** (0.0210)
东部地区	0.115*** (0.0393)	0.118*** (0.0393)	0.114*** (0.0392)	0.670*** (0.0610)	0.671*** (0.0610)	0.665*** (0.0610)
中部地区	-0.001 (0.0413)	-0.001 (0.0412)	-0.001 (0.0412)	-0.050 (0.0634)	-0.052 (0.0634)	-0.055 (0.0635)
Prob > chi2	0	0	0	0	0	0
对数似然值	-5810.61	-5807.82	-5816.03	-2732.44	-2732.61	-2734.84
Wald chi2	315.78	320.93	308.16	393.74	393.45	388.86
样本量	22383	22383	22383	28638	28638	28638

综上所述，城市和农村居民社会基本医疗保险参保均存在逆向选择行为，且农村居民参加社会基本医疗保险的逆向选择程度更严重。尽管商业健康保险公司尽可能地排斥健康风险较高的参保者以控制市场风险水平，但是逆向健康行为很难被保险公司准确识别，相对于社会基本医疗保险，商业健康保险保障水平更高、保障范围更广的优势能够更好地满足具有逆向健康行为的人群，因此，相对于社会基本医疗保险，商业健康保险市场逆向选择程度更高。

（三）Bivariate Probit 估计结果

表4－5 报告了 Bivariate Probit 模型回归结果，即以上两个方程残差的系数，该回归得到的结论与采用固定效应 Probit 模型回归得到的结论一致。第一，社会基本医疗保险中有逆向健康行为、处于逆向健康状况与有健康风险中的 ρ 值均为正，表明健康风险与社会基本医疗保险参保有正相关关系，即社会基本医疗保险市场存在逆向选择行为。第二，就商业健康保险而言，逆向健康行为、逆向健康状况及健康风险对购买商业健康保险也有正的影响，且健康风险的系数都高于社会基本医疗保险的相应系数，表明商业健康保险比社会基本医疗保险逆向选择程度更严重。第三，农村居民在社会基本医疗保险和商业健康保险中健康风险系数显著大于城市居民，说明农村居民中逆向选择程度大于城市居民。

表4－5　购买医疗保险与健康风险相关性：Bivariate Probit 模型估计结果

	基本医疗保险					
	城市			农村		
	健康风险	逆向健康行为	逆向健康状况	健康风险	逆向健康行为	逆向健康状况
ρ（rho）	0.054*** （0.0128）	0.023* 0.0137	0.084*** （0.0130）	0.066*** （0.0109）	0.014 （0.0129）	0.118*** （0.0114）
样本量	22383	22383	22383	28638	28638	28638
	商业健康保险					
ρ（rho）	0.070*** （0.0181）	0.080*** （0.0185）	0.036** （0.0179）	0.087*** （0.0255）	0.089*** （0.0268）	0.064** （0.0259）
样本量	22383	22383	22383	28638	28638	28638

六、我国医疗保险市场逆向选择行为的异质性分析

（一）不同收入组居民医疗保险市场逆向选择行为分析

表4－6、表4－7 和表4－8 分别报告了样本低收入群体、中等收入人群和高收入人群在医疗保险市场中的逆向选择行为回归结果。表4－6 显示，在低收入

组中，健康风险较高的居民参加社会基本医疗保险的概率更高，城市和农村居民边际效应值分别为13.8%和12.3%，而低收入居民健康风险对购买商业保险无明显影响，这可能是由于商业健康保险保费过高且有着严格的筛选机制，低收入组居民由于收入约束，在很大程度上被排斥在商业健康保险之外。

表4-6 医疗保险市场逆向选择行为异质性分析：低收入组

	社会基本医疗保险		商业健康保险	
	城市	农村	城市	农村
健康风险	0.138*** (0.0416)	0.123*** (0.0331)	0.015 (0.0553)	0.053 (0.1064)
性别	0.038 (0.0428)	-0.125*** (0.0338)	0.027 (0.0542)	-0.056 (0.1058)
年龄	0.019*** (0.0018)	0.012*** (0.0013)	-0.005** (0.0023)	-0.013*** (0.0046)
小学文化	0.127** (0.0600)	-0.002 (0.0380)	0.109 (0.0836)	-0.078 (0.1284)
初中文化	0.244*** (0.0626)	0.200*** (0.0423)	0.006 (0.0850)	-0.078 (0.1237)
高中及以上	0.580*** (0.0675)	0.372*** (0.0467)	0.222*** (0.0867)	-0.073 (0.1958)
目前是否有工作	0.203*** (0.0425)	-0.182*** (0.0324)	0.251*** (0.0548)	-0.099 (0.0976)
是否在婚	0.290*** (0.0693)	0.351*** (0.0576)	0.020 (0.0878)	-0.346** (0.1527)
是否有社会基本险			0.793*** (0.0481)	0.613*** (0.1239)
家庭规模	-0.003 (0.0127)	0.020** (0.0085)	-0.038** (0.0172)	-0.014 (0.0294)
东部地区	0.207*** (0.0484)	0.375*** (0.0394)	0.110** (0.0574)	0.564*** (0.1423)
中部地区	-0.130*** (0.0468)	0.041 (0.0325)	-0.256*** (0.0254)	-0.098 (0.1213)
Prob > chi2	0	0	0	0

续表

	社会基本医疗保险		商业健康保险	
	城市	农村	城市	农村
对数似然值	-4636.16	-5707.02	-1809.83	-533.20
Wald chi2	330.73	529.33	430.43	35.46
样本量	7461	9546	7461	9546

表4-7的回归结果显示，在中等收入组中，居民健康风险对参加社会基本医疗保险有显著的正向影响，城市和农村居民边际效应值分别为9.3%和13%，这和低收入组分析得到的结论大体一致，而农村中等收入组居民健康风险和购买商业健康保险之间无显著关联。

表4-7　医疗保险市场逆向选择行为异质性分析：中等收入组

	社会基本医疗保险		商业健康保险	
	城市	农村	城市	农村
健康风险	0.093** (0.0433)	0.130*** (0.0138)	0.169*** (0.0568)	0.127 (0.0912)
性别	0.055 (0.0449)	-0.074** (0.0326)	-0.131** (0.0555)	0.001 (0.0915)
年龄	0.023*** (0.0021)	0.012*** (0.0013)	-0.005* (0.0025)	-0.013*** (0.0039)
小学文化	0.240** (0.0714)	-0.061 (0.0371)	0.036 (0.1049)	0.050 (0.1136)
初中文化	0.350*** (0.0716)	0.126*** (0.0404)	0.246** (0.0973)	0.068 (0.1182)
高中及以上	0.557*** (0.0719)	0.165*** (0.0564)	0.360*** (0.0966)	0.325** (0.1438)
目前是否有工作	0.244*** (0.0474)	-0.100*** (0.0315)	0.086 (0.0603)	-0.116 (0.0846)
是否在婚	0.359*** (0.0751)	0.285*** (0.0563)	-0.146 (0.0910)	-0.168 (0.1386)
是否有社会基本险			0.330*** (0.0551)	0.512*** (0.0860)

续表

	社会基本医疗保险		商业健康保险	
	城市	农村	城市	农村
家庭规模	0.049*** (0.0153)	0.050*** (0.0083)	-0.078*** (0.0209)	-0.007 (0.0240)
东部地区	0.258*** (0.0522)	0.278*** (0.0345)	0.178*** (0.0190)	0.580*** (0.0996)
中部地区	-0.063 (0.0540)	0.057* (0.0316)	0.188*** (0.0715)	-0.230** (0.1117)
Prob > chi2	0	0	0	0
对数似然值	-4553.62	-6391.96	-2015.42	-826.54
Wald chi2	329.21	425.86	106.70	91.23
样本量	7461	9546	7461	9546

表4-8的回归结果显示，在高收入人群中，健康风险较高的居民更倾向于购买商业健康保险，城市和农村的边际效应分别为23.7%和24.9%，而健康风险的高低对参加社会基本医疗保险只在农村地区显著，且边际效应仅为6.8%。

表4-8　医疗保险市场逆向选择行为异质性分析：高收入组

	社会基本医疗保险		商业健康保险	
	城市	农村	城市	农村
健康风险	-0.013 (0.0518)	0.068** (0.0361)	0.237*** (0.0729)	0.249*** (0.0806)
性别	-0.008 (0.0518)	0.014 (0.0371)	-0.211*** (0.0712)	-0.115 (0.0825)
年龄	0.024*** (0.0026)	0.013*** (0.0015)	-0.011*** (0.0035)	-0.016*** (0.0035)
小学文化	0.146 (0.1049)	-0.046 (0.0442)	-0.123 (0.1817)	-0.001 (0.1089)
初中文化	0.274*** (0.0967)	0.166*** (0.0469)	0.086 (0.1572)	0.076 (0.1098)
高中及以上	0.666*** (0.0980)	0.108* (0.0571)	0.167 (0.1525)	0.432*** (0.1229)

续表

	社会基本医疗保险		商业健康保险	
	城市	农村	城市	农村
目前是否有工作	0.237*** (0.0596)	0.048 (0.0352)	0.288*** (0.0848)	-0.165** (0.0769)
是否在婚	0.275*** (0.0872)	0.207*** (0.0611)	-0.143 (0.1178)	0.283*** (0.0140)
是否有社会基本险			0.515*** (0.0789)	-0.221*** (0.0755)
家庭规模	0.028 (0.0203)	0.017 (0.0105)	-0.006 (0.0292)	-0.026 (0.0247)
东部地区	0.207*** (0.0484)	0.125*** (0.0407)	0.505*** (0.1153)	0.884*** (0.1106)
中部地区	-0.130*** (0.0468)	-0.220*** (0.0382)	0.399*** (0.1222)	0.113 (0.1102)
Prob > chi2	0	0	0	0
对数似然值	-2702.02	-4850.69	-1741.00	-1333.00
Wald chi2	255.61	273.57	122.22	149.06
样本量	7461	9546	7461	9546

综上所述，具有较高健康风险的中低收入人群对参加社会基本医疗保险的影响显著为正，即在中低收入组人群中，健康风险高的人群参加社会基本医疗保险的概率高。这是因为中低收入人群抗风险能力低，需要社会基本医疗保险作为保障防范风险。对于商业健康保险，仅城市中、高收入人群和农村高收入人群通过了显著性检验。中低收入组居民的社会基本医疗保险逆向选择行为强于高收入组，但商业健康保险逆向选择行为弱于高收入组，说明中低收入组居民是否具有较高健康风险对他们参加社会基本医疗保险更为敏感，而高收入居民是否具有较高的健康风险对其购买商业健康保险更为敏感。

（二）不同年龄组居民医疗保险市场逆向选择行为分析

表4-9为样本中35岁以下居民逆向选择行为的回归结果。结果显示，社会基本医疗保险市场上健康风险较高的居民购买社会基本医疗保险的比例更高，且通过了显著性检验，且农村居民购买社会基本医疗保险的概率显著高于城市居

民。在商业健康保险市场，城市 35 岁以下人群健康风险的高低对购买商业健康保险有显著的正向影响，但农村 35 岁以下人群健康风险的高低对购买商业健康保险无明显影响。

表 4－9　医疗保险市场逆向选择行为异质性分析：35 岁以下人群组

	社会基本医疗保险		商业健康保险	
	城市	农村	城市	农村
健康风险	0.142** (0.0600)	0.255*** (0.0493)	0.141** (0.0714)	0.121 (0.0902)
性别	-0.074 (0.0619)	-0.123** (0.0512)	-0.115 (0.0714)	-0.046 (0.0906)
小学文化	-1.091*** (0.2736)	-0.122 (0.0997)	0.243 (0.0366)	0.767** (0.3842)
初中文化	-0.835*** (0.2522)	0.245** (0.0965)	0.130 (0.0346)	0.766** (0.3798)
高中及以上	-0.312 (0.2494)	0.594*** (0.1056)	0.225 (0.0343)	1.077*** (0.3847)
目前是否有工作	0.631*** (0.0622)	-0.042 (0.0444)	0.057 (0.0776)	-0.355*** (0.0821)
是否在婚	0.290*** (0.0693)	0.400*** (0.0478)	-0.136** (0.0687)	-0.148* (0.0817)
是否有社会基本险			0.311*** (0.0690)	0.177** (0.0775)
家庭规模	-0.003 (0.0208)	0.081*** (0.0135)	-0.053** (0.0262)	0.004 (0.0260)
家庭人均收入的对数	0.343*** (0.0263)	0.305*** (0.0173)	0.059** (0.0291)	0.130*** (0.0386)
东部地区	0.325*** (0.0754)	0.278*** (0.0554)	0.220** (0.0926)	0.557*** (0.1011)
中部地区	-0.087 (0.0766)	0.007 (0.0487)	-0.006 (0.0966)	-0.014 (0.0999)
Prob > chi2	0	0	0	0

续表

	社会基本医疗保险		商业健康保险	
	城市	农村	城市	农村
对数似然值	-2520.61	-3958.91	-1319.02	-802.95
Wald chi2	474.97	529.63	74.95	99.73
样本量	4452	6524	4452	6524

表4-10报告了样本35~50岁人群组在医疗保险市场上的逆向选择行为的回归结果。35~50岁人群健康风险高的居民购买商业健康保险的比例高，农村居民中这一比例显著高于城市，且都通过了显著性检验。对于社会基本医疗保险，只有城市35~50岁人群健康风险的高低对参加社会基本医疗保险有明显影响，而农村35~50岁人群健康风险的高低对参加社会基本医疗保险无明显影响。

表4-10　医疗保险市场逆向选择行为异质性分析：35~50岁人群组

	社会基本医疗保险		商业健康保险	
	城市	农村	城市	农村
健康风险	0.148*** (0.0493)	0.055 (0.0353)	0.166*** (0.0605)	0.290*** (0.0994)
性别	-0.038 (0.0526)	-0.047 (0.0372)	-0.204*** (0，0617)	-0.210** (0.1060)
小学文化	-0.116 (0.1252)	-0.053 (0.0429)	0.263 (0.1904)	0.085 (0.1310)
初中文化	0.018 (0.1160)	0.157*** (0.0420)	0.343* (0.1779)	0.033 (0.1283)
高中及以上	0.479*** (0.1172)	0.102* (0.0569)	0.339* (0.1781)	0.431*** (0.1524)
目前是否有工作	0.360*** (0.0484)	-0.101*** (0.0379)	0.273*** (0.0683)	-0.002 (0.1112)
是否在婚	0.153 (0.1283)	0.587*** (0.1034)	-0.204 (0.1509)	0.281 (0.3719)
是否有社会基本险			0.261*** (0.0549)	0.384*** (0.0922)

续表

	社会基本医疗保险		商业健康保险	
	城市	农村	城市	农村
家庭规模	-0.067*** (0.0194)	-0.049*** (0.0116)	-0.083*** (0.0254)	-0.034 (0.0347)
家庭人均收入的对数	0.275*** (0.0169)	0.258*** (0.0113)	-0.009 (0.0203)	0.225*** (0.0437)
东部地区	0.186*** (0.0584)	0.131*** (0.0395)	0.265*** (0.0720)	0.679*** (0.1219)
中部地区	-0.203*** (0.0589)	-0.160 (0.0363)	0.055 (0.0744)	-0.330** (0.1290)
Prob > chi2	0	0	0	0
对数似然值	-4078.35	-6241.62	-2121.04	-988.82
Wald chi2	691.77	703.93	98.17	134.49
样本量	6988	9707	6988	9707

根据表4-11的回归结果，我国50岁以上健康风险高的居民参加社会基本医疗保险可能性更高，城市和农村居民中的边际效应分别为8.3%和12.4%，而农村50岁以上人群健康风险的高低对其购买商业健康保险无明显影响，这是由于50岁以上人群面临更高的健康风险，虽然需要医疗保险抵御风险，但商业健康保险有严格的年龄限制，且在参保前会进行筛选，50岁以上的高风险个体会被排除在健康险之外。

表4-11　医疗保险市场逆向选择行为异质性分析：50岁以上人群组

	社会基本医疗保险		商业健康保险	
	城市	农村	城市	农村
健康风险	0.083** (0.0347)	0.124*** (0.0272)	0.111** (0.0516)	0.092 (0.0781)
性别	0.099*** (0.0361)	-0.050* (0.0279)	0.033 (0.0488)	0.002 (0.0781)
小学文化	0.127** (0.0600)	-0.061** (0.0284)	-0.016 (0.0675)	-0.065 (0.0848)

续表

	社会基本医疗保险		商业健康保险	
	城市	农村	城市	农村
初中文化	0.244*** (0.0626)	0.206*** (0.0368)	-0.001 (0.0672)	0.153* (0.0917)
高中及以上	0.580*** (0.0675)	0.333*** (0.0638)	0.185*** (0.0643)	0.163 (0.1430)
目前是否有工作	-0.178*** (0.0416)	-0.232*** (0.0253)	0.196*** (0.0536)	0.021 (0.0693)
是否在婚	0.750*** (0.1297)	0.474*** (0.0988)	-0.320* (0.1715)	4.156 (36.3895)
是否有社会基本险			0.369*** (0.0552)	0.134* (0.0746)
家庭规模	-0.019* (0.0109)	-0.002 (0.0065)	0.021 (0.0156)	0.009 (0.0192)
家庭人均收入的对数	0.283*** (0.0127)	0.233*** (0.0094)	-0.042** (0.0177)	0.071* (0.0301)
东部地区	0.374*** (0.0431)	0.373*** (0.0317)	-0.020 (0.0595)	0.790*** (0.1041)
中部地区	-0.073 (0.0445)	0.024 (0.0279)	-0.015 (0.0631)	0.184* (0.1060)
Prob > chi2	0	0	0	0
对数似然值	-5783.22	-7834.75	-2328.70	-918.34
Wald chi2	1176.82	1083.05	97.02	112.40
样本量	10943	12407	10943	12407

结合表4-9、表4-10和表4-11可以得出：健康风险和参加社会基本医疗保险有显著的正相关关系，随着年龄上升，个体的逆向选择程度有所缓解；对于商业健康保险而言，年龄集中在35~50岁的人群逆向选择行为尤为明显。

（三）不同性别组居民医疗保险市场逆向选择行为分析

表4-12和表4-13分别汇报了分性别组的医疗保险市场逆向选择行为的回归结果。健康风险高的农村男性比健康风险低的农村男性参加社会基本医疗保险

的概率更高，城市男性无类似的特征。健康风险高的城市男性比健康风险低的城市男性购买商业保险的比例更高，农村男性无类似的特征。

表4-12　医疗保险市场逆向选择行为异质性分析：男性

	社会基本医疗保险		商业健康保险	
	城市	农村	城市	农村
健康风险	0.052 (0.0422)	0.109*** (0.0310)	0.164*** (0.0548)	0.063 (0.0837)
年龄	0.027*** (0.0017)	0.013*** (0.0011)	-0.009*** (0.0020)	-0.015*** (0.0031)
小学文化	0.152** (0.0685)	-0.088** (0.0351)	-0.061 (0.0911)	0.090 (0.1081)
初中文化	0.277*** (0.0667)	0.164*** (0.0368)	-0.106 (0.0863)	0.077 (0.1097)
高中及以上	0.400*** (0.0678)	0.252*** (0.0458)	-0.027 (0.0863)	0.275** (0.1233)
目前是否有工作	0.278*** (0.0398)	-0.032 (0.0292)	0.122** (0.0494)	-0.199*** (0.0739)
是否在婚	0.298*** (0.0609)	0.164*** (0.0435)	0.013 (0.0738)	0.117 (0.1154)
是否有社会基本险			0.397*** (0.0463)	0.240*** (0.0669)
家庭规模	-0.020 (0.0127)	0.001 (0.0073)	-0.045** (0.0160)	-0.014 (0.0214)
家庭人均收入的对数	0.291*** (0.0136)	0.266*** (0.0092)	-0.025 (0.0161)	0.146*** (0.0309)
东部地区	0.346*** (0.0457)	0.266*** (0.0309)	0.108** (0.0537)	0.734*** (0.0896)
中部地区	-0.081* (0.0463)	-0.027 (0.0273)	0.001 (0.0563)	0.053 (0.0912)
Prob > chi2	0	0	0	0
对数似然值	-5925.86	-8463.52	-2912.48	-1302.38
Wald chi2	1308.11	1521.25	156.55	184.92
样本量	10960	13453	10960	13453

表4-13报告了女性居民在医疗保险市场上的逆向选择行为的回归结果。结果显示：无论在社会基本医疗保险市场还是在商业健康保险市场上，女性健康风险变量对其购买医疗保险都有显著正影响。

表4-13　医疗保险市场逆向选择行为异质性分析：女性

	社会基本医疗保险		商业健康保险	
	城市	农村	城市	农村
健康风险	0.132*** (0.0328)	0.126*** (0.0241)	0.110*** (0.0426)	0.201*** (0.0636)
年龄	0.026*** (0.0018)	0.011*** (0.010)	-0.007*** (0.0022)	-0.015*** (0.0030)
小学文化	0.250*** (0.0546)	0.024 (0.0292)	-0.002 (0.0816)	-0.075 (0.0868)
初中文化	0.516*** (0.0567)	0.266*** (0.0325)	0.088 (0.0765)	-0.018 (0.0890)
高中及以上	0.947*** (0.0609)	0.435*** (0.0494)	0.176*** (0.0768)	0.346*** (0.1095)
目前是否有工作	0.228*** (0.0385)	-0.097*** (0.0242)	0.234*** (0.0496)	-0.130** (0.0623)
是否在婚	0.225*** (0.0640)	0.551*** (0.0519)	-0.146** (0.0761)	-0.126 (0.1138)
是否有社会基本险			0.211*** (0.0452)	0.252*** (0.0639)
家庭规模	-0.008 (0.0122)	0.011 (0.0068)	-0.014 (0.0166)	-0.016 (0.0202)
家庭人均收入的对数	0.286*** (0.0128)	0.235*** (0.0285)	0.007 (0.0177)	0.121*** (0.0285)
东部地区	0.318*** (0.0452)	0.313*** (0.0288)	0.125** (0.0576)	0.598*** (0.0823)
中部地区	-0.149*** (0.0467)	-0.002 (0.0259)	-0.005 (0.0607)	-0.151* (0.0879)

续表

	社会基本医疗保险		商业健康保险	
	城市	农村	城市	农村
Prob > chi2	0	0	0	0
对数似然值	-6501.78	-9637.68	-1302.38	-1424.13
Wald chi2	1278.47	1563.64	164.92	220.09
样本量	11423	15185	11423	15185

综上所述，在社会基本医疗保险市场，女性的逆向选择程度更加严重；在商业健康保险市场，男性是家庭的主要经济来源和支柱，更需要保障程度高的保险以防意外情况发生，从而导致了城市男性居民在商业健康保险中存在更高程度的逆向选择行为。

七、本章小结

本章使用中国健康和营养调查（CHNS）2000 年、2004 年、2006 年、2009 年和 2011 年五轮的调查数据，采用固定效用 Probit 及 Bivariate Probit 模型实证分析我国医疗保险市场的逆向选择行为及其异质性，得出以下结论：

第一，我国医疗保险市场确实存在逆向选择行为，健康风险较大的居民更加偏向购买医疗保险抵御健康风险，健康风险小的居民倾向于不购买医疗保险。相较于社会基本医疗保险，商业健康保险市场逆向选择程度更为严重；相较于城市居民，农村居民的逆向选择程度更为明显。逆向选择的直接后果是将一部分“优质”人群排除在参保范围之外，保险人无法针对不同类型的人群进行风险分类并确定相应的保险费率，保险市场上留下的是高风险人群，最终保险人发生亏损，保险市场供需发生背离，制约了医疗保险市场的持续发展。

第二，就不同收入水平的异质性分析来看，在社会基本医疗保险市场中，健康风险较高的中低收入人群购买保险的可能性更高，即逆向选择行为主要发生在中低收入居民，高收入城市居民逆向选择行为不明显；在商业健康保险市场中，健康风险较高的高收入人群购买商业健康保险概率更高，说明了高收入居民购买商业健康保险对自身健康风险的高低更为敏感。

第三，就不同年龄段的异质性分析而言，各年龄阶段有健康风险的居民参加社会基本医疗保险均存在逆向选择行为，随着年龄上升，逆向选择程度下降，50岁以上群体逆向选择程度最低；商业健康保险的逆向选择行为则主要发生在35～50岁年龄段人群。

第四，从不同性别的异质性分析来看，有健康风险的女性群体购买社会基本医疗保险的概率更高，即女性人群逆向选择程度较男性更高；有健康风险的城市男性群体购买商业健康保险的逆向选择程度高于女性群体。

以上结论证实了我国医疗保险市场逆向选择行为的存在，并在不同收入水平、不同年龄段和不同性别下逆向选择的程度不同，保险人应根据不同特征制定不同的措施缓解医疗保险市场的逆向选择程度，以使我国医疗保险市场能够长期稳定地健康发展。对于强制参加的城镇职工基本医疗保险，在很大程度上规避了参保人逆向选择行为；对于规定以户为单位参保的新型农村合作医疗保险，在一定程度上可以缓解逆向选择行为后果，但是尽管政策规定基本医疗保险以户为单位参保，但在试点实施过程中还是会存在偏差。Wang 等（2006）的研究可以提供佐证，她们对我国贫困地区医疗保险补助的研究发现，政策规定享受国家补助的前提是家庭全体成员都要参保，但数据显示有 1/3 的家庭并非全体成员参保，在此类家庭中参保的都是身体状态很差的个体。本章证明了社会基本医疗保险逆向选择行为的存在，提示了在试点期基本医疗保险的实证分析和政策效果评估时，特别是涉及实验组和控制组，即将参保组和未参保组的结果变量进行比较时，应妥善处理参保行为的自选择问题，避免模型的内生性问题带来的研究偏差。

第五章　新型农村合作医疗保险、健康人力资本与劳动力市场绩效

新农合保险自2003年开始在农村地区试点实施，伴随覆盖率的提高，农村居民的健康人力资本是否相应得到改善，并且是否进一步促进了劳动力市场绩效，这是本章讨论的主题。

一、研究思路

多年以来，国内外大量文献主要研究教育人力资本对经济增长及劳动力市场绩效的影响，直到Becker（1965）和Grossman（1972）开创性地构建了健康人力资本和医疗服务需求的生产函数，随着对健康人力资本指标的探索以及研究数据的丰富，研究健康人力资本的文献逐渐增多。大量研究发现健康人力资本的改善部分解释了经济长期增长现象（Arora，2001），健康人力资本的改善也提高了劳动者的市场绩效（Fred et al.，2012）。

本章探讨新农合保险作为农村健康人力资本投资的一种方式，是否可以提升人力资本质量，进而提高劳动力市场绩效。因此研究分为两个基本问题：一是新农合保险对农村居民健康人力资本的影响；二是健康人力资本对劳动力市场绩效的影响。

医疗保险可以降低参保人群医疗服务的实际使用成本，提高医疗服务资源的可及性，增加参保人群患病后及时就诊的概率，从而改善他们的健康人力资本。因而，提出假说一：新农合保险能够促进农村居民对医疗服务的使用，从而提高他们的健康人力资本，并且，这种影响在不同性别、年龄及收入的农村居民中可能存在异质性。

健康人力资本是影响农村居民在劳动力市场上决策的重要因素，健康人力资

本如果在短期内遇到冲击，很有可能直接导致农村居民退出劳动力市场，进而降低劳动时间和减少劳动收入；健康人力资本的长期持续恶化会降低农村居民的劳动参与率，减少劳动时间，最终导致劳动收入下降；健康人力资本可能提高农村居民选择非农就业的概率。因而，提出假说二：健康人力资本改善能够提高劳动参与率、促进农业劳动向非农就业转移，延长劳动时间，从而增加劳动收入，并且这种影响在不同性别、年龄及收入农村居民中存在异质性。本章的分析框架如图5－1所示。

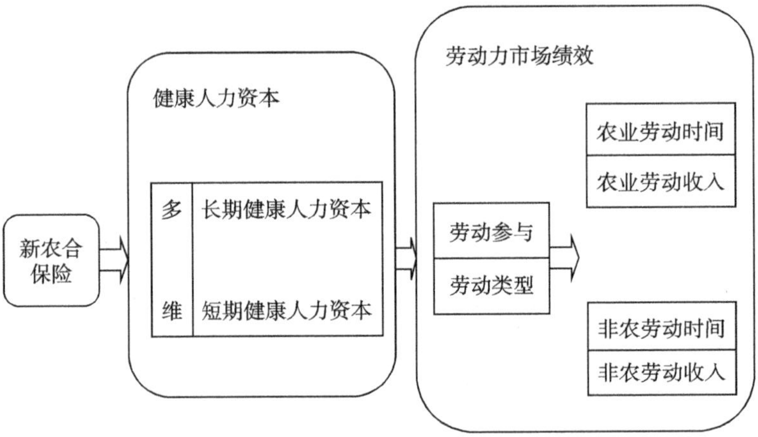

图5－1　本章分析框架

本章使用微观层面数据实证研究新农合保险对健康人力资本的影响，通过研究新农合保险的健康人力资本绩效评估新农合保险的实施效果和公平性，在对整体人群进行分析的基础上，对不同性别、年龄及收入的农村居民进行异质性分析，以通过对参保人群进行细分，识别新农合保险的健康人力资本绩效显著的人群。然后实证分析健康人力资本的劳动力市场绩效，用劳动参与、劳动类型、劳动时间和劳动收入作为劳动力市场绩效指标，选择长期健康人力资本与短期健康人力资本两个指标反映健康人力资本状况。

二、数据来源

本书采用中国健康和营养调查（CHNS）数据来分析新农合对健康人力资本的影响以及健康人力资本对劳动力市场绩效的影响。CHNS 是一项高质量的追踪调查项目，由中国疾病预防控制中心营养与食品安全所与美国北卡罗来纳大学的卡罗来纳人口中心联合执行。调查团队具有营养、经济、社会、公共健康、中国研究和人口学背景，在每次调查前都会对调查人员、从事数据整理、核对或处理工作的人员进行集中培训，该项目的数据得到了有效的质量控制，可靠性强。CHNS 迄今已进行了 10 次调查，分别为 1989 年、1991 年、1993 年、1997 年、2000 年、2004 年、2006 年、2009 年、2011 年和 2015 年。调查的省份有山东、贵州、湖北、黑龙江、广西、江苏、云南、辽宁、河南、北京、上海、重庆，从 2011 年起调查范围增加北京、上海、重庆三个市。考虑到新农合从 2003 年开始在中国试点，在研究新农合对健康人力资本以及健康人力资本对劳动力绩效的影响时，本章选用新农合实施前 2000 年和实施后 2011 年的调查数据，将研究对象限定为 2000 年时 18 岁及以上且户籍所在地为农村的居民，剔除关键变量数据缺失以及还在上学的样本，共得到 16121 个有效样本。

三、研究方法

（一）倍差匹配法

本书采用倍差匹配法（DID - PSM）评估新农合对农村居民健康人力资本的影响。正如第四章所证明的，我国基本医疗保险市场存在逆向选择行为，健康状况较差的个体通常更倾向于参加医疗保险，由此带来个体的自选择问题，从而产生模型的内生性问题，如果只使用普通最小二乘法（OLS），就无法解决模型的内生性问题。在现有研究医疗保险对健康人力资本影响的相关文献中，常用的方法主要有工具变量方法、固定效应模型和倍差匹配法等。在这些方法中，工具变量方法的使用受限于工具变量的有效性；固定效应模型能去除组内随时间变化而不变因素的影响；倍差匹配法既可以消除由个体间可观察因素所带来的偏误，也可以去除随时间不变的因素，常运用于医疗保险政策影响评价的研究。

倍差匹配法是一种将倍差法和匹配法结合使用的方法。首先，使用匹配法，根据计算出来的倾向得分在控制组（未参合组）中匹配出实验组（参合组）个体相似的观察值，将匹配后存在于控制组和实验组共同支持域（Common Support）的样本用于下一步倍差法分析中，即删除未能成功匹配的样本，然后再使用倍差法，比较新农合实施前后实验组和控制组的差异来获得估计值。使用该方法的优点是可以控制观察值之间可观测特征的偏差、随时间不变的不可观测特征的偏差和遗漏变量的偏差。倍差法的表达式如下：

$$\alpha_{DID}=E[Y_1]-E[Y_0]=(E[Y|D=1,\ T=1]-E[Y|D=1,\ T=0])-(E[Y|D=0,\ T=1]-E[Y|D=0,\ T=0]) \quad (5-1)$$

式中，$D=1$，表示个体参加了新农合，归为实验组；$D=0$，表示个体未参加新农合，归为控制组。T 是时期虚拟变量，$T=1$，表示新农合实施后（样本为2011 年）；$T=0$，表示新农合实施前（样本为 2000 年）。可以直接使用 OLS 估计得到 α_{DID}，回归式如下：

$$Y_{it}=\alpha+\beta_1 D_1+\beta_2 T+\beta_3 D_i\times T+\beta_4 X_{it}+\varepsilon \quad (5-2)$$

式中，被解释变量 Y_i 表示第 i 个个体在实施新农合前后各期的健康人力资本变量（“是否患有医生诊断的五种疾病中的一种或多种”、“过去四周是否生病或受伤”、“过去四周疾病严重程度”），X_{it} 表示影响被解释变量的其他控制变量，交叉项 $D_i\times T$ 的系数 β_3 即为新农合对健康人力资本的净影响。

使用倍差匹配法得出的净效应如下：

$$\alpha_{DIDPSM}=E[(y_{1i}^T-y_{1i}^C)-(y_{0i}^T-y_{0i}^C)\mid X_i,\ T=1]$$
$$=E[y_{1i}^T-y_{0i}^C\mid X_{0i},\ T=1]-E[y_{1i}^C-y_{0i}^C\mid X_{0i},\ T=0] \quad (5-3)$$

式中，被解释变量 y_{1i}^T 和 y_{1i}^C 分别表示新农合实施后实验组和控制组的健康人力资本变量；y_{0i}^T 和 y_{0i}^T 分别表示新农合实施前实验组和控制组的健康人力资本变量。两个时期被解释变量的差值即为新农合保险对健康人力资本的净效应。

（二）BFG 方法

本书采用 BFG 方法估计健康人力资本对劳动力市场绩效的影响。由于个体就业选择行为不是外生的，如果使用OLS进行分析，则不能观察未进入劳动力市场的个体劳动时间和劳动收入，导致模型存在样本选择偏误问题。Heckman两阶段法可以解决样本选择偏误问题，Lee（1983）、Dubin和McFadden（1984）、Bourguignon等（2007）将Heckman两阶段法扩展到非连续多元选择的情形，这些方法的主要区别在于劳动收入（时间）方程误差项和劳动方程误差项是否线性的假设不同。本章选择Bourguignon等（2007）的方法（Bourguignon - Fournier - Gurgand，BFG方法），第一步估计多元Logit模型，得到样本选择项，然后把样本选择项作为新的解释变量加入第二步的劳动收入（时间）方程中，使得劳动收入（时间）方程可以使用普通最小二乘法进行估计。

假设需要估计的劳动类型概率方程和劳动收入（时间）方程如下：

$$L_s^* = \gamma_s Z_s + \eta_s \tag{5-4}$$

$$L_s = \beta_s X_s + u_s \tag{5-5}$$

式中，L_s^* 为参与劳动类型的概率；L_s 为劳动收入（时间）；s 为劳动类型选择，取值为1、2、3，分别表示“未参与劳动”、“参与农业劳动”、“参与非农劳动”；Z_s 为影响劳动类型选择的控制变量；X_s 为影响劳动收入（时间）的控制变量；γ_s、β_s 为待估计系数；η_s、u_s 为误差项，且 u_s 服从独立同分布假设。如果存在不可观测因素且这些因素同时影响个体劳动类型选择与劳动收入（时间），那么，η_s、u_s 具有相关性，用OLS估计式（5 -5），结果是有偏的。并且，只有在满足式（5 -6）的情形下，被解释变量劳动收入（时间）才能观测到：

$$L_s^* > \max_{j \neq s}(L_j^*) \tag{5-6}$$

式中，$\varepsilon_s > \max_{j \neq s}(L_j^* - \eta_s)$ 且 $\varepsilon_s < 0$。假设 η_s 独立同分布且服从Gumbel分布，利用McFadden（1974）所证明的结论，得到多元Logit模型如下：

$$p(\gamma_s Z_s > \varepsilon_s) = \frac{\exp(\gamma_s Z_s)}{\sum_j \exp(\gamma_s Z_s)} \tag{5-7}$$

定义 $\eta_s^* = \Phi^{-1}[G(\eta_s)]$，假设 $U_i = \delta_i \sum \rho_s \eta_s^* + \omega_i$，$\omega_i$ 为残差项。通过计算可以得到纠正样本偏误以后的劳动收入（时间）方程如下：

$$L_1 = x_1\beta_1 + \delta_1\left[\rho_1 m(p_1) + \sum_{s>1}\rho_s \frac{p_s}{p_s - 1} m(p_s)\right] + v_s \tag{5-8}$$

式中，p_s 为个体选择第 s 个劳动类型的概率，v_s 为随机扰动项。

四、新农合保险对参保者健康人力资本的影响的实证分析

（一）变量定义与描述性统计

对于被解释变量，借鉴 Zucchelli 等（2010）、Cai 等（2014）对健康人力资本的分类方法，本章从长期和短期两个维度来定义健康人力资本变量。长期健康人力资本定义为"是否患有五种疾病的一种或多种"，五种疾病指高血压、糖尿病、心肌梗死、中风和骨折，反映疾病的长期、持续的影响。以慢性病来衡量长期健康人力资本主要是考虑在我国农村地区，慢性病发病率高，并且在农村地区，农村居民对于自身是否患有慢性病并不完全知晓，知晓自身患有慢性病后通常也未能及时治疗，且慢性病对农村居民的生产和生活均有重要、持续的影响。短期健康人力资本定义为"过去四周是否生病或受伤"和"过去四周疾病严重程度"，以反映个体未预期的短期健康冲击。

对于关键解释变量，CHNS 的调查问题只是询问被调查者是否参加合作医疗，未清晰明确地询问被调查者参加的是传统的合作医疗还是新型农村合作医疗。新农合从 2003 年开始试点，在试点前的 20 多年内，全国范围内有 5% 的村庄保留了旧农村合作医疗（简称旧农合）。借鉴 Lei 和 Lin（2009）对于解决这一问题的方法，对于 2000 年的被调查者，如果他们报告参加了合作医疗，则认为他们参加的是旧农合而非新农合；对于 2011 年的被调查者，如果他们报告参加了合作医疗，则认为他们是参加了新农合。

表 5－1 汇报了关键变量在 CHNS 调查表中对应的题号以及定义。

表 5－1　新农合保险与健康人力资本变量对应调查题号及说明

变量名称	CHNS 调查表（2000/2011）中对应题目	题号	定义
新农合保险	你有什么类型的医疗保险？农村合作医疗保险？	m3a_ 4	有＝1，无＝0

续表

变量名称	CHNS 调查表（2000/2011）中对应题目	题号	定义
长期健康人力资本	医生给你下过高血压的诊断吗？	u22	患有这五种疾病中的一种或多种 =1，其他 =0
	医生给你下过糖尿病的诊断吗？	u24a	
	医生给你下过心肌梗塞的诊断吗？	u24j	
	医生给你下过中风的诊断吗？	u24l	
	你有过骨折吗？	u24n	
短期健康人力资本：过去四周是否生病或受伤	过去的四周中，你是否生过病或受过伤？	m23	是 =1，否 =0
短期健康人力资本：过去四周疾病严重程度	疾病的严重程度	m25	不严重 =0，严重 =1

参照已有文献，本章的控制变量包括：被调查者的年龄、年龄平方、性别、受教育程度、民族、婚姻状况、家庭人均纯收入对数、家庭规模、是否参加其他医疗保险、是否经常锻炼、家中 6 岁以下儿童数量、上周是否在家照顾家中 6 岁以下儿童、家中 6～16 岁儿童数量、家中 65 岁以上老年人数量、时间虚拟变量及地区虚拟变量。

表 5－2 汇报了相关变量的定义和描述性统计结果。从中可以看出，样本中有 42.5% 的农村居民参加了新农合；14% 的农村居民患有经过医生诊断的五种疾病中的一种或多种，13% 的农村居民过去四周生病。样本中农村居民平均年龄为 44.3 岁，男女比例约各占 50%，受教育程度总体在初中及以下，汉族比例较高，已婚比例较高，家庭规模平均接近 5 人，在家里有 6 岁以下儿童的家庭中 62.3% 的农村居民上周在家照顾家中 6 岁以下儿童，经常锻炼的人较少，仅 12.8% 的农村居民参加了其他医疗保险，说明新农合是农村居民医疗保险的主要选择，此外，样本在各地区分布比较均衡。

表 5－2　新农合保险与健康人力资本的变量定义及描述性统计

变量名称	变量定义	均值	标准差	最小值	最大值
医疗保险					
是否参加新农合保险	是 =1，否 =0	0.425	0.494	0	1

续表

变量名称	变量定义	均值	标准差	最小值	最大值
健康人力资本					
长期健康人力资本： 是否患有五种疾病中的一种或多种	医生诊断过患有高血压、糖尿病、心肌梗塞、中风和骨折中的一种或多种：是 =1，否 =0	0.140	0.347	0	1
短期健康人力资本：					
过去四周是否生病或受伤	过去四周是否生过病或受过伤：是 =1，否 =0	0.130	0.337	0	1
过四周疾病严重程度	不严重 =0，严重 =1	0.070	0.255	0	1
其他控制变量					
年龄	单位：周岁	44.328	15.950	18	100
年龄平方	年龄的平方	2219.354	1526.83	324	10000
性别	男性 =1，女性 =0	0.507	0.500	0	1
受教育程度：					
文盲或小学未毕业	没读过书或小学未毕业 =1，其他 =0	0.223	0.416	0	1
小学毕业	小学毕业 =1，其他 =0	0.210	0.407	0	1
初中毕业	初中毕业 =1，其他 =0	0.311	0.463	0	1
高中毕业及以上	高中毕业及以上 =1，其他 =0	0.133	0.339	0	1
教育水平缺失[a]	教育水平缺失 =1，其他 =0	0.124	0.329	0	1
民族	汉族 =1，其他 =0	0.851	0.356	0	1
婚姻状况：					
在婚	在婚 =1，未婚、离婚、丧偶、分居 =0	0.807	0.394	0	1
婚姻状况缺失[b]	是 =1，否 =0	0.130	0.337	0	1
家庭规模	家庭人口数量	4.624	1.908	1	16
家庭人均纯收入（对数）[c]	ln（家庭纯收入/家庭人口数量）	8.181	1.424	0	12.31
家中6岁以下儿童数量	单位：人	0.292	0.559	0	4
上周是否在家照顾家中6岁以下儿童	是 =1，否 =0	0.623	0.484	0	1
家中6~16岁儿童数量	单位：人	0.514	0.761	0	4
家中65岁以上老年人数量	单位：人	0.408	0.700	0	4
是否经常锻炼	是 =1，否 =0	0.077	0.266	0	1

续表

变量名称	变量定义	均值	标准差	最小值	最大值
是否参加其他医疗保险	是 =1，否 =0	0.128	0.334	0	1
时间虚拟变量 2011 年	是 =1，否 =0	0.506	0.500	0	1
地区虚拟变量：					
东部	东部 =1，其他 =0	0.319	0.466	0	1
中部	中部 =1，其他 =0	0.423	0.494	0	1
西部	西部 =1，其他 =0	0.259	0.438	0	1

注：a 样本中该类个体未指明属于哪一种受教育水平，根据其他文献的做法（如 Lei and Lin，2009），鉴于受教育水平不是关键解释变量，并为了保留更多样本，因此，将这些未指明受教育水平的个体作为一组哑变量；b 与 a 中“受教育水平缺失”的处理方法同，“婚姻状况缺失”指未注明婚姻状况的个体；c 家庭人均纯收入按照 2011 年价格指数平减，家庭人均纯收入小于等于 0 的观察值在取对数前赋值为 1。

（二）新农合保险对居民健康人力资本影响的实证分析结果

1. 新农合对健康人力资本影响的 DID – PSM 估计结果

首先对样本选用最近邻匹配的方法进行匹配，并进行匹配质量检验①。表 5 –3汇报了实验组与控制组的匹配质量结果，从中可以看出，匹配前，实验组和控制组的大部分变量均具有显著差异，t 检验的 p 值在 1% 水平上显著；匹配后，所有匹配变量的偏差降低，t 检验的 p 值均大于 10%。表明处理组和控制组在匹配后已不存在显著的差异，匹配质量高。

表 5 –3 实验组与控制组匹配变量的平衡检验结果

变量	样本	实验组均值	控制组均值	偏差%	偏差降低比率%	t 值	p 值
年龄	匹配前	42.673	42.915	–1.700	—	–0.620	0.538
	匹配后	42.673	42.836	–1.100	32.500	0.440	0.657
性别	匹配前	0.463	0.521	–11.600	—	–4.240	0.000
	匹配后	0.463	0.481	–3.700	68.500	–1.430	0.153
文盲或小学未毕业	匹配前	0.276	0.227	11.300	—	4.100	0.000
	匹配后	0.276	0.271	1.200	89.300	0.460	0.646

① 同时也采用了核匹配等其他匹配方法，估计结果与最近邻匹配方法得出的结果相似，详见附表 1。

续表

变量	样本	实验组均值	控制组均值	偏差%	偏差降低比率%	t 值	p 值
小学毕业	匹配前	0.301	0.207	21.600	—	7.830	0.000
	匹配后	0.301	0.302	-0.300	98.800	-0.100	0.922
初中毕业	匹配前	0.321	0.358	-7.700	—	-2.810	0.005
	匹配后	0.321	0.328	-1.500	80.600	-0.590	0.557
高中水平以上	匹配前	0.083	0.184	-29.900	—	-11.150	0.000
	匹配后	0.083	0.077	1.900	93.600	0.930	0.351
婚姻状况	匹配前	0.865	0.767	25.500	—	9.430	0.000
	匹配后	0.865	0.863	0.700	97.300	0.300	0.765
家庭规模	匹配前	4.155	4.061	6.200	—	2.280	0.023
	匹配后	4.155	4.150	0.300	95.200	0.110	0.909
家庭人均纯收入对数	匹配前	7.749	8.050	-24.200	—	-8.780	0.000
	匹配后	7.749	7.722	2.100	91.300	0.790	0.430
是否经常锻炼	匹配前	0.054	0.103	-18.000	—	-6.680	0.000
	匹配后	0.054	0.046	3.000	83.300	1.430	0.152
是否参加其他医疗保险	匹配前	0.037	0.173	-45.400	—	-17.240	0.000
	匹配后	0.037	0.034	1.200	97.300	0.780	0.437
中部	匹配前	0.411	0.393	3.600	—	1.300	0.193
	匹配后	0.411	0.427	-3.400	5.300	-1.310	0.190
西部	匹配前	0.296	0.185	26.100	—	9.410	0.000
	匹配后	0.296	0.282	3.100	88.200	1.120	0.262

匹配后的密度图 5-2 显示，实验组和控制组分布大部分重叠，处于共同支持域，也进一步说明了匹配质量高。

对于匹配后进入共同支持域的样本，使用回归表达式（5-2）运用 DID 方法进行实证分析，回归结果如表 5-4 所示。Panel A 的回归结果显示，新农合保险变量对参保者是否患有慢性病变量无显著影响，说明新农合并未显著改善农村居民长期健康人力资本。这是因为高血压、糖尿病等慢性病病程较长且迁延不愈，需要长期治疗，参加新农合并不能促进参合者对慢性病医疗服务的需求，慢性病高发病率问题仍然得不到缓解。并且，除经济因素，慢性病更多地受年龄、遗传、患者自身的饮食习惯、患者居住的环境及平时的生活方式等其他因素的影响。此外，代宝珍（2014）研究表明，新农合目前推行的慢性病管理措施缺乏系统性和连贯性，且受益面窄，慢性病防治效果甚微。以 Panel B 和 Panel C 两个短期健康人力资本变量为被解释变量的回归结果显示，“是否参加新农合”的系数估计值符号均为负，并且，“参加新农合”对“过去四周是否生病或受伤”的影响在 10% 的水平上显著，表明新农合降低了农村居民过去四周生病的概率，有效地提升了参保者的短期健康人力资本。这得益于近年来广覆盖的新农合，不仅在参保覆盖面上逐年提高，其补偿范围、补偿水平和受益水平也相应得到提高，促进了参合者及时就医，降低了疾病严重程度。特别是新农合实施的二次补偿和近年新增的大病医疗保险，显著地减轻了参合者患大病的医疗经济负担，缓解了短期健康冲击。

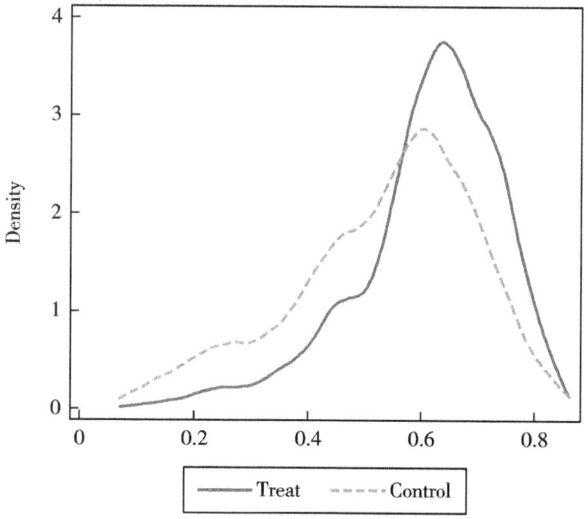

图 5－2　倾向得分密度

表 5－4　新农合保险对健康人力资本影响的 DID－PSM 估计结果

	回归系数	标准误	Z 值	P > |z|
Panel A：长期健康人力资本：是否患有五种疾病中的一种或多种				
平均处理效应	0.133	0.103	1.290	0.198
样本数	10147			
Wald chi2（16）	456.550			
显著性水平	0.000			

续表

	回归系数	标准误	Z值	P>|z|
Panel B：短期健康人力资本：过去四周是否生病或受伤				
平均处理效应	-0.153*	0.088	-1.740	0.083
样本数	10098			
Wald chi2（16）	421.000			
显著性水平	0.000			
Panel C：短期健康人力资本：过去四周疾病严重程度				
平均处理效应	-0.014	0.013	-1.13	0.258
样本数	10098			
Wald chi2（16）	478.73			
显著性水平	0.000			

注：控制变量为年龄、性别、受教育程度、婚姻状况、家庭规模、家庭人均纯收入（对数）、是否参加其他医疗保险、是否经常锻炼、时间虚拟变量及地区虚拟变量。*表示在10%的水平上显著。

2. 新农合对健康人力资本影响的异质性效应

在对样本总体进行分析后，进一步将样本按不同性别、不同年龄组（青年人、中年人、老年人）、不同收入组（低收入、中等收入、高收入）进行异质性分析。首先对不同性别组参保居民的健康人力资本影响进行异质性检验，如表5-5所示，无论是Panel A的长期健康人力资本，还是Panel B和Panel C的短期健康人力资本回归结果，均显示新农合对参保者的健康人力资本的影响不显著，也不存在性别差异。

表5-5　新农合保险对健康人力资本的影响：不同性别组

	男性		女性	
	回归系数	标准误	回归系数	标准误
Panel A：长期健康人力资本：是否患有五种疾病中的一种或多种				
平均处理效应	0.21	0.148	0.058	0.147
样本数	4817		5330	
Wald chi2（16）	200.010		261.180	
显著性水平	0.000		0.000	

续表

	男性		女性	
	回归系数	标准误	回归系数	标准误
Panel B：短期健康人力资本：过去四周是否生病或受伤				
平均处理效应	-0.167	0.133	-0.135	0.121
样本数	4794		5304	
Wald chi2（16）	164.950		251.74	
显著性水平	0.000		0.000	
Panel C：短期健康人力资本：过去四周疾病严重程度				
平均处理效应	-0.027	0.017	0.002	0.019
样本数	4794		5304	
Wald chi2（16）	—		—	
显著性水平	—		—	

将总样本分不同年龄组进行异质性分析，按年龄将样本划分为青年人组（18～45岁）、中年人组（45～65岁）和老年人组（65岁以上），估计结果如表5-6所示。回归结果显示，新农合保险显著地降低了青年人过去四周生病的概率，有效地提升了青年人的短期健康人力资本。新农合对中年人的短期健康人力资本影响的系数为负但不显著；对于老年人来说，新农合对他们的健康人力资本影响的系数为正但不显著，说明未来新农合在政策完善过程中要重视中老年群体的患病模式和健康需求。

表5-6 新农合保险对健康人力资本的影响：不同年龄组

	青年人组（18～45岁）		中年人组（45～65岁）		老年人组（65岁以上）	
	回归系数	标准误	回归系数	标准误	回归系数	标准误
Panel A：长期健康人力资本：是否患有五种疾病中的一种或多种						
平均处理效应	0.111	0.210	0.121	0.156	0.155	0.283
样本数	4642		4239		1266	
Wald chi2（16）	32.87		143.24		29.73	
显著性水平	0.008		0.000		0.019	
Panel B：短期健康人力资本：过去四周是否生病或受伤						
平均处理效应	-0.313**	0.133	-0.104	0.139	0.097	0.213
样本数	4602		4232		1264	

续表

	青年人组（18～45岁）		中年人组（45～65岁）		老年人组（65岁以上）	
	回归系数	标准误	回归系数	标准误	回归系数	标准误
Wald chi2（16）	133.52		111.24		62.23	
显著性水平	0.000		0.000		0.000	
Panel C：短期健康人力资本水平：过去四周疾病严重程度						
平均处理效应	-0.005	0.014	-0.015	0.022	-0.005	0.056
样本数	4602		4232		1264	
Wald chi2（16）	65.50		117.12		50.21	
显著性水平	0.000		0.000		0.000	

注：** 表示变量在5%的水平上显著。

将总样本按家庭人均收入排序，分为低收入组、中等收入组和高收入组三组，探讨新农合对不同收入组参保居民的健康人力资本的影响，回归结果如表5-7所示。回归结果显示，新农合保险显著降低了高收入组参保居民过去四周生病的概率，说明新农合对高收入组农村居民的短期健康人力资本具有促进作用，但未改善中低收入农村居民的健康人力资本，这与新农合设计初衷不吻合。不仅如此，实证结果还显示，新农合增加了低收入居民慢性病患病率。这是因为新农合规定在某一年度未获得报销的参保者可以享受免费体检，可能会增加参保者对慢性病的知晓度，如果假定低收入农村居民由于收入约束平时缺乏常规体检，会在此政策的引导下参加体检，由此就会增加低收入居民对慢性病的知晓度。因此会带来低收入组被访者自我报告患有慢性疾病的增加。

表5-7　新农合保险对健康人力资本的影响：不同收入组

	低收入组		中等收入组		高收入组	
	回归系数	标准误	回归系数	标准误	回归系数	标准误
Panel A：长期健康人力资本：是否患有五种疾病中的一种或多种						
平均处理效应	0.605**	0.306	-0.130	0.277	0.182	0.194
样本数	3162		3265		3720	
Wald chi2（16）	84.88		40.51		91.32	
显著性水平	0.000		0.001		0.000	

续表

	低收入组		中等收入组		高收入组	
	回归系数	标准误	回归系数	标准误	回归系数	标准误
Panel B：短期健康人力资本：过去四周是否生病或受伤						
平均处理效应	-0.074	0.220	-0.234	0.176	-0.275*	0.155
样本数	3132		3255		3711	
Wald chi2（16）	114.67		84.86		66.97	
显著性水平	0.000		0.000		0.000	
Panel C：短期健康人力资本水平：过去四周疾病严重程度						
平均处理效应	-0.077	0.037	-0.047	0.028	-0.013	0.020
样本数	3132		3255		3711	
Wald chi2（16）	192.26		182.88		148.73	
显著性水平	0.000		0.000		0.000	

注：*、**分别表示变量在10%和5%的水平上显著。

五、健康人力资本对劳动力市场绩效的影响的实证分析

本书选用长期健康人力资本和短期健康人力资本指标和BFG方法，实证分析健康人力资本对农村居民劳动力市场绩效的影响，主要从劳动参与及类型、劳动时间、劳动收入方面并从不同性别、年龄、收入结构角度进行异质性分析。

（一）变量定义与描述性统计

劳动力市场绩效变量包括劳动参与及类型、劳动时间和劳动收入。对于劳动收入、劳动时间指标，按照农业与非农就业两种劳动类型分别进行研究。实证分析时，对劳动收入、劳动时间进行对数化处理。劳动力市场绩效变量在CHNS中的题号和本章对劳动力市场绩效变量的定义如表5-8所示。

表 5－8　新农合保险样本劳动力市场绩效变量对应调查题号及说明

变量名称	CHNS 调查表（2000/2011）中对应题目	题号	定义
劳动参与及类型	你现在有工作吗？	b2	无＝1，农民、渔民、猎人＝2，其他＝3
	你的主要职业是什么？	b4	
劳动时间	有几个月从事这种工作？平均每周工作几天？平均每天工作几小时？	c3、c5、c6	工作月数×每周工作天数×4×每天工作小时数
劳动收入	家庭小手工业和小型家庭商业收入	indbus	家庭小手工业和小型家庭商业收入、非退休收入之和
	非退休收入	inDage	
	集体和家庭农业收入	indfarm	集体和家庭农业收入、集体和家庭饲养家畜和家禽收入、家庭菜园和果园收入、集体和家庭渔业之和
	集体和家庭饲养家畜和家禽收入	indlvst	
	家庭菜园和果园收入	indgard	
	集体和家庭渔业	indfish	

注：由于 c3、c5、c6 三个变量缺失值较多，为了保留较多的劳动时间观测值，只要三个变量任一不为缺失值，就以省内均值替代缺失变量。indbus、inDage、indfarm、indlvst、indgard、indfish 为 CHNS 数据库中个人各项收入变量名。

参照已有文献，控制变量设定为被访者的年龄、年龄平方、性别、最高受教育程度、民族、婚姻状况、家庭人均纯收入（对数）、家庭规模、是否参加其他医疗保险、是否经常锻炼、家中 6 岁以下儿童数量、上周是否在家照顾家中 6 岁以下儿童、家中 6～16 岁儿童数量、家中 65 岁以上老年人数量以及时间虚拟变量、地区虚拟变量，如表 5－9 所示。从中可以看出，85.7% 的被访者参与劳动，其中参加农业劳动的占 55.2%，参加非农劳动的占 44.8%。被访者每年平均劳动时间为 1537.5 小时，农业平均劳动时间为 914.5 小时，非农劳动时间为 2029.5 小时；劳动收入平均为 9736.7 元，农业劳动收入为 5911.8 元，非农劳动收入为 16739.2 元。

表 5－9　新农合保险样本劳动力市场绩效的变量定义及描述性统计

变量名称	变量定义	均值	标准差	最小值	最大值
劳动力市场绩效指标					
劳动类型	未参与劳动＝1，农业劳动＝2，非农劳动＝3	2.242	0.685	1	3
参与劳动	参与劳动＝1，未参与劳动＝0	0.857	0.350	0	1

续表

变量名称	变量定义	均值	标准差	最小值	最大值
劳动力市场绩效指标					
农业劳动	参与农业劳动 =1，参与非农劳动 =0	0.552	0.497	0	1
劳动时间	单位：小时	1537.481	976.681	4	6048
农业劳动时间	单位：小时	914.545	780.768	4	5376
非农劳动时间	单位：小时	2029.510	823.020	4	6048
劳动收入	单位：元	9736.706	18000	-60000	600000
农业劳动收入	单位：元	5911.816	8606.421	-30000	112290
非农劳动收入	单位：元	16739.17	25995.06	-60000	600000
其他控制变量					
年龄	单位：周岁	44.328	15.950	18	100
年龄平方	年龄的平方	2219.354	1526.83	324	10000
性别	男性 =1，女性 =0	0.507	0.500	0	1
受教育程度					
文盲或小学未毕业	没读过书或小学未毕业 =1，其他 =0	0.223	0.416	0	1
小学毕业	小学毕业 =1，其他 =0	0.210	0.407	0	1
初中毕业	初中毕业 =1，其他 =0	0.311	0.463	0	1
高中毕业及以上	高中毕业及以上 =1，其他 =0	0.133	0.339	0	1
教育水平缺失	教育水平缺失 =1，其他 =0	0.124	0.329	0	1
民族	汉族 =1，其他 =0	0.851	0.356	0	1
婚姻状况					
在婚	在婚 =1，未婚、离婚、丧偶、分居 =0	0.807	0.394	0	1
婚姻状况缺失	是 =1，否 =0	0.130	0.337	0	1
家庭规模	家庭人口数量，单位：人	4.624	1.908	1	16
家庭人均纯收入（对数）	Ln（家庭纯收入/家庭人口数量）	8.181	1.424	0	12.31
家中6岁以下儿童数量	单位：人	0.292	0.559	0	4
上周是否在家照顾家中6岁以下儿童	是 =1，否 =0	0.623	0.484	0	1

续表

变量名称	变量定义	均值	标准差	最小值	最大值
家中 6 ~ 16 岁儿童数量	单位：人	0.514	0.761	0	4
家中 65 岁以上老年人数量	单位：人	0.408	0.700	0	4
是否经常锻炼	是 =1，否 =0	0.077	0.266	0	1
是否参加其他医疗保险	是 =1，否 =0	0.128	0.334	0	1
时间虚拟变量	2011 年 =1，2000 年 =0	0.506	0.500	0	1
地区虚拟变量					
东部	东部 =1，西部或中部 =0	0.319	0.466	0	1
中部	中部 =1，东部或西部 =0	0.423	0.494	0	1
西部	西部 =1，东部或中部 =0	0.259	0.438	0	1

（二）健康人力资本对劳动力市场绩效的影响

1. 健康人力资本对劳动参与的影响

按照本章的研究思路，上一节分析了医疗保险对参保者健康人力资本的影响，本节将进一步分析健康人力资本对劳动参与的影响，回归结果如表 5 – 10 所示。表 5 – 10 的 Panel A、Panel B 和 Panel C 汇报了健康人力资本变量对参与农业劳动和非农劳动影响的多元 Logit 模型估计结果，以“未参与劳动”为参照组。总体来看，3 个健康人力资本变量对农业劳动参与和非农劳动参与影响的系数均为负且显著，即是否患有五种疾病中的一种或多种，过去四周是否生病或受伤，以及过去四周疾病严重程度，个体参与农业劳动或非农劳动的概率更低。根据第 3 列和第 5 列汇报的相对风险比[①]，未患医生诊断的五种疾病的农村居民参与农业劳动的概率是不参与任何劳动的 1.73[②] 倍，参与非农劳动的概率是不参与劳动的 1.38 倍；过去四周未生病或受伤的农村居民参与农业劳动的概率和参与非农

① 相对风险比的含义是对应于某分类解释变量，选择组与参照组相比发生的相对概率。

② 计算方法为 1 除以 0.577，后同。

劳动的概率分别是不参与任何劳动的 1.50 倍和 1.24 倍；过去四周疾病不严重的农村居民参与农业劳动的概率和参与非农劳动的概率是不参与任何劳动的 1.55 倍和 1.40 倍。可以看出，相对于短期健康冲击，长期健康状况（患有慢性病）对农村居民劳动参与的影响更大。这是因为发生短期健康冲击后，农村居民一般采取暂时减少劳动时间的策略来应对，只有当遭遇大病或较为严重的慢性病，无法继续工作时，或者能勉强工作但劳动生产率和劳动收入非常低时，才会选择退出劳动力市场。

进一步分析可以发现，未患医生诊断的五种疾病之一的农村居民参与农业劳动的概率是参与非农劳动的 1.25① 倍，过去四周未生病或受伤的农村居民参与农业劳动的概率是参与非农劳动的 1.21 倍，过去四周疾病不严重的农村居民参与农业劳动的概率是参与非农劳动的 1.11 倍。结合上文的分析可知，健康人力资本高的农村居民更倾向于从事农业劳动，而健康人力资本低的农村居民则倾向于退出劳动力市场。由于参保者外出就业患病时可以选择"城镇就医，返乡报销"，因此健康人力资本并不是农村居民是否从事非农就业的重要影响因素。

表 5－10 中的 Panel D 汇报的是 3 种健康人力资本变量在同一个模型中进行回归的结果，在控制长期健康人力资本变量后，短期健康人力资本变量不再显著，说明短期健康人力资本对劳动参与类型存在影响是因为短期健康冲击累积进而影响长期健康人力资本。

表 5－10　健康人力资本对劳动参与类型影响的回归结果

	农业劳动		非农劳动	
	系数	相对风险比	系数	相对风险比
Panel A：长期健康人力资本：是否患有五种疾病中的一种或多种	－0.550*** (0.085)	0.577 (0.049)	－0.319*** (0.104)	0.727 (0.076)
对数似然值	－6181.968			
R^2	0.216			
样本量	7600			

① 计算方法为 1.73 除以 1.38，后同。

续表

	农业劳动		非农劳动	
	系数	相对风险比	系数	相对风险比
Panel B：短期健康人力资本：过去四周是否生病或受伤	-0.403*** (0.082)	0.668 (0.054)	-0.217** (0.099)	0.805 (0.079)
对数似然值	-6402.439			
R^2	0.214			
样本量	7858			
Panel C：短期健康人力资本：过去四周疾病严重程度	-0.436*** (0.102)	0.646 (0.066)	-0.338** (0.128)	0.713 (0.091)
对数似然值	-6405.39			
R^2	0.214			
样本量	7858			
Panel D：长期健康人力资本：是否患有五种疾病中的一种或多种	-0.478*** (0.087)	0.620 (0.054)	-0.272** (0.107)	0.762 (0.081)
短期健康人力资本：过去四周是否生病或受伤	-0.238** (0.117)	0.788 (0.092)	-0.012 (0.138)	0.988 (0.137)
短期健康人力资本：过去四周疾病严重程度	-0.128 (0.144)	0.880 (0.127)	-0.269 (0.176)	0.764 (0.135)
对数似然值	-6158.33			
R^2	0.217			
样本量	7577			

注：控制变量为年龄、年龄平方、性别、受教育程度、婚姻状况、民族、家庭人均纯收入（对数）、家中6岁以下儿童数量、上周是否在家照顾家中6岁及以下儿童，家中6~16岁儿童数量，家中65岁以上老年人数量，时间虚拟变量和地区虚拟变量。**和***分别表示变量在5%和1%的水平上显著，括号中的数字为标准误。

2. 健康人力资本对劳动时间和劳动收入的影响

表5-11为健康人力资本对劳动时间和劳动收入的影响的回归结果，分别从农业劳动和非农劳动角度进行分析，第2~5列为OLS的估计结果，第6~9列为BFG的估计结果。

表 5－11　健康人力资本对劳动时间和劳动收入的影响的回归结果

	OLS				BFG			
	农业劳动时间	农业劳动收入	非农劳动时间	非农劳动收入	农业劳动时间	农业劳动收入	非农劳动时间	非农劳动收入
Panel A：长期健康人力资本：是否患有五种疾病中的一种或多种	−0.177*** (0.062)	−0.114* (0.068)	−0.033 (0.045)	−0.085 (0.062)	−0.158* (0.085)	−0.074 (0.104)	−0.032 (0.068)	−0.068 (0.077)
选择项					不显著	显著	不显著	显著
校正拟合优度	0.062	0.159	0.031	0.207	0.045	0.191	0.036	0.457
样本量	2495	6179	2763	3012	2272	3366	1986	1972
Panel B：短期健康人力资本：过去四周是否生病或受伤	−0.117* (0.061)	−0.232*** (0.066)	−0.009 (0.047)	−0.159*** (0.056)	−0.123* (0.074)	−0.317*** (0.091)	0.023 (0.057)	−0.107 (0.066)
选择项					不显著	显著	不显著	显著
校正拟合优度	0.07	0.16	0.034	0.208	0.049	0.197	0.036	0.441
样本量	2534	6570	3118	3510	2282	3462	2046	2069
Panel C：短期健康人力资本：过去四周疾病严重程度	0.010 (0.084)	−0.226*** (0.088)	−0.047 (0.072)	−0.152* (0.079)	0.058 (0.091)	−0.159 (0.111)	−0.034 (0.075)	−0.020 (0.087)
选择项					不显著	显著	不显著	显著
校正拟合优度	0.074	0.159	0.038	0.207	0.048	0.195	0.036	0.440

续表

	OLS				BFG			
	农业劳动时间	农业劳动收入	非农劳动时间	非农劳动收入	农业劳动时间	农业劳动收入	非农劳动时间	非农劳动收入
样本量	2534	6570	3118	3510	2282	3462	2046	2069
Panel D：长期健康人力资本：是否患有五种疾病中的一种或多种	−0.168** (0.067)	−0.083 (0.069)	−0.029 (0.055)	−0.064 (0.063)	−0.164*** (0.063)	−0.088 (0.080)	−0.032 (0.046)	−0.124* (0.066)
短期健康人力资本：过去四周是否生病或受伤	−0.220** (0.092)	−0.231* (0.090)	0.015 (0.062)	−0.152 (0.081)	−0.206* (0.089)	−0.359*** (0.107)	0.038 (0.061)	−0.075 (0.080)
短期健康人力资本：过去四周疾病严重程度	0.238 (0.120)	−0.022 (0.119)	−0.062 (0.093)	0.008 (0.112)	0.2538 (0.116)	0.115 (0.138)	−0.007 (0.084)	0.069 (0.110)
选择项					不显著	显著	不显著	显著
校正拟合优度	0.071	0.160	0.036	0.208	0.065	0.191	0.034	0.442
样本量	2491	6148	2747	2989	2491	3356	2747	1964

注：控制变量为年龄、年龄平方、性别、受教育程度、婚姻状况、民族以及时间虚拟变量、地区虚拟变量。劳动收入变量已按照2011年价格指数平减。劳动时间、劳动收入变量已取对数。*、**和***分别表示变量在10%、5%和1%的水平上显著，括号中的数字为标准误。下同。

首先看健康人力资本变量对农业劳动时间和非农劳动时间的影响。表 5 - 11 中第 6 列和第 8 列的 8 个劳动时间模型选择项均不显著，表明劳动时间模型不存在样本选择偏误问题，OLS 估计是无偏的，因此，应参照 OLS 估计结果进行分析。“是否患有五种疾病中的一种或多种”与“过去四周是否生病或受伤”对农业劳动时间均有显著的负向影响，“过去四周疾病严重程度”变量对农业劳动时间的影响不显著。在控制长期健康人力资本变量后，“过去四周是否生病或受伤”变量对农业劳动时间仍有显著的负向影响，说明发生短期健康冲击后农村居民的确会减少农业劳动时间，这与前文的推断相符。3 个健康人力资本变量对非农劳动时间的影响均不显著，这是因为较之于农业劳动，非农劳动比较正式、工作时间相对固定，如果遭遇大病冲击，患者会直接退出非农劳动市场，如果只是患普通小病，由于因病请假将会带来工资和福利的损失，因此患者不会轻易请假。

其次看健康人力资本对农业劳动收入和非农劳动收入的影响，表 5 - 11 中第 7 列和第 9 列的 8 个劳动收入模型的选择项均显著，表明劳动收入方程存在样本选择偏误问题，OLS 方法是有偏的，因此，应参照 BFG 的估计结果进行解释。结果显示，“过去四周是否生病或受伤”对农村居民农业劳动收入有显著的负向影响，当同时加入 3 个健康人力资本变量时，“过去四周是否生病或受伤”仍是显著的。此外，3 个健康人力资本变量对农村居民非农劳动收入影响均不显著，这与健康人力资本变量对非农劳动时间影响的估计结果相似。结合表 5 - 3 的结果分析可以发现，如果健康状况恶化，农村居民会直接退出非农就业劳动力市场，因而从模型估计结果上看，健康人力资本下降不会影响农村居民的非农劳动收入。这一结论同魏众（2004）、张艳华和李秉龙（2006）的实证分析结果是一致的，魏众（2004）认为这很可能是由于农村居民进入非农就业时存在严格的筛选机制，所以健康人力资本对非农劳动收入的影响不显著。

（三）健康人力资本对劳动力市场影响的异质性效应

1. 健康人力资本对劳动参与的影响的异质性效应

先将样本按性别分组，得到健康人力资本对不同性别组人群劳动参与的影响的估计结果，如表 5 - 12 所示。为了更直观地比较未参与劳动、参与农业劳动和非农劳动之间的差异，表 5 - 12 至表 5 - 14 汇报的是相对风险比（RRR），如果 RRR 小于 1，说明对应的解释变量对被解释变量的影响为负，即健康人力资本提升会促进劳动参与；如果RRR大于1，说明对应的解释变量对被解释变量的影响为正，即健康人力资本提升会抑制劳动参与。

表5-12的回归结果显示，长期健康人力资本和短期健康人力资本变量对男性和女性农村居民的农业劳动和非农劳动参与的相对风险比均显著小于0，即长期健康人力资本和短期健康人力资本的提升都会促进男性和女性参与劳动，并且，由于表中所有通过显著性检验的非农劳动的相对风险比均大于相应的农业劳动的相对风险比，因此，相对于农业劳动，健康状况好的男性和女性更倾向于参加非农劳动。这一结果在男性和女性中没有差异。但是，长期和短期健康人力资本并不显著地影响女性的非农劳动参与行为，即女性的短期健康状况并不是她们在进行是否从事非农劳动决策的主要原因。

同表5-10的规律一致，表5-12Panel D在控制长期健康人力资本变量后，男性和女性农村居民的短期健康人力资本变量显著性降低，说明长期健康人力资本变量对男性和女性农村居民的劳动参与影响更直接，影响也更大。

表5-12　健康人力资本对劳动参与的影响：不同性别组

	男性		女性	
	农业劳动	非农劳动	农业劳动	非农劳动
Panel A：长期健康人力资本：是否患有五种疾病中的一种或多种	0.527*** (0.070)	0.681*** (0.099)	0.600*** (0.067)	0.729* (0.118)
对数似然值	-2917.148		-3208.011	
R^2	0.201		0.214	
样本量	3601		3999	
Panel B：短期健康人力资本：过去四周是否生病或受伤	0.467*** (0.062)	0.604*** (0.088)	0.792** (0.083)	0.917 (0.126)
对数似然值	-3038.616		-3298.896	
R^2	0.202		0.21	
样本量	3773		4085	
Panel C：短期健康人力资本：过去四周疾病严重程度	0.449*** (0.074)	0.541*** (0.099)	0.779* (0.102)	0.826 (0.149)
对数似然值	-3042.745		-3299.644	
R^2	0.200		0.21	
样本量	3773		4085	

续表

	男性		女性	
	农业劳动	非农劳动	农业劳动	非农劳动
Panel D：长期健康人力资本：是否患有五种疾病中的一种或多种	0.609 *** (0.084)	0.761 ** (0.114)	0.622 *** (0.071)	0.738 * (0.121)
短期健康人力资本：过去四周是否生病或受伤	0.594 *** (0.115)	0.785 (0.166)	0.891 (0.131)	1.072 (0.200)
短期健康人力资本：过去四周疾病严重程度	0.804 (0.193)	0.721 (0.189)	0.943 (0.172)	0.816 (0.197)
对数似然值	-2896.551		-3200.276	
R^2	0.205		0.213	
样本量	3590		3987	

注：表中汇报的为相对风险比（RRR），参照组是未参加劳动，RRR 小于 1 说明对应的解释变量对被解释变量的影响为负；RRR 大于 1 说明对应的解释变量对被解释变量的影响为正。括号中的数字为稳健的标准误。*、**、*** 分别表示变量在 10%、5% 和 1% 的水平上显著。下同。

表 5-13 是将样本按年龄分组后进行异质性分析的估计结果。回归结果显示，相对风险比均小于 1，说明健康人力资本提升会促进所有年龄段居民劳动力市场的参与。具体来说，长期健康人力资本变量对青年人的农业劳动参与有促进作用，未患医生诊断五种疾病的青年人参与农业劳动的概率是不参与任何劳动的 1.89 倍；短期健康人力资本变量对青年人的农业劳动参与的影响不显著。这表明只有当长期健康人力资本下降时，青年人才会选择退出农业劳动力市场，短期的健康冲击不会改变他们的劳动参与行为。此外，健康人力资本变量对青年人的非农劳动参与影响均不显著，这是因为青年人的健康人力资本相对较高，健康人力资本不是他们决定是否参与非农就业的重要考虑因素。对于中、老年人群体来说，健康人力资本改善也可以提高他们的农业劳动参与率、非农劳动参与率。细分不同年龄的异质性分析可以发现，农村居民的年龄越大，劳动参与决策行为受自身健康人力资本的影响更大。

表 5-13 健康人力资本对劳动参与的影响：不同年龄组

	青年人		中年人		老年人	
	农业劳动	非农劳动	农业劳动	非农劳动	农业劳动	非农劳动
Panel A：长期健康人力资本：是否患有五种疾病中的一种或多种	0.528 * (0.177)	0.972 (0.303)	0.632 *** (0.072)	0.720 (0.099)	0.515 *** (0.072)	0.857 (0.212)

续表

	青年人		中年人		老年人	
	农业劳动	非农劳动	农业劳动	非农劳动	农业劳动	非农劳动
对数似然值	-2266.026		-2814.350		-967.908	
R^2	0.206		0.156		0.150	
样本量	2921		3397		1282	
Panel B：短期健康人力资本：过去四周是否生病或受伤	0.817 (0.167)	0.993 (0.198)	0.640*** (0.075)	0.804 (0.114)	0.636*** (0.089)	0.540** (0.156)
对数似然值	-2442.34		-2843.471		-983.034	
R方	0.195		0.156		0.143	
样本量	3126		3439		1293	
Panel C：短期健康人力资本：过去四周疾病严重程度	0.994 (0.304)	0.969 (0.278)	0.566*** (0.081)	0.682* (0.120)	0.619*** (0.101)	0.705 (0.226)
对数似然值	-2443.307		-2843.320		-984.990	
R^2	0.195		0.156		0.141	
样本量	3126		3439		1293	
Panel D：长期健康人力资本：是否患有五种疾病中的一种或多种	0.544* (0.183)	0.974 (0.306)	0.696*** (0.082)	0.757** (0.106)	0.550*** (0.080)	0.947 (0.240)
短期健康人力资本：过去四周是否生病或受伤	0.698 (0.182)	1.014 (0.264)	0.846 (0.143)	1.085 (0.221)	0.789 (0.165)	0.386* (0.194)
短期健康人力资本：过去四周疾病严重程度	1.369 (0.531)	0.962 (0.358)	0.722 (0.148)	0.669 (0.167)	0.842 (0.202)	1.630 (0.893)
对数似然值	-2256.69		-2802.481		-960.007	
R^2	0.207		0.157		0.154	
样本量	2910		3387		1280	

表5-14汇报了样本不同收入组居民健康人力资本对劳动参与的异质性影响的估计结果。结果显示，所有收入组健康人力资本变量的相对风险比均小于1。对于低收入居民而言，长期健康人力资本对农业劳动和非农劳动参与均通

过了显著性检验，但两个表征短期健康人力资本的变量对低收入农村居民的农业劳动参与和非农劳动参与的影响均不显著，说明对于低收入农村居民而言，当发生短期健康状况下降时，他们仍会继续留在劳动力市场上，带病工作。中等收入组和高收入组农村居民长期健康人力资本改善会显著增加农业劳动参与，但对非农劳动参与无明显影响；中、高收入组居民的短期疾病严重程度也会影响到他们的劳动参与选择，但不影响高收入组农村居民非农劳动参与行为。相较而言，低收入农村居民在面临健康人力资本下降时，劳动行为选择则更为被动。

表5－14　健康人力资本对劳动参与的影响：不同收入组

	低收入组		中等收入组		高收入组	
	农业劳动	非农劳动	农业劳动	非农劳动	农业劳动	非农劳动
Panel A：长期健康人力资本：是否患有五种疾病中的一种或多种	0.462*** (0.078)	0.351*** (0.115)	0.578*** (0.093)	0.728 (0.154)	0.678*** (0.087)	0.893 (0.123)
对数似然值	－1301.211		－1761.961		－2956.099	
R^2	0.195		0.161		0.228	
样本量	1817		2147		3636	
Panel B：短期健康人力资本：过去四周是否生病或受伤	0.790 (0.127)	0.808 (0.212)	0.605*** (0.089)	0.578*** (0.115)	0.601*** (0.078)	0.893 (0.120)
对数似然值	－1413.44		－1848.854		－2977.015	
R^2	0.189		0.167		0.230	
样本量	1927		2256		3675	
Panel C：短期健康人力资本：过去四周疾病严重程度	0.759 (0.147)	0.705 (0.248)	0.517*** (0.093)	0.479*** (0.125)	0.645*** (0.108)	0.866 (0.150)
对数似然值	－1413.423		－1847.63		－2982.43	
R^2	0.189		0.167		0.229	
样本量	1927		2256		3675	
Panel D：长期健康人力资本：是否患有五种疾病中的一种或多种	0.475*** (0.083)	0.353*** (0.120)	0.660** (0.110)	0.853 (0.185)	0.735** (0.097)	0.914 (0.128)

续表

	低收入组		中等收入组		高收入组	
	农业劳动	非农劳动	农业劳动	非农劳动	农业劳动	非农劳动
短期健康人力资本：过去四周是否生病或受伤	0.970 (0.238)	1.183 (0.426)	0.859 (0.187)	0.814 (0.225)	0.609*** (0.109)	0.951 (0.173)
短期健康人力资本：过去四周疾病严重程度	0.910 (0.269)	0.725 (0.353)	0.669 (0.175)	0.628 (0.225)	1.045 (0.238)	0.919 (0.214)
对数似然值	-1294.257		-1753.72		-2943.09	
R^2	0.196		0.163		0.23	
样本量	1808		2141		3628	

2. 健康人力资本对劳动时间和劳动收入的影响的异质性分析

表5-15为按性别分组检验健康人力资本对劳动时间和劳动收入影响的估计结果。表明良好的健康人力资本对男性的农业劳动时间和农业劳动收入有促进作用，健康人力资本提高，男性农村居民的农业劳动时间增加、农业劳动收入提高。但是，健康人力资本对男性农村居民的非农劳动时间、非农劳动收入无明显影响。对于女性农村居民来说，遭受短期健康冲击对其农业劳动时间有负向影响，对其农业劳动收入、非农劳动时间和非农劳动收入影响不显著。总体来看，健康人力资本对男性农村居民农业劳动时间、农业劳动收入的影响更大，健康人力资本对男性、女性农村居民非农劳动时间、非农劳动收入的影响均不明显。

将样本按年龄组进行异质性分析的估计结果如表5-16所示。表明青年人的健康人力资本改善会增加他们的劳动时间，进而提高劳动收入，其中，是否"患有五种疾病中的一种或多种"与"过去四周是否生病或受伤"两个变量对青年人的农业劳动收入、非农劳动收入的影响较为显著。健康人力资本对中年人的农业劳动时间、农业劳动收入、非农劳动时间有负向影响，但是，健康人力资本对老年人的劳动时间和劳动收入无显著影响。相对而言，健康人力资本对青年人的劳动时间、劳动收入的影响更大。

表5-17为将样本按收入组进行异质性分析的估计结果。分别考察长期健康人力资本和短期健康人力资本变量对低收入农村居民的影响时（Panel A-C），参数的符号不符合预期，当把几个变量放入同一模型综合考察时（Panel D），长期健康人力资本对低收入组居民劳动力市场绩效无显著影响，"过去四周是否生病或受伤"会降低低收入组居民农业劳动时间和农业劳动收入，对非农劳动时间

表 5-15　健康人力资本对劳动时间和劳动收入的影响：不同性别组

	男性				女性			
	农业劳动时间	农业劳动收入	非农劳动时间	非农劳动收入	农业劳动时间	农业劳动收入	非农劳动时间	非农劳动收入
Panel A：长期健康人力资本：是否患有五种疾病中的一种或多种	-0.419 (0.098)	-0.258 (0.160)	0.007 (0.065)	-0.012 (0.084)	0.073 (0.087)	0.017 (0.130)	-0.126 (0.100)	-0.074 (0.161)
校正拟合优度	0.089	0.231	0.031	0.578	0.054	0.172	0.053	0.282
样本量	1229	1425	1716	1210	1266	1941	1047	762
Panel B：短期健康人力资本：过去四周是否生病或受伤	-0.107 (0.099)	-0.440*** (0.169)	0.020 (0.062)	0.104 (0.087)	-0.114 (0.086)	-0.288*** (0.102)	-0.055 (0.075)	-0.165 (0.112)
校正拟合优度	0.082	0.230	0.037	0.571	0.064	0.179	0.049	0.280
样本量	1259	1487	1947	1281	1275	1975	1171	788
Panel C：短期健康人力资本：过去四周疾病严重程度	-0.154 (0.131)	-0.366* (0.211)	0.015 (0.089)	0.142 (0.110)	0.129 (0.109)	-0.119 (0.125)	-0.149 (0.122)	-0.012 (0.151)
校正拟合优度	0.082	0.228	0.037	0.571	0.064	0.176	0.051	0.277
样本量	1259	1487	1947	1281	1275	1975	1171	788
Panel D：长期健康人力资本：是否患有五种疾病中的一种或多种	-0.415*** (0.100)	-0.135 (0.120)	0.006 (0.066)	-0.114* (0.067)	0.080 (0.087)	-0.015 (0.106)	-0.118 (0.099)	-0.199 (0.141)
短期健康人力资本：过去四周是否生病或受伤	0.030 (0.138)	-0.370** (0.178)	0.006 (0.087)	0.007 (0.093)	-0.365** (0.123)	-0.390 (0.132)	0.024 (0.087)	-0.195 (0.141)
短期健康人力资本：过去四周疾病严重程度	-0.110 (0.182)	-0.049 (0.244)	0.000 (0.120)	0.181 (0.128)	0.435*** (0.158)	0.192 (0.167)	-0.158 (0.143)	0.171 (0.195)
校正拟合优度	0.090	0.230	0.031	0.576	0.065	0.172	0.055	0.274
样本量	1228	1420	1708	1207	1263	1936	1039	757

注：健康人力资本对劳动时间的影响模型不存在选择偏误问题，表中汇报的为 OLS 的估计结果，健康人力资本对劳动收入的影响模型存在选择偏误问题，表中汇报的为 BFG 的估计结果。括号中的数字为稳健的标准误。*、**、*** 分别表示变量在 10%、5% 和 1% 的水平上显著。下同。

表5－16　健康人力资本对劳动时间和劳动收入的影响：不同年龄组

	青年人				中年人				老年人			
	农业劳动时间	农业劳动收入	非农劳动时间	非农劳动收入	农业劳动时间	农业劳动收入	非农劳动时间	非农劳动收入	农业劳动时间	农业劳动收入	非农劳动时间	非农劳动收入
PanelA：长期健康人力资本：是否患有五种疾病中的一种或多种	－0.173 (0.199)	－0.626** (0.265)	－0.076 (0.078)	－0.602*** (0.111)	－0.155** (0.081)	－0.090 (0.111)	－0.010 (0.077)	0.170 (0.116)	－0.179 (0.148)	0.670* (0.369)	0.482 (0.360)	0.675 (0.931)
校正拟合优度	0.073	0.241	0.026	0.378	0.071	0.229	0.022	0.460	0.068	0.162	0.530	0.239
样本量	831	1071	1747	1140	1363	1756	965	758	301	539	51	74
PanelB：短期健康人力资本：过去四周是否生病或受伤	－0.152 (0.134)	－0.41*** (0.157)	－0.036 (0.057)	－0.24*** (0.074)	－0.199** (0.082)	－0.139 (0.115)	－0.008 (0.079)	0.023 (0.120)	0.236 (0.159)	0.357 (0.290)	0.151 (0.563)	1.103 (0.765)
校正拟合优度	0.080	0.236	0.029	0.355	0.084	0.220	0.023	0.455	0.074	0.185	0.486	0.195
样本量	853	1136	2074	1233	1380	1784	992	762	301	542	52	74
PanelC：短期健康人力资本：过去四周疾病严重程度	－0.061 (0.175)	－0.112 (0.210)	－0.123 (0.104)	－0.105 (0.109)	－0.087 (0.113)	－0.056 (0.142)	－0.021 (0.103)	0.018 (0.147)	0.393** (0.178)	0.470 (0.328)	0.678 (0.404)	1.716** (0.825)
校正拟合优度	0.079	0.234	0.030	0.355	0.080	0.219	0.023	0.454	0.080	0184	0.498	0.230
样本量	853	1136	2074	1233	1380	1784	992	762	301	542	52	74

续表

	青年人				中年人				老年人			
	农业劳动时间	农业劳动收入	非农劳动时间	非农劳动收入	农业劳动时间	农业劳动收入	非农劳动时间	非农劳动收入	农业劳动时间	农业劳动收入	非农劳动时间	非农劳动收入
Panel D：长期健康人力资本：是否患有五种疾病中的一种或多种	-0.169 (0.202)	-0.060 (0.246)	-0.069 (0.075)	-0.112 (0.105)	-0.124 (0.082)	-0.200** (0.088)	-0.007 (0.083)	-0.115 (0.093)	-0.200 (0.144)	-0.035 (0.210)	0.437 (0.371)	-0.409 (0.535)
短期健康人力资本：过去四周是否生病或受伤	-0.248 (0.199)	-0.541** (0.213)	0.008 (0.068)	-0.166* (0.093)	-0.275** (0.111)	-0.143 (0.127)	0.003 (0.115)	0.082 (0.139)	0.089 (0.251)	-0.294 (0.306)	-0.577 (0.822)	-0.953 (1.038)
短期健康人力资本：过去四周疾病严重程度	0.201 (0.260)	0.317 (0.289)	-0.133 (0.124)	0.061 (0.139)	0.184 (0.153)	0.069 (0.169)	-0.028 (0.145)	-0.019 (0.179)	0.322 (0.293)	0.656 (0.374)	1.174 (0.899)	2.463* (1.100)
校正拟合优度	0.079	0.226	0.028	0.350	0.076	0.218	0.022	0.452	0.084	0.168	0.547	0.219
样本量	830	1068	1735	1134	1361	1750	961	756	300	538	51	74

表 5－17　健康人力资本对劳动时间和劳动收入的影响：不同收入组

	低收入				中等收入				高收入			
	农业劳动时间	农业劳动收入	非农劳动时间	非农劳动收入	农业劳动时间	农业劳动收入	非农劳动时间	非农劳动收入	农业劳动时间	农业劳动收入	非农劳动时间	非农劳动收入
PanelA：长期健康人力资本：是否患有五种疾病中的一种或多种	0.057 (0.123)	0.780*** (0.216)	0.132 (0.314)	2.430** (0.953)	−0.406*** (0.117)	−0.377 (0.184)	−0.127 (0.121)	−0.099 (0.175)	−0.129 (0.098)	−0.490*** (0.132)	−0.022 (0.058)	−0.277*** (0.071)
校正拟合优度	0.098	0.145	0.046	0.534	0.077	0.114	0.074	0.157	0.099	0.076	0.032	0.314
样本量	564	942	214	107	849	1143	756	448	1082	1281	1793	1417
PanelB：短期健康人力资本：过去四周是否生病或受伤	−0.120 (0.123)	0.086 (0.15)	0.431** (0.154)	0.534 (0.469)	−0.140 (0.110)	−0.391** (0.157)	−0.054 (0.096)	−0.338** (0.15)	−0.074 (0.100)	−0.591*** (0.148)	−0.053 (0.059)	−0.176*** (0.068)
校正拟合优度	0.108	0.132	0.071	0.517	0.073	0.129	0.073	0.164	0.104	0.08	0.036	0.305
样本量	571	996	271	122	873	1178	931	503	1090	1288	1916	1444
PanelC：短期健康人力资本：过去四周疾病严重程度	0.049 (0.168)	0.550*** (0.190)	0.644** (0.287)	1.362** (0.659)	0.019 (0.138)	−0.433** (0.192)	−0.130 (0.155)	−0.284 (0.194)	0.008 (0.139)	−0.553*** (0.183)	−0.097 (0.085)	−0.155* (0.090)
校正拟合优度	0.106	0.135	0.070	0.518	0.071	0.129	0.074	0.160	0.104	0.076	0.036	0.304
样本量	571	996	271	122	873	1178	931	503	1090	1288	1916	1444

续表

	低收入				中等收入				高收入			
	农业劳动时间	农业劳动收入	非农劳动时间	非农劳动收入	农业劳动时间	农业劳动收入	非农劳动时间	非农劳动收入	农业劳动时间	农业劳动收入	非农劳动时间	非农劳动收入
Panel D：长期健康人力资本：是否患有五种疾病中的一种或多种	0.076 (0.126)	0.084 (0.166)	0.064 (0.314)	-0.322 (0.620)	-0.401*** (0.117)	0.031 (0.127)	-0.111 (0.119)	0.100 (0.137)	-0.123 (0.100)	-0.287** (0.122)	-0.015 (0.058)	-0.196*** (0.069)
短期健康人力资本：过去四周是否生病或受伤	-0.316** (0.160)	-0.437** (0.208)	0.225 (0.195)	-0.111 (0.621)	-0.256 (0.163)	-0.267 (0.169)	0.038 (0.098)	-0.282 (0.175)	-0.131 (0.135)	-0.399** (0.175)	-0.080 (0.080)	-0.108 (0.083)
短期健康人力资本：过去四周疾病严重程度	0.329 (0.221)	0.916*** (0.260)	0.435 (0.373)	1.710* (0.868)	0.331 (0.203)	-0.264 (0.217)	-0.179 (0.180)	-0.044 (0.238)	0.141 (0.192)	-0.253 (0.229)	-0.092 (0.113)	-0.034 (0.114)
校正拟合优度	0.102	0.140	0.073	0.536	0.082	0.116	0.077	0.167	0.104	0.08	0.033	0.309
样本量	563	936	213	106	848	1139	750	447	1080	1281	1784	1411

和非农劳动收入无明显影响。对于中等收入组农村居民来说，短期健康人力资本下降会减少农业收入和非农劳动收入。对于高收入组农村居民而言，长期和短期健康人力资本下降均会减少农业收入和非农劳动收入。

五、本章小结

本章运用微观家庭和个人数据采用倍差匹配法与 BFG 方法实证分析了新农合保险对健康人力资本的影响以及健康人力资本对劳动力市场绩效的影响，主要得到以下结论：

第一，参加新农合显著地减少了“过去四周是否生病或受伤”的概率，提升了农村居民的短期健康人力资本，对长期健康人力资本的效果不显著，但具有正向的促进作用。从 2003 年开始试点实施到 2011 年的十余年间，新农合实现了改善农村居民健康人力资本的目标，特别是明显提高了青年人、中高收入人群的短期健康人力资本。新农合并未明显改善农村居民的长期健康人力资本，这在不同的细分人群中不存在明显差异。

第二，健康人力资本的提升不但有利于农村居民进行农业劳动，增加了农业劳动时间和农业劳动收入，而且促进了农村居民进入非农劳动市场就业。细分不同群体的分析结果表明，健康人力资本对男性、中老年人、中高收入的劳动参与影响较大，对男性、青年人、中高收入的农村居民劳动时间、劳动收入的影响较大。

第三，新农合促进了农村居民的短期健康人力资本，影响农村居民的劳动力市场绩效。异质性分析结果表明，新农合的健康人力资本绩效、健康人力资本的劳动力市场绩效显著的群体比较一致，说明通过影响改善健康人力资本，新农合对这部分群体的劳动力市场绩效有显著的提高作用。此外，由于新农合对农村居民的长期健康人力资本没有明显的影响，因此，新农合不能通过促进农村居民的长期健康人力资本来影响劳动参与、劳动时间和劳动收入。如果通过进一步完善新农合保险，能实现对农村居民长期健康人力资本的促进，必然能更有效地促进农村居民的劳动参与，增加农业劳动时间、提高劳动收入。

第六章　城镇居民基本医疗保险、健康人力资本与劳动力市场绩效

第五章证明了新型农村合作医疗保险、健康人力资本与劳动力市场绩效之间层层递进的关系，本章以城镇居民为研究样本，根据前一章的研究思路和研究方法检验城镇居民基本医疗保险是否促进了参保者的健康人力资本与劳动力市场绩效。

一、城居保对参保者健康人力资本的影响的实证分析

（一）数据来源、变量定义与描述性统计

1. 数据来源

本章使用的数据来自中国家庭追踪调查（Chinese Family Panel Studies，CF-PS）[①] 的微观调查数据，该项目是跟踪调查收集个体、家庭、社区三个层面的数据来反映中国社会、经济、人口、教育和健康的变迁，调查对象为被抽取家庭的所有成员，基线调查的家庭成员被永久追踪，为学术研究和政策分析提供了客观、准确的数据。CFPS 项目于 2010 年通过 PPS 抽样方式对中国 25 个省市[②]的常住家庭户及家庭户中所有满足条件的家庭成员进行调查，样本分布在全国 161 个县（区）的 649 个行政村（居），基线调查抽样户数为 19986 户，并于 2012 年和 2014 年进行了追踪调查，个人层面和家庭层面的追踪率均在 80% 以上，是中国覆盖样本年龄最广、内容最全面的追踪调查之一。为了在相对较长的时间内更好

① 该调查由北京大学“985”项目资助、北京大学中国社会科学调查中心执行。
② 不包括香港、澳门、台湾、新疆、西藏、青海、内蒙古、宁夏、海南。

地检验城居保的政策实施效果，本章选取2010年和2014年的数据作为样本数据。

2. 变量定义

被解释变量为健康人力资本。通过回顾已有研究文献，表6－1总结了部分代表性文献在使用微观数据研究健康问题时所选取的衡量健康的指标。

表6－1　健康变量的选取指标

文章题目	作者	健康变量
健康与农村劳动力非农就业参与	魏宁，苏群（2013）	健康自评，是否患有高血压、过去四周是否患慢性病、身体质量指数BMI以及个人生活习惯（饮酒）
健康对劳动力市场表现影响研究	王汗青（2009）	残疾或虚弱的身体特征（是否患有高血压、糖尿病、是否患过中风，是否发生过骨折，是否甲状腺肿大，是否患有口角炎，是否失明单眼或双眼、手臂缺失或手臂功能缺失单臂或双臂以及腿缺失或腿功能缺失单腿或双腿）
居民健康与金融投资偏好	刘潇，程志强，张琼	从主观和客观两个维度构建了三个健康状况度量指标，主观健康状况指标根据问卷中“与同龄人相比，你觉得自己健康状况怎么样？”来构建，客观健康状况指标基于主成分分析方法来构建（包括是否近期生病或受伤、慢性病患病情况、吸烟饮酒情况、家庭背景等）
过度需求还是有效需求？——城镇老人健康与医疗保险的实证分析	黄枫，甘犁（2010）	既往病史和自我评价的健康状况
城镇居民医疗保险对国民健康的影响效用及机制	胡宏伟、刘国恩（2012）	自评健康，锻炼频率、有无慢病
健康变化对劳动供给和收入影响的实证分析	张川川（2011）	居民自评健康
教育如何影响我国老年人健康水平	李翔，赵昕东	衡量健康的指标主要反映在三个方面：即躯体健康（曾患有慢性病的数量）、日常行为能力和心理健康（抑郁量表）
房价与城镇居民健康	刘利利，刘宏	主观自评健康、过去两周患病率、慢性疾病、体质指数和超重五个衡量变量
新农合大病保险改善了农村居民的健康吗？	赵为民（2020）	个人健康自评状况、家庭人均医疗支出/年、个人住院支出/年、个人门诊支出/年

续表

文章题目	作者	健康变量
我国农村居民健康人力资本对其非农就业收入影响的实证研究	邓力源，唐代盛，余驰晨（2018）	三个健康变量作为健康人力资本的衡量指标，分别是自我健康评价、人体测量指标 BMI（身体质量指数）、近期的身体状况

为保证研究的一致性，沿用前一章对健康人力资本的分类和定义方法，依然从长期和短期两个维度来反映健康人力资本变量。长期健康人力资本定义为“过去的六个月内，是否患有慢性病”，反映个体的长期健康状况；短期健康人力资本定义为“过去的两周内，是否身体不适”和“疾病严重程度”，反映个体的短期健康情况。

表 6－2　城居保与健康人力资本变量的定义及说明

变量名称	CFPS 调查问卷中对应题目	2010 年题号	2014 年题号	定义
城居保	您有城镇居民医疗保险吗？	J3	Qp605	有＝1，无＝0
健康人力资本变量：				
长期健康人力资本	过去的六个月内，是否患有慢性病？	P5	Qp401	是＝1，否＝0
短期健康人力资本	过去的两周内，是否身体不适？	P4	Qp301	是＝1，否＝0
	疾病严重程度	P402	Qp303	不严重＝1，一般＝2，严重＝3

不同于新农合以家庭为单位参保的规定，城居保的参保人员需要符合一定的条件才能参保，并且在城镇家庭中，同一个家庭的成员可能会参加不同种类的基本医疗保险，如家庭中职业为公务员，事业单位、企业的工作成员一般参加城职保，未就业的成员可能参加城居保。因此，将本章的样本和核心变量“是否参加城居保”的判断标准界定为正在上学的、不在上学且没有公费医疗和城镇职工医疗保险的符合参保条件的样本，删除不符合参保条件的样本即可得到所有符合本书要求的个体样本。样本中两年均回答没有参加城居保的人归为对照组，2010 年没有参加城居保，但在 2014 年随访中参加了城居保的人归为实验组；经过对数据进行整理、筛选，共得到对照组样本 497 份，实验组样本 656 份。

为了得到政策实施的净效果，需要控制其他可能与政策实施效果有关的因素，既包括影响城镇居民参加保险的因素，也包括影响健康人力资本的其他因素，根据已有研究，从家庭经济、健康、社会保险、人口统计特征等多方面选取控制变量。包括年龄、年龄平方、性别、受教育程度、民族、婚姻状况、家庭人均纯收入对数、家庭规模、是否有其他医疗保险、是否经常锻炼以及居住地区虚拟变量[①]。相关变量的名称，在调查表中的题目及题号、定义如表6－2所示，控制变量的定义如表6－3所示。

表6－3列出的是城居保变量和本小节所使用的全部变量的定义和描述性统计。从中可以看出，符合城居保参保条件的样本中有57%的受访者参加了城居保；样本个体中有15%的人被医生诊断患有慢性病；27%的样本个体在过去两周身体不适。样本个体的平均年龄为41.36岁，最小的16岁，最大的95岁；男女比例约各占50%；户主为汉族的家庭比例非常高；受教育程度中，高中及以上学历的占比最大，初中学历次之；样本家庭在东部和东北地区分布较多；家庭规模平均接近4人；过去一周锻炼三次及以上的人占39%；有15%的受访者有其他医疗保险。

表6－3　城居保与健康人力资本的变量定义及描述性分析

变量名称	变量定义	平均值	标准差	最小值	最大值
是否参加城居保	是＝1，否＝0	0.57	0.50	0	1
长期健康人力资本	患有医生诊断的慢性病＝1，否＝0	0.15	0.36	0	1
短期健康人力资本					
过去的两周是否身体不适	是＝1，否＝0	0.27	0.44	0	1
疾病严重程度	不严重＝1，一般＝2，严重＝3	0.43	1.19	1	3
其他控制变量					
年龄	单位：周岁	41.36	16.81	16	95
年龄平方	年龄的平方	1992.96	1528.58	256	9025
性别	男性＝1，女性＝0	0.42	0.49	0	1

① 按照国家统计局的分类，将样本家庭所在省、自治区、直辖市分为以下四类：东部地区，包括北京、天津、河北、上海、江苏、浙江、福建、山东、广东；中部地区，包括山西、安徽、江西、河南、湖北和湖南；西部地区，包括广西、重庆、四川、贵州、云南、陕西、甘肃；东北地区，包括辽宁、吉林和黑龙江。

续表

变量名称	变量定义	平均值	标准差	最小值	最大值
受教育程度：					
文盲或小学未毕业	没读过书或小学未毕业 =1，其他 =0	0.12	0.33	0	1
小学毕业	小学毕业 =1，其他 =0	0.12	0.33	0	1
初中毕业	初中毕业 =1，其他 =0	0.36	0.48	0	1
高中毕业及以上	高中毕业及以上 =1，其他 =0	0.40	0.49	0	1
民族	汉族 =1，其他 =0	0.96	0.20	0	1
婚姻状况	在婚、同居 =1，未婚、丧偶、离婚 =0	0.79	0.411	0	1
家庭规模	家庭人口数量	3.57	1.54	1	14
家庭人均纯收入对数[a]	ln（家庭纯收入/家庭人口数量）	9.10	1.03	0.92	12.21
是否经常锻炼	是 =1，否 =0	0.39	0.49	0	1
是否参加其他医疗保险	是 =1，否 =0	0.15	0.12	0	1
居住地区虚拟变量：					
东部地区	东部 =1，西部、中部或东北 =0	0.34	0.47	0	1
中部地区	中部 =1，东部、西部或东北 =0	0.19	0.39	0	1
西部地区	西部 =1，东部、中部或东北 =0	0.10	0.30	0	1
东北地区	东北 =1，东部、西部或中部 =0	0.37	0.48	0	1

注：a 为家庭人均收入变量有 83 个观察值缺失。

表 6-4 是 2010 年和 2014 年成人参加城居保的情况。在成人数据库中，2010 年共有 5059 个样本符合城居保参保条件，其中仅有 2469 人参加城居保，2590 人没有参加城居保；2014 年共有 4125 个样本符合城居保参保条件，其中 2963 人参加城居保，1162 人没有参加城居保。参保比例从 2010 年的 48.80% 上升至 2014 年的 71.83%。总体来看，这四年参加城居保的成人数大幅增加，未参保数相应减少。

表 6-4 城居保样本的参保情况描述性统计

年份	参保人数（人）	未参保人数（人）	符合参保条件人数（人）	参保人数比例（%）
2010	2469	2590	5059	48.80
2014	2963	1162	4125	71.83

从表6－5的统计结果可以看出，城居保并没有改变实验组和对照组健康人力资本变量差异的显著性，只在一定程度上改变了差异的大小。对于t检验显著的“是否患有慢性病”和“过去两周是否患病”两个指标，2014年和2010年对照组的变动非常小，但2014年实验组这两个指标明显上升，即参加城居保提高了实验组患病的概率。这可能是因为城居保提高了城镇居民看病就医的概率。当然，这仅仅是统计检验，有待于控制其他随时间变化的影响个体疾病发生的可观测因素以及实验组和对照组之间其他异质性差异来进行计量分析。

表6－5　城居保样本健康人力资本的描述性统计

	2010年			2014年		
	实验组	对照组	t检验	实验组	对照组	t检验
过去六个月内，是否患有慢性病	0.1601 (0.0143)	0.0891 (0.0107)	－3.7146***	0.1896 (0.0153)	0.0990 (0.0112)	－4.8132***
过去的两周内，是否身体不适	0.2523 (0.0170)	0.2207 (0.0156)	－1.3738*	0.3028 (0.0180)	0.2207 (0.0156)	－3.4622***
疾病严重程度	0.3091 (0.0361)	0.3077 (0.0371)	－0.0270	0.2437 (0.0307)	0.2372 (0.0342)	－0.1409

注：*、**和***分别表示变量在10%、5%和1%的显著性水平下显著；括号内的数据为标准差。下同。

（二）城居保对参保者健康人力资本影响的实证分析结果

本章使用三种方法对样本进行匹配，研究结果发现核匹配的匹配效果最好，故使用核匹配方法对2010年基期样本的倾向得分进行匹配，表6－6是协变量的匹配质量检验结果，从中可以看出，所有变量匹配后偏差均小于5%且p值均大于10%，表明城居保家庭和非城居保家庭在匹配后已不存在显著的差异。对没有

表6－6　城居保实验组与控制组匹配变量的平衡检验结果

变量	样本	处理组均值	控制组均值	偏差%	偏差降低比率%	t值	p值
年龄	匹配前	43.49	34.326	57.1		9.39	0.000
	匹配后	43.441	43.265	1.1	98.1	0.18	0.855

续表

变量	样本	处理组均值	控制组均值	偏差%	偏差降低比率%	t 值	p 值
性别	匹配前	0.369	0.475	-21.7		-3.59	0.000
	匹配后	0.369	0.373	-0.8	96.4	-0.14	0.888
文盲或小学未毕业	匹配前	0.152	0.064	28.7		4.63	0.000
	匹配后	0.151	0.140	3.4	88.0	0.53	0.598
小学毕业	匹配前	0.133	0.118	4.6		0.76	0.449
	匹配后	0.133	0.140	-1.9	57.8	-0.33	0.741
初中毕业	匹配前	0.359	0.417	-12.0		-1.98	0.048
	匹配后	0.360	0.365	-1.1	91.2	-0.19	0.851
高中水平以上	匹配前	0.356	0.401	-9.3		-1.54	0.125
	匹配后	0.356	0.3555	0.2	97.7	0.04	0.970
婚姻状况	匹配前	0.907	0.936	-10.8		-1.76	0.079
	匹配后	0.907	0.905	0.6	94.8	0.09	0.927
家庭规模	匹配前	3.510	3.723	-13.9		-2.30	0.022
	匹配后	3.512	3.540	-1.8	87.1	-0.32	0.746
家庭人均纯收入对数	匹配前	8.862	8.86	0.2		0.03	0.976
	匹配后	8.875	8.842	3.3	-1650.9	0.57	0.571
是否经常锻炼	匹配前	0.381	0.326	11.5		1.89	0.058
	匹配后	0.380	0.378	0.4	96.3	0.07	0.941
东部	匹配前	0.370	0.267	22.4		3.67	0.000
	匹配后	0.369	0.359	2.2	90.0	-0.04	0.703
中部	匹配前	0.186	0.295	-4.7		-0.78	0.437
	匹配后	0.186	0.187	-0.2	94.9	-0.04	0.966
西部	匹配前	0.107	0.088	6.2		1.02	0.307
	匹配后	0.108	0.115	-2.5	59.4	-0.42	0.673
东北	匹配前	0.335	0.438	-21.3		-3.52	0.000
	匹配后	0.335	0.338	-0.5	97.6	-0.09	0.928

匹配成功的样本在执行 DID 中会被删掉，匹配成功的样本中对照组有 484 组、实验组有 623 组。

对匹配成功的样本进行 DID 回归，检验参加城居保对参保人健康人力资本的影响，估计模型为：

$$Y_{it} = \beta_0 + \beta_1 T_i + \beta_2 D_i + \beta_3 T_i \times D_i + \beta_4 X_{it} + \varepsilon_{it} \quad (6-1)$$

式中，Y_{it}是指第 i 个个体在参加城居保前后两期的健康人力资本变量；X_{it}表示影响健康人力资本的其他控制变量，包括年龄、性别、受教育程度、婚姻状况、家庭规模、家庭人均纯收入对数、居住地区虚拟变量、是否参加其他医疗保险，交叉项的系数即为城居保对健康人力资本的净影响。对于匹配后的样本进一步运用 DID 方法的实证结果如表 6-7 所示。同前一章相似，表 6-7 中的 Panel A 和 Panel B 的被解释变量为 0、1 变量，采用二元 Probit 模型进行估计，Panel C 的被解释因变量为连续变量，采用广义最小二乘法进行估计（下同）。

表 6-7 的估计结果显示，城居保对所有长期健康人力资本和短期健康人力资本变量的影响均为正，但统计上均不显著，说明城居保对参保城镇居民的长期和短期健康人力资本均无影响。这可能是由于 2014 年时城居保仍处于起步阶段，保障水平较低，尚未能充分发挥促进健康的作用。

表 6-7　城居保对参保人健康人力资本影响的 DID-PSM 估计结果

	回归系数	标准误	Z 值	P > |z|
Panel A：长期健康人力资本：过去的六个月内，是否患有慢性病				
平均处理效应	0.0521	0.1649	0.32	0.752
样本数	2180			
Wald chi2（18）	79.99			
显著性水平	0.0000			
Panel B：短期健康人力资本：过去的两周内，是否身体不适				
平均处理效应	0.1093	0.1322	0.83	0.409
样本数	2180			
Wald chi2（18）	57224.61			
显著性水平	0.0000			
Panel C：短期健康人力资本：疾病严重程度				
平均处理效应	0.0795	0.0950	0.84	0.403
样本数	2120			
Wald chi2（18）	460.03			
显著性水平	0.0000			

二、健康人力资本对劳动力市场绩效影响的实证分析

（一）变量定义与描述性统计

本节继续沿用前一章的定义，将劳动力市场绩效变量界定为劳动参与或类型、劳动时间和劳动收入。在实证分析时，对劳动收入、劳动时间进行对数化处理。相关变量的名称、在 CFPS 调查表中的题目及题号、定义如表 6-8 所示。

表 6-8　劳动力市场绩效变量定义及说明

变量名称	CFPS 调查表中对应题目	2010 年的题号	2014 年的题号	定义
劳动参与或类型	你现在有工作吗？	Qg3	Employ2014	
劳动时间[a]	有几个月从事这种工作？平均每月工作几天？平均每天工作几小时？	Qg401、Qg402、Qg403	Qg6 ×52	工作月数 × 每月工作天数 × 每天工作小时数
劳动收入	去年的年终奖	Qk103	p_ wage	工资性收入合计
	单位发放的实物折合现金	Qk104		
	一般每月工资有多少钱？	Qk101		
	每个月的奖金和福利	Qk102		

注：劳动时间和劳动收入是指受访者主要工作的劳动收入和劳动时间。

本章选取的控制变量包括年龄、年龄平方、性别、受教育程度、民族、婚姻状况、家庭人均纯收入（对数）、家庭规模、是否参加商业医疗保险、是否经常锻炼以及地区虚拟变量。控制变量的定义如表 6-9 所示。从表中可以看出，城镇居民每年的劳动时间平均为 929.42 小时、劳动收入平均为 4761.50 元。

表 6-9　劳动力市场绩效变量定义及描述统计

变量名称	变量定义	均值	标准差	最小值	最大值
劳动力市场绩效指标					
劳动参与	未参与劳动 =0，参与劳动 =1	0.38	0.49	0	1
劳动时间	单位：小时	929.42	1409.33	0	8736

续表

变量名称	变量定义	均值	标准差	最小值	最大值
劳动收入	单位：元	4761.50	15911.6	-32	408400
其他控制变量					
年龄	单位：周岁	41.36	16.81	16	95
年龄平方	年龄的平方	1992.96	1528.58	256	9025
性别	男性=1，女性=0	0.42	0.49	0	1
受教育程度：					
文盲或小学未毕业	没读过书或小学未毕业=1，其他=0	0.12	0.33	0	1
小学毕业	小学毕业=1，其他=0	0.12	0.33	0	1
初中毕业	初中毕业=1，其他=0	0.36	0.48	0	1
高中毕业及以上	高中毕业及以上=1，其他=0	0.40	0.49	0	1
民族	汉族=1，其他=0	0.96	0.20	0	1
婚姻状况	在婚、同居=1，未婚、丧偶、离婚=0	0.79	0.41	0	1
家庭规模	家庭人口数量，单位：人	3.57	1.54	1	14
家庭人均纯收入（对数）	Ln（家庭纯收入/家庭人口数量）	9.09	1.03	0.92	12.21
是否经常锻炼	是=1，否=0	0.39	0.49	0	1
是否参加商业医疗保险	是=1，否=0	0.02	0.12	0	1
地区虚拟变量：					
东部地区	东部=1，西部、中部或东北=0	0.34	0.47	0	1
中部地区	中部=1，东部、西部或东北=0	0.19	0.39	0	1
西部地区	西部=1，东部、中部或东北=0	0.10	0.30	0	1
东北地区	东北=1，东部、西部或中部=0	0.37	0.48	0	1

（二）健康人力资本对劳动力市场绩效的影响

1. 健康人力资本对劳动参与的影响

进一步分析城镇参保居民健康人力资本对劳动参与的影响。表6-10汇报了健康人力资本对劳动参与影响的多元回归模型结果。显示“过去的六个月内，是否患有慢性病”及“过去的两周内，是否身体不适”的参保者劳动参与的概率更高，所患疾病严重的个体比所患疾病轻微的个体劳动参与的概率更低。慢性病属于需要长期治疗的疾病，患者需要长期的医疗支出，大部分慢性病并不会使其完全丧失劳动力，患有慢性病的城镇居民更倾向于拥有一份工作，而个体短期是否患病与劳动参与之间可能并无直接的因果关系，只有当所患疾病严重时才会降低劳动参与。

表6-10 健康人力资本对劳动参与影响的多元回归结果

<table>
<tr><th></th><th>系数</th><th>R^2</th><th>样本量</th></tr>
<tr><td>Panel A：长期健康人力资本：过去的六个月内，是否患有慢性病</td><td>0.9949（0.1943）</td><td>0.5664</td><td>2223</td></tr>
<tr><td>Panel B：短期健康人力资本：过去的两周内，是否身体不适</td><td>-0.0370（0.0298）</td><td>0.5664</td><td>2223</td></tr>
<tr><td>Panel C：短期健康人力资本：疾病严重程度</td><td>-0.1263***（0.0477）</td><td>0.1806</td><td>2161</td></tr>
<tr><td>Panel D：长期健康人力资本：过去的六个月内，是否患有慢性病</td><td>0.4065**（0.1628）</td><td rowspan="3">0.1857</td><td rowspan="3">2161</td></tr>
<tr><td>短期健康人力资本：过去的两周内，是否身体不适</td><td>0.3337**（0.1488）</td></tr>
<tr><td>短期健康人力资本：疾病严重程度</td><td>-0.2316***（0.0592）</td></tr>
</table>

注：**和***分别表示变量在5%和1%的水平上显著。

2. 健康人力资本对劳动时间和劳动收入的影响

表6-11为健康人力资本对城镇参保居民劳动时间和劳动收入的影响的回归结果。研究结果显示，参保者“过去的六个月内，是否患有慢性病”显著减少其劳动时间，而“过去的六个月内，是否患有慢性病”，“过去的两周内，是否身体不适”及“疾病严重程度”对劳动收入均无明显影响。

表 6-11　健康人力资本对劳动时间和劳动收入的影响的回归结果

	劳动时间	劳动收入
Panel A：长期健康人力资本：过去的六个月内，是否患有慢性病	-0.4767** (0.2091)	-0.4316 (0.4240)
Panel B：短期健康人力资本：过去的两周内，是否身体不适	0.1776 (0.1278)	0.4152 (0.0677)
Panel C：短期健康人力资本：疾病严重程度	0.0095 (0.0476)	0.1136 (0.1136)
Panel D：长期健康人力资本：过去的六个月内，是否患有慢性病	-0.5453** (0.2132)	-0.5926 (0.4433)
短期健康人力资本：过去的两周内，是否身体不适	0.3634** (0.1715)	0.4306 (0.3903)
短期健康人力资本：疾病严重程度	-0.0496 (0.0632)	0.0408 (0.1435)

注：**表示变量在5%的水平上显著。

三、本章小结

本章使用 CFPS 2010 年和 2014 年微观家庭和个人数据，参考上一章健康人力资本的分类和定义方法，依旧将健康人力资本变量分成长期和短期两个角度来考虑，实证分析了城居保对健康人力资本的影响以及健康人力资本对劳动力市场绩效的影响。研究发现，参加城镇居民基本医疗保险并不能改变参保者的健康人力资本，但是否患有疾病不会减少劳动参与，只有当疾病较为严重时，参保者会减少劳动参与；也只有参保者患有慢性病时，才会减少劳动时间。

第七章 城镇职工基本医疗保险、健康人力资本与劳动力市场绩效

第五章和第六章分别分析了新农合和城居保对城乡居民健康人力资本和劳动力市场绩效的影响，本章继续分析城镇职工基本医疗保险对参保职工健康人力资本与劳动力市场绩效的影响。由于城职保实施时间较早，且是强制性参与，很难得到对照数据进行比较，因此本章主要以描述性分析为主。

一、数据来源、变量定义与描述性统计

城镇职工基本医疗保险于 1998 年正式在全国实施，因此，本章使用 CHNS 数据中 1998 年之后（2000 年、2004 年、2006 年、2009 年、2011 年）五轮调查数据进行统计分析。若样本为城镇有工作居民，且该居民工作所在行业符合城职保参保标准①，那么该样本符合参加城职保参保条件。借鉴 Zucchelli 等（2010）、Cai 等（2014）对健康人力资本的分类方法，与第五章一致，本章同样从长期和短期两个维度来定义健康人力资本变量。长期健康人力资本定义为“是否患有五种疾病中的一种或多种”，以反映个体的长期健康状况；短期健康人力资本定义为“过去四周是否生病或受伤”和“疾病严重程度”，以反映个体的短期健康冲击。此外，本章以城镇居民劳动时间及城镇居民劳动收入来衡量城镇居民的劳动力市场绩效。由于数据库样本有限，所以只进行城职保参保情况与健康人力资本的交叉统计分析及健康人力资本与劳动力市场绩效的交叉统计来进行描述性

① 根据国务院关于建立城镇职工基本医疗保险制度的决定，城镇所有用人单位，包括企业（国有企业、集体企业、外商投资企业、私营企业等）、机关、事业单位、社会团体、民办非企业单位及其职工，都要参加基本医疗保险。本书符合参保条件的行业有政府机关、国有事业单位和研究所、国有企业、私营个体企业及三资企业。

分析。

表7-1汇报了相关变量的定义和描述性统计结果。如表所示，样本中城镇职工参加城职保的比例从2000年的25.4%、2004年的36.6%上升到2006年的74.7%、2009年的77.7%，2011年参保比例达到87.9%。2000年有5.1%的城镇职工患有五种疾病中的一种或多种，6.3%的城镇职工过去四周生病，3.1%的城镇职工过去四周患有严重疾病；2004年这三个指标分别为9.5%、13.8%和7%；2006年分别为8.9%、13.3%和6.6%；2009年分别为10.2%、14.7%和7.4%；2011年分别为11.3%、16.8%和8.4%。从劳动力市场绩效来看，2000年城镇职工每年劳动时间平均为1947.91小时，每月工资收入平均为701.56元；2004年这两个指标分别为2049.17小时和1005.38元；2006年分别为2034.42小时和1272.58元；2009年分别为2033.08小时和2049.30元；2011年分别为2002.25小时和2616.12元。

表7-1 变量定义及描述统计

变量名称	变量定义或单位	2000年	2004年	2006年	2009年	2011年
医疗保险						
是否参加城职保	是=1，否=0	0.254 (0.436)	0.366 (0.482)	0.747 (0.435)	0.777 (0.417)	0.879 (0.326)
健康人力资本						
长期健康人力资本：						
是否患有五种疾病中的一种或多种	医生诊断过患有高血压、糖尿病、心肌梗塞、中风和骨折中的一种或多种：是=1，否=0	0.051 (0.220)	0.095 (0.293)	0.089 (0.285)	0.102 (0.302)	0.113 (0.316)
短期健康人力资本：						
过去四周是否生病或受伤	是=1，否=0	0.063 (0.244)	0.138 (0.345)	0.133 (0.340)	0.147 (0.355)	0.168 (0.374)
疾病严重程度	严重=1，其他=0	0.031 (0.173)	0.070 (0.256)	0.066 (0.248)	0.074 (0.262)	0.084 (0.278)

续表

变量名称	变量定义或单位	2000 年	2004 年	2006 年	2009 年	2011 年
劳动力市场绩效指标						
劳动时间	单位：小时/年	1947.91 (590.905)	2049.17 (746.154)	2034.42 (701.950)	2033.08 (697.719)	2002.25 (657.610)
劳动收入	每月平均工资收入。单位：元/月	701.56 (593.486)	1005.38 (953.459)	1272.58 (1667.843)	2049.30 (4332.281)	2616.12 (3041.456)

二、城职保参保情况与健康人力资本的交叉统计分析

（一）城职保参保与慢性病患病情况的交叉统计分析

表7－2是城职保参保情况与参保者慢性病患病基本情况统计。总体来说，2000～2011年，不管是否参加城职保，职工患有慢性病的比例都在上升，参加城职保的职工患有慢性病的比例高于未参加城职保的职工，但t检验结果显示无统计上的明显差异。如表所示，在2000年539名未参加城职保的职工中，有517人未患病，占比95.92%，仅有22人患病，占比4.08%；在参加城职保的职工中，有172人没有患病，占比93.48%，有12人患病，占比6.52%。在2004年未参加城职保的居民中，未患病的比例下降到92.15%，患病的比例为7.85%；参加城职保的居民中，未患病的比例下降到90.22%，患病的占比为9.78%。到2011年，未参加城职保的居民中，未患病的占比下降到84.50%，患病的占比上升到15.50%；参加城职保的居民中，未患病的占比下降到83.80%，患病的占比上升到16.20%。

（二）城职保参保情况与过去四周生病或受伤及严重程度的交叉统计分析

表7－3是城职保参保情况与过去四周生病或受伤情况的统计。在2000年未参加城职保的居民中，有442人没有生病或受伤，占比91.51%，有41人生病或受伤，占比8.49%；参加城职保的居民中，有145人没有患病，占比91.77%，有

表 7－2　城职保参保情况与参保者慢性病患病情况统计

	2000 年			2004 年			2006 年			2009 年			2011 年		
	是否患有五种疾病中的一种或多种		合计	是否患有五种疾病中的一种或多种		合计	是否患有五种疾病中的一种或多种		合计	是否患有五种疾病中的一种或多种		合计	是否患有五种疾病中的一种或多种		合计
	否	是		否	是		否	是		否	是		否	是	
未参加城职保（人）	517	22	539	505	43	548	62	8	70	102	23	125	169	31	200
占比重（%）	95.92	4.08		92.15	7.85		88.57	11.43		81.60	18.40		84.50	15.50	
参加城职保（人）	172	12	184	286	31	317	182	25	207	370	66	436	1221	236	1457
占比重（%）	93.48	6.52		90.22	9.78		87.92	12.08		84.86	15.14		83.80	16.20	
T 检验	－1.2181			－0.9523			－0.1446			0.8402			－0.2547		
合计	689	34	723	791	74	865	244	33	277	472	89	561	1390	267	1657

表 7－3　城职保参保情况与参保者过去四周生病或受伤情况统计

	2000 年			2004 年			2006 年			2009 年			2011 年		
	过去四周是否生病或受伤		合计	过去四周是否生病或受伤		合计	过去四周是否生病或受伤		合计	过去四周是否生病或受伤		合计	过去四周是否生病或受伤		合计
	否	是		否	是		否	是		否	是		否	是	
未参加城职保（人）	442	41	483	408	55	463	59	11	70	105	20	125	162	38	200
占比重（%）	91.51	8.49		88.12	11.88		84.29	15.71		84.00	16.00		81.00	19.00	
参加城职保（人）	145	13	158	222	52	274	172	34	206	364	72	436	1151	306	1457
占比重（%）	91.77	8.23		81.02	18.98		83.50	16.50		83.49	16.51		79.00	21.00	
T 检验	0.1023			−2.5619**			−0.1547			−0.1371			−0.6725		
合计	587	54	641	630	107	737	231	45	276	469	92	561	1313	344	1657

注：** 表示 5% 的显著水平。

13 人生病或受伤，占比 8.23%。2000 年未参加城职保的职工生病或受伤概率高于参加城职保的职工，但差异并不明显。从 2004 年起，与表 7－2 规律类似，随着时间的推移，城镇职工生病或受伤的比例呈上升趋势；并且参加城职保的职工生病或受伤的比例总体高于未参加城职保的职工，这一差距的 t 检验结果显著。2006 年和 2009 年，参加城职保的职工生病或受伤的比例稍有下降，分别为 16.5% 和 16.51%，但到 2011 年，这一比例又上升到 21%。

三、健康人力资本与劳动力市场绩效的交叉分析

（一）长期健康人力资本与劳动力市场绩效的交叉分析

表 7－4 是参保职工患有慢性病情况与其劳动时间和劳动收入的统计分析。如表所示，职工患慢性病情况及其劳动时间和劳动收入无明显的规律，2000 年、2006 年、2009 年和 2011 年患有慢性病的参保职工劳动时间相对未患慢性病的职工劳动时间低，2000 年和 2011 年患有慢性病的职工劳动收入比未患慢性病的职工劳动收入低；2004 年患有慢性病的职工劳动时间相对未患慢性病的职工劳动时间高，2004 年、2006 年和 2009 年患有慢性病的职工劳动收入比未患慢性病的职工劳动收入更高。例如，在参加城职保的职工中，2000 年未患慢性病居民的平均劳动时间为 1951 小时/年，劳动收入为 685.3 元/月；患慢性病居民的平均劳动时间为 1729 小时/年，劳动收入为 586.7 元/月。这说明患慢性病的参保者比未患慢性病的职工参保者的劳动时间更少、劳动收入更低。2004 年未患慢性病居民的平均劳动时间为 2038 小时/年，劳动收入为 1036 元/月；患慢性病居民的平均劳动时间为 2082 小时/年，劳动收入为 1445 元/月。2006 年未患慢性病居民的平均劳动时间为 1942 小时/年，劳动收入为 1356 元/月；患慢性病居民的平均劳动时间为 1705 小时/年，劳动收入为 1529 元/月。

表 7-4 职工患有慢性病情况与劳动力市场绩效的统计

		2000 年		2004 年		2006 年		2009 年		2011 年	
		劳动时间（小时/年）	劳动收入（元/月）	劳动时间（小时/年）	劳动收入（元/月）	劳动时间（小时/年）	劳动收入（元/月）	劳动时间（小时/年）	劳动收入（元/月）	劳动时间（小时/年）	劳动收入（元/月）
是否患有五种疾病的一种或多种	否	1951	685.3	2038	1036	1942	1356	2003	1943	1988	3064
	是	1729	586.7	2082	1445	1705	1529	1982	1973	1975	2829
F 检验（方差分析）		3.27***	0.99	1.48*	2.63***	1.47*	1.07	0.72	1.13	1.19	0.97

注：*** 分别表示 1% 的显著水平。

（二）短期健康人力资本与劳动力市场绩效的交叉分析

表 7-5 是参保职工过去四周生病或受伤情况及劳动时间和劳动收入情况，统计结果与表 7-4 类似，二者之间无明显联系。2004 年和 2011 年过去四周生病或受伤的城镇参保职工的劳动时间低于未生病或受伤职工，2000 年、2006 年和 2009 年生病或受伤的参保职工的劳动时间反而比未生病或受伤的城镇职工劳动

表 7-5 参保职工过去四周生病或受伤情况与劳动力市场绩效的统计

		2000 年		2004 年		2006 年		2009 年		2011 年	
		劳动时间（小时/年）	劳动收入（元/月）	劳动时间（小时/年）	劳动收入（元/月）	劳动时间（小时/年）	劳动收入（元/月）	劳动时间（小时/年）	劳动收入（元/月）	劳动时间（小时/年）	劳动收入（元/月）
过去四周是否生病或受伤	否	1884	720.2	2072	1067	1890	1343	1988	1961	1992	2977
	是	2107	565	2018	1193	2044	1546	2055	1881	1964	3210
F 检验（方差分析）		1.59*	1.17	0.99	0.82	1.18	1.68***	0.81	0.79	1.00	1.18*

注：***、* 分别表示 1%、10% 的显著水平。

时间更高；2000 年和 2009 年过去四周生病或受伤的城镇职工的劳动收入低于未生病或受伤职工，2004 年、2006 年和 2011 年过去四周生病或受伤的城镇职工的劳动收入却高于未生病或受伤职工。例如，2000 年未生病或受伤职工的平均劳动时间为 1884 小时/年，劳动收入为 720.2 元/月；生病或受伤居民的平均劳动时间为 2107 小时/年，劳动收入为 565 元/月。这说明相比未生病或受伤居民，生病或受伤居民的劳动收入降低。

表 7－6 是城镇参保职工疾病严重程度及劳动时间和劳动收入的统计结果，显示二者之间也无明显的规律。2004 年和 2011 年疾病严重的城镇职工劳动时间比疾病不严重的职工劳动时间短，2000 年、2006 年和 2009 年疾病严重的城镇职工劳动时间反而比疾病不严重的城镇职工劳动时间更长；在劳动收入方面，除 2009 年疾病严重的城镇职工劳动收入比疾病不严重的城镇职工劳动收入低，2000 年、2004 年、2006 年和 2011 年疾病严重的城镇职工的劳动收入均比疾病不严重的城镇职工劳动收入更高。

表 7－6　职工生病严重程度与劳动力市场绩效的统计

		2000 年		2004 年		2006 年		2009 年		2011 年	
		劳动时间（小时/年）	劳动收入（元/月）	劳动时间（小时/年）	劳动收入（元/月）	劳动时间（小时/年）	劳动收入（元/月）	劳动时间（小时/年）	劳动收入（元/月）	劳动时间（小时/年）	劳动收入（元/月）
疾病严重程度	不严重	1891	706.8	2074	1085	1899	1313	1993	1954	1992	2984
	严重	2184	716.7	1906	1155	2130	2205	2082	1874	1936	3380
F 检验（方差分析）		0.65	1.05	1.43*	1.36*	0.73	1.49**	0.65	0.77	0.68	1.17*

注：**、* 分别表示 5%、10% 的显著水平。

四、本章小结

本章分析了 2000～2011 年城镇职工医疗保险对城镇职工健康人力资本的影

响以及城镇职工健康人力资本对劳动力市场绩效的影响。受限于数据的可获性，本章主要为描述性统计分析。结果表明，无论是否参加城职保，职工患有慢性病的比例、过去四周生病或受伤的比例以及疾病严重程度整体都呈上升趋势，但参加城职保职工这三个指标整体上高于未参加城职保的城镇职工，说明参加城职保职工的健康人力资本低于未参保职工。而健康人力资本与劳动时间、劳动收入之间的关系不够清晰，不存在明显规律。因此，由于数据的可获性不足，研究缺乏有效的、清晰的实验组和对照组的比较，城镇职工医疗保险、健康人力资本与劳动力市场绩效之间的关系还有待进一步论证。

第八章　结论与展望

一、结论与政策建议

伴随粗放型经济增长模式的不可持续以及人口红利对经济增长的作用逐渐消失，我国经济发展步入新常态，劳动要素的合理配置面临潜在挑战，提高劳动力市场绩效成为关键政策目标。本书以医疗保险、健康人力资本及劳动力市场经济绩效为主题，从医疗保险与健康人力资本角度探究促进我国劳动力市场经济绩效提升的内在途径，促进我国多层次可持续社会保障体系建设与医疗保障水平提升，加速健康人力资本积累，最终实现劳动力市场绩效持续提升，推动经济高质量发展。

在实践中，医疗保险参保行为的逆向选择行为广泛存在，健康风险较低的人不愿意购买保险，健康风险较高的人更倾向于购买保险，保险公司想要持续运营就会提升保费，较高的保费又进一步将低风险的人群排除在参保范围以外，最后保险市场剩下更多的高风险参保人群，如此循环，医疗保险市场的赔付额快速增长，保险市场的健康发展将面临巨大的挑战。本书第四章选取中国健康和营养调查（CHNS）2000～2011 年的五轮调查数据，采用固定效应 Probit 模型和 Bivariate Probit 模型验证了我国医疗保险市场存在逆向选择行为，健康风险较高的低收入人群更倾向于参保，并且相比城市居民，农村居民参保逆向选择程度更高。由于逆向选择行为的存在，当研究自愿参保为特征的医疗保险相关实证分析时考虑参保行为自选择问题以规避模型内生性问题就很重要了。

本书证明了农村医疗保险、健康人力资本与劳动力市场绩效之间层层递进的关系，伴随新农合保险覆盖率的提高，以短期患病指标定义的健康人力资本得到提升，促进了劳动参与、增加了劳动收入，促进了劳动力市场的发展。但在对城镇居民基本医疗保险和城镇职工基本医疗保险的研究中并未证明以上规律。以上研究结论证明了新农合基本实现了改善农村居民健康人力资本的目标，也佐证了政府投入大量财政补贴以构建全覆盖的农村医疗保险体系是值得的。在当前人口结构变化、人口红利逐渐消失的背景下，本书从健康人力资本角度，为使经济增长从依靠增加人力资本数量向依靠提升人力资本质量转变、挖掘二次人口红利提供了新的思路。另外，本书也验证了在面临不同形式的健康冲击时农村居民在劳动力市场上的行为模式，发现长期健康状况下降比短期健康冲击对农村居民劳动参与的影响更大。

基于以上结论，本书从医疗保险和健康人力资本市场的角度对当前促进充分就业，提升劳动力人力资本财富，充分挖掘人口红利的潜力提出以下建议：

第一，新农合保险显著促进了农村居民的短期健康人力资本，但对长期健康人力资本的促进作用不明显，同时长期健康人力资本较短期健康人力资本对劳动参与的影响更大。因此，在当前慢性非传染性疾病成为影响人口长期健康状况的首要因素背景下，新农合保险要加大对慢性病的重视，对慢性病患者门诊费用实行按病种管理，提高慢性病报销范围和比例。除此之外，农村居民长期健康状况的改善更有赖于居民自我健康管理技能的提高、基层公共卫生设施的改善、健康教育、营养改进等其他配套政策的执行。

第二，健康人力资本的提升有利于促进农村居民进入劳动力市场参与农业劳动和非农劳动，增加了农业劳动时间和农业劳动收入，对非农就业劳动时间、非农劳动收入无明显促进作用。因此，在当前人口结构转变、人口红利消失的背景下，需要进一步确保充分的劳动力数量和较高的劳动力质量。首先，要进一步提高农村居民健康人力资本的数量和质量，就要进一步完善农村居民医疗保障体系，加大对中老年和低收入者的医疗报销比率。其次，要进一步提高农村居民非农劳动时间和劳动收入，就要提高非农就业的福利待遇，给予农村居民更多的异地非农就业的医疗补偿。研究证明，由于新农合的实施，健康状况的差异并不是影响农村居民非农就业的显著因素。但目前依旧应当继续做好农村居民外出就业医疗保险的衔接，提高外出务工参合人员异地就医与结报的便利程度，进一步解除农村居民异地非农就业的后顾之忧。

第三，尽管新农合保险经过十余年的发展取得了良好成效，在保障水平、受益程度、制度创新等方面取得了突破，但仍应继续保持对农村居民的高覆盖率，继续稳步提高补偿水平和受益水平，特别是要巩固和完善农村重大疾病保障和大病保险工作，并结合当前人口疾病模式的变化和特征，进一步扩大重大疾病保障与大病保险的保障范围和受益水平。此外，新农合的实施明显提高了青年人和高收入人群的短期健康人力资本，这些人群短期健康人力资本的提升又进一步促进了劳动参与，增加劳动时间和劳动收入，进而提高他们的劳动力市场绩效。然而，新农合对于中老年和低收入群体的健康人力资本以及劳动力市场绩效的影响并不显著，这与制度设计的初衷不符。因此，在完善新农合保险的过程中，保险制度设计上可以对中低收入、中老年群体有一定的倾斜，提高这部分脆弱群体的补助水准、报销比例，适当扩大医疗保险的补偿范围，以更好地提高他们的健康人力资本，提高这些人群的劳动力市场绩效，也更好地实现新农合保险制度设计的初心。

总体来说，参加城镇居民基本医疗保险并不能改变参保者的健康人力资本，患有疾病也不会减少劳动参与，只有当疾病较为严重时，参保者才会减少劳动参与；也只有参保者患有慢性病时才会减少劳动时间。因此对于城镇医疗保险来说，应更加重视保险制度本身的发展和保障体系建设。相关制度安排要落实在政策标准上，从低水平起步，根据经济发展水平和群体经济承受能力来设定更高的筹资水平和保障标准。

无论是农村居民还是城镇居民，长期健康状况的下降均比短期的健康冲击对劳动力市场绩效的影响更大。因此，想要进一步提高我国的劳动力市场绩效，必然要进一步提高新农合、城居保和城职保对农村居民和城镇居民长期健康人力资本的改善作用，给予慢性病的治疗更多的医疗补助和报销，在完善医疗保障体系的同时兼顾居民健康教育、基础医疗设施和公共卫生设施的改善，并落实更多的政策限制医疗保险市场的逆向选择问题，以全面可持续地推进我国医疗保障体系和保险市场健康发展，进一步提高我国居民健康人力资本和劳动力市场绩效。

二、研究展望

研究如何通过健全的医疗保险改革促进参保者人力资本提升，通过完善健全的医疗保险制度以优化参保者相关经济行为，以提升劳动生产率并促进经济健康持续发展，是一项长期而复杂的工作。以医疗保险为主要构成的有效社会保障体系将促进我国健康人力资本积累，促进实现经济发展动能转换，保持经济增长活力，也应是未来需要关注的重要问题。本书虽然做了一些工作，但仍有很多方面有待进一步研究。

第一，根据“将社会保障作为一种生产要素”的观点，本书重点验证了医疗保险、健康人力资本和劳动力市场绩效之间的关系，未来的研究仍需要深入系统地分析医疗保险通过改善健康和营养、促进各种类型医疗服务使用等方面的影响机制。由于数据的可获性，本书未专门针对大病医疗保险进行研究，但实际上，普通小病对劳动力供给影响有限，只有罹患大病才会导致劳动力供给发生较大变化，因此，未来研究可以对大病和大病医疗保险的劳动力市场的影响进行研究。

第二，当前，新型农村合作医疗保险和城镇居民基本医疗保险已合并为城乡居民基本医疗保险，医疗保险与生育保险也合并实施。针对这些政策变化，未来的研究也应做相应调整，可侧重构建城乡基本医疗保险的统筹发展方面，探索统筹城乡医疗保险整合模式，解决流动人口的医疗保险续接问题等。

第三，在新时代经济社会发展背景下，就业是最大的民生问题。探索如何实现高质量就业和充分就业，对于经济持续稳定发展具有重大意义。面临人口结构变化、人口红利逐渐消失的难题，就业质量关系着劳动力市场的健康发展和居民的福祉，劳动者享有的医疗保障待遇，工作时间的长短、劳动报酬的高低，都是影响就业质量、劳动生产率的重要因素。因此，从如何健全完善医疗保险和保障促进劳动者就业质量角度来研究医疗保险问题，也是今后研究的重点方向。

参考文献

［1］保罗·菲尔德斯坦．卫生保健经济学［M］．北京：经济科学出版社，1998.

［2］鲍震宇，赵元凤．农村居民医疗保险的反贫困效果研究——基于 PSM 的实证分析［J］．江西财经大学学报，2018（01）：90－105.

［3］蔡昉．拆除劳动力流动的制度障碍［J］．中国人口科学，1999（04）：3－5.

［4］蔡昉．中国的人口红利还能持续多久［J］．经济学动态，2011（06）：3－7.

［5］蔡昉．人口红利与中国经济可持续增长［J］．甘肃社会科学，2013（01）：1－4.

［6］蔡昉．挖掘增长潜力与稳定宏观经济［J］．中共中央党校学报，2014，18（04）：79－86.

［7］蔡增正．教育对经济增长贡献的计量分析——科教兴国战略的实证依据［J］．经济研究，1999（02）：3－5.

［8］曹乾，杜雯雯．健康的就业效应与收入效应：基于 Heckman 模型的检验［J］．经济问题探索，2010（01）：134－138.

［9］程令国，张晔．"新农合"：经济绩效还是健康绩效？［J］．经济研究，2012，47（01）：120－133.

［10］储雪玲．农村居民健康人力资本的收入效应与影响因素研究［D］．浙江大学，2010.

［11］代宝珍．农村老年居民慢性病管理——基于构建新农合慢性病管理体系的视角［J］．中国农业大学学报（社会科学版），2014，31（01）：121－133.

［12］邓力源，唐代盛，余驰晨．我国农村居民健康人力资本对其非农就业收入影响的实证研究［J］．人口学刊，2018，40（01）：102－112.

［13］邓力源，唐代盛，陈思．健康资本对我国中老年人劳动参与影响研究［J］．哈尔滨商业大学学报（社会科学版），2019（02）：113－128.

［14］范柏乃，来雄翔．中国教育投资对经济增长贡献率研究［J］．浙江大学学报（人文社会科学版），2005（04）：52－59.

［15］樊明．健康经济学——健康对劳动力市场表现的影响［M］．北京：中国社科文献出版社，2002.

［16］封岩，柴志宏．健康人力资本对经济增长的影响［J］．经济与管理研究，2016，37（02）：21－27，123.

［17］高梦滔．美国健康经济学研究的发展［J］．经济学动态，2002（08）：61－64.

［18］高梦滔．新型农村合作医疗与农户卫生服务利用［J］．世界经济，2010，33（10）：9－97.

［19］高梦滔，姚洋．健康风险冲击对农户收入的影响［J］．经济研究，2005（12）：15－25.

［20］高文书．健康人力资本投资、身高与工资报酬——对12城市住户调查数据的实证研究［J］．中国人口科学，2009（03）：76－85，112.

［21］关爱萍，刘可欣．农村女性人力资本对家庭收入的影响——基于甘肃省贫困村的实证分析［J］．人口与发展，2018，24（04）：37－47.

［22］国际劳工局编．社会保障导论［M］．北京：劳动人事出版社，1989.

［23］郝枫，张圆．“健康中国”视域下我国居民健康资本测度［J］．人口与经济，2019（01）：14－30.

［24］洪秋妹，常向阳．家庭养老、父母健康与成年子女劳动供给的经济分析［J］．南方人口，2010，25（03）：57－64.

［25］胡宏伟，刘国恩．城镇居民医疗保险对国民健康的影响效应与机制［J］．南方经济，2012（10）：186－199.

［26］胡学勤．劳动经济学（第二版）［M］．北京：高等教育出版社，2007.

［27］胡学勤，秦兴方．劳动经济学［M］．北京：高等教育出版社，2004.

［28］黄枫，甘犁．过度需求还是有效需求？——城镇老人健康与医疗保险的实证分析［J］．经济研究，2010，45（06）：105－119.

［29］黄枫，吴纯杰．中国医疗保险对城镇老年人死亡率的影响［J］．南开

经济研究，2009（06）：126－137.

［30］黄枫，吴纯杰．城镇不同社会医疗保险待遇人群死亡率交叉现象研究［J］．人口研究，2010，34（01）：95－105.

［31］加里·贝克尔．人力资本［M］．梁小民译．北京：北京大学出版社，1987.

［32］蒋萍，田成诗，尚红云．人口健康与中国长期经济增长关系的实证研究［J］．中国人口科学，2008（05）：44－51，95－96.

［33］李谷成，冯中朝，范丽霞．教育、健康与农民收入增长——来自转型期湖北省农村的证据［J］．中国农村经济，2006（01）：66－74.

［34］李萍，刘灿．论中国劳动力市场的体制性分割［J］．经济学家，1999（06）：3－5.

［35］李琴，雷晓燕，赵耀辉．健康对中国中老年人劳动供给的影响［J］．经济学（季刊），2014，13（03）：917－938.

［36］李翔，赵昕东．教育如何影响我国老年人健康水平？［J］．财经研究，2020，46（03）：139－153.

［37］李湘君，王中华，林振平．新型农村合作医疗对农民就医行为及健康的影响——基于不同收入层次的分析［J］．世界经济文汇，2012（03）：58－75.

［38］李钟帅，苏群．不同维度健康状况对非农就业的差异性作用［J］．农村经济与科技，2014，25（04）：160－162，189.

［39］林容日．教育经济学［M］．上海：复旦大学出版社，2008.

［40］刘国恩，William H. Dow，傅正泓，John Akin. 中国的健康人力资本与收入增长［J］．经济学（季刊），2004（04）：101－118.

［41］刘利利，刘宏．房价与城镇居民健康［J］．财经研究，2020，46（01）：79－95.

［42］刘生龙．健康对农村居民劳动力参与的影响［J］．中国农村经济，2008（08）：25－33.

［43］刘生龙，李军．健康、劳动参与及中国农村老年贫困［J］．中国农村经济，2012（01）：56－68.

［44］刘玮，孟昭群，韩笑．医疗保险对儿童健康的影响［J］．保险研究，2016（04）：77－87.

［45］刘潇，程志强，张琼．居民健康与金融投资偏好［J］．经济研究，2014，49（S1）：77－88.

［46］刘晓婷．社会医疗保险对老年人健康水平的影响——基于浙江省的实证研究［J］．社会，2014，34（02）：193－214.

［47］罗楚亮．城镇居民健康差异与医疗支出行为［J］．财经研究，2008（10）：63－75.

［48］罗凯．健康人力资本与经济增长：中国分省数据证据［J］．经济科学，2006（04）：83－93.

［49］骆永民．公共卫生支出、健康人力资本与经济增长［J］．南方经济，2011（04）：3－15.

［50］吕娜，邹薇．健康人力资本投资与居民收入——基于私人和公共部门健康支出的实证分析［J］．中国地质大学学报（社会科学版），2015，15（01）：113－119.

［51］马超，顾海，孙徐辉．医保统筹模式对城乡居民医疗服务利用和健康实质公平的影响——基于机会平等理论的分析［J］．公共管理学报，2017，14（02）：97－109，157.

［52］马歇尔．经济学原理［M］．朱志泰，陈良壁译．北京：商务印书馆，1981.

［53］聂娟，辛士波．我国高等教育质量差异化及对区域经济增长的效应分析［J］．中国软科学，2018（11）：58－65.

［54］潘杰，雷晓燕，刘国恩．医疗保险促进健康吗？——基于中国城镇居民基本医疗保险的实证分析［J］．经济研究，2013，48（04）：130－142，156.

［55］潘思思．健康人力资本对我国城乡居民收入的影响［D］．浙江大学，2007.

［56］庞丽华，Scott Rozelle，Alan de Brauw. 中国农村老人的劳动供给研究［J］．经济学（季刊），2003（02）：721－730.

［57］钱军程，高军，饶克勤，Adam Wagstaff，Magnus Lindelow. 新型农村合作医疗制度试点对农民卫生服务利用的影响研究［J］．中国卫生统计，2008（05）：450－453.

［58］秦立建，陈波，秦雪征．健康对农民工外出务工收入的影响分析［J］. 世界经济文汇，2013（06）：110－120.

［59］秦立建，秦雪征，蒋中一．健康对农民工外出务工劳动供给时间的影响［J］．中国农村经济，2012（08）：38－45.

［60］让·巴蒂斯特·萨伊．政治经济学概论［M］．赵康英等译．北京：华夏出版社，2014.

［61］田艳芳．健康状况和健康冲击对工作时间的影响［J］．人口学刊，2011（02）：90－97.

［62］王德文，蔡昉，张学辉．人口转变的储蓄效应和增长效应——论中国增长可持续性的人口因素［J］．人口研究，2004（05）：2－11.

［63］王弟海．健康人力资本能促进长期经济增长吗？［J］．浙江社会科学，2007（04）：81－86.

［64］王弟海，龚六堂，李宏毅．健康人力资本、健康投资和经济增长——以中国跨省数据为例［J］．管理世界，2008（03）：27－39.

［65］王汗青．健康对劳动力市场表现影响［D］．复旦大学，2009.

［66］王俊，昌忠泽，刘宏．中国居民卫生医疗需求行为研究［J］．经济研究，2008（07）：105－117.

［67］王新军，郑超．医疗保险对老年人医疗支出与健康的影响［J］．财经研究，2014，40（12）：65－75.

［68］王翌秋，雷晓燕．中国农村老年人的医疗消费与健康状况：新农合带来的变化［J］．南京农业大学学报（社会科学版），2011，11（02）：33－40.

［69］王引，尹志超．健康人力资本积累与农民收入增长［J］．中国农村经济，2009（12）：24－31，66.

［70］王贞，封进，宋弘．提升医保待遇对我国老年医疗服务利用的影响［J］．财贸经济，2019，40（06）：147－160.

［71］王志刚，金京淑，许晓源．营养健康水平对农民工工资收入影响的调查研究［J］．人口学刊，2009（03）：24－30.

［72］威廉·配第．政治算术［M］．陈冬野译．北京：商务印书馆，2014.

［73］魏宁，苏群．健康与农村劳动力非农就业参与——基于联立方程模型的实证研究［J］．农村经济，2013（07）：113－117.

［74］魏众．健康对非农就业及其工资决定的影响［J］．经济研究，2004（02）：64－74.

［75］吴联灿，申曙光．新型农村合作医疗制度对农民健康影响的实证研究

[J]．保险研究，2010（06）：60－68.

[76] 西奥多·舒尔茨．论人力资本投资［M］．吴珠华等译，北京：北京经济学院出版社，1990.

[77] 解垩．健康对劳动力退出的影响［J］．世界经济文汇，2011（01）：109－120.

[78] 亚当·斯密．国富论［M］．冉明志译，北京：北京理工大学出版社，2013.

[79] 雅诺什·科尔奈，翁笙和．转轨中的福利，选择和一致性：东欧国家卫生部门改革［M］．罗淑锦译，北京：中信出版社，2003.

[80] 杨建芳，龚六堂，张庆华．人力资本形成及其对经济增长的影响——一个包含教育和健康投入的内生增长模型及其检验［J］．管理世界，2006（05）：10－18，34，171.

[81] 杨志海，麦尔旦·吐尔孙，王雅鹏．健康冲击对农村中老年人农业劳动供给的影响——基于CHARLS数据的实证分析［J］．中国农村观察，2015（03）：24－37.

[82] 姚先国，张海峰．教育、人力资本与地区经济差异［J］．经济研究，2008（05）：47－57.

[83] 叶艳，顾成瑶．医保中的“道德风险”和“逆向选择”［J］．中国社会保障，2004（06）：40－41.

[84] 余长林．人力资本投资结构及其对经济增长的影响——基于扩展MRW模型的内生增长理论与实证研究［J］．南方经济，2006（12）：38－49.

[85] 俞福丽，蒋乃华．健康对农民种植业收入的影响研究——基于中国健康与营养调查数据的实证研究［J］．农业经济问题，2015，36（04）：66－71,111.

[86] 余静文，苗艳青．健康人力资本与中国区域经济增长［J］．武汉大学学报（哲学社会科学版），2019，72（05）：161－175.

[87] 于学军．中国老年人口健康研究［J］．中国人口科，1999（04）：3－5.

[88] 约翰·斯图亚特·穆勒．政治经济学原理（上）［M］．金镝，金熠译．北京：华夏出版社，2009.

[89] 张车伟．营养、健康与效率——来自中国贫困农村的证据［J］．经济

研究，2003（01）：3－12，92.

［90］张同功，张隆，赵得志，初桂民．公共教育支出、人力资本积累与经济增长：区域差异视角［J］．宏观经济研究，2020（03）：132－144，175.

［91］张川川．健康变化对劳动供给和收入影响的实证分析［J］．经济评论，2011（04）：79－88.

［92］章丹，徐志刚，陈品．新农合“病有所医”有无增进农村居民健康？对住院患者医疗服务利用、健康和收入影响的再审视［J］．社会，2019，39（02）：58－84.

［93］张芬，何艳．健康、教育与经济增长［J］．经济评论，2011（04）：5－13，53.

［94］张晖，许琳．城镇居民医疗保险制度的风险及规避［J］．卫生经济研究，2007（12）：17－19.

［95］张维迎．博弈论与信息经济学［M］．上海：上海人民出版社，1996.

［96］张艳华，李秉龙．人力资本对农民非农收入影响的实证分析［J］．中国农村观察，2006（06）：9－16，22，80.

［97］赵伟锋．健康冲击、家庭支出结构与农户收入［J］．中南财经政法大学学报，2017（03）：115－124.

［98］赵为民．新农合大病保险改善了农村居民的健康吗？［J］．财经研究，2020，46（01）：141－154.

［99］赵昕东，李翔．教育与健康人力资本对劳动生产率的影响［J］．社会科学战线，2020（05）：53－60.

［100］赵忠，侯振刚．我国城镇居民的健康需求与 Grossman 模型——来自截面数据的证据［J］．经济研究，2005（10）：79－90.

［101］郑晓瑛．疾病和失能对老年人口健康预期寿命的影响——兼论卫生资源在老年人口健康分类投资的方向［J］．中国人口科学，2001（04）：29－36.

［102］朱镜德．中国三元劳动力市场格局下的两阶段乡—城迁移理论［J］．中国人口科学，1999（01）：3－5.

［103］朱铭来，奎潮．基本医疗保险对国民健康水平影响的实证研究［C］//北京大学中国保险与社会保障研究中心．深化改革，稳中求进：保险与社会保障的视角——北大赛瑟（CCISSR）论坛文集·2012. 北京大学中国保险与社会保障研究中心，2012：224－236.

[104] Finkelsteina A, McKnightb R. What did Medicare do? The Initial Impact of Medicare on Mortality and out of Pocket Medical Spending [J] . Journal of Public Economics. 2008, 92 (7): 1644 – 1668.

[105] AndrAguayo – rico, Guerra – turrubiates I A, Montes De Oca – hernez R. Empirical Evidence of the Impact of Health on Economic Growth [J] . Issues in Political Economy. 2005.

[106] Arrow K J. Uncertainty and the Welfare Economics of Medical Care [J]. American Economic Review. 1963, 53 (5): 941 – 973.

[107] Ayanian J A. , B A, Kohler T, Abe A M. . Epstein The Relation Between Health Insurance Coverage and Clinical Outcomes Among Women With Breast Cancer [J] . New England Journal of Medicine. 1993, 329 (5): 326 – 331.

[108] Barro R J. Health and Economic Growth, Paper Presented at the "Senior Policy Seminar on Health, human Capital and Economic Growth: Theory, Evidence and Policies", Pan American Health Organization and Inter – American Development Bank, Washington, D. C, 1996.

[109] Becker G S. A Theory of the Allocation of Time [J] . The Economic Journal, 1965, 75 (299): 493 – 517.

[110] Bhargava A, D T, Jamison L J. Lau C J L. Murray Modeling the Effects of Health on Economic Growth [J] . Journal of Health Economics. 2001, 20 (3): 423 – 440.

[111] Boone J. Basic Versus Supplementary Health Insurance: Moral Hazard and Adverse Selection [J] . Journal of Public Economics. 2015 (1): 50 – 58.

[112] Bourguignon, F. , M. Fournier M, Gurgand, et al. Selection Bias Corrections Based on the Multinomial Logit Model: Monte – Carlo Comparisons [J] . Journal of Economic Surveys, 2007, 21 (1): 174 – 205.

[113] Bradley, C J, H Bednarek L, D Neumark Breast Cancer Survival, Work, and Earnings [J] . Journal of Health Economics. 2002, 21 (5): 757.

[114] Cai L. The Relationship Between Health and Labor Force Participation: Evidence from a Panel Data Simultaneous Equation Mode [J] . Labor Economics, 2010, 17 (1): 77 – 90.

[115] Cai L, Mavromaras K, Oguzoglu U, et al. The Effects of Health Status

and Health Shocks on Hours Worked [J] . Health Economics, 2014, 23 (5): 516 - 528.

[116] Card D, Dobkin C, Maestas N, et al. Does Medicare Save Lives [J]. Quarterly Journal of Economics, 2009, 124 (2): 597 - 636.

[117] Cardon J H, Hendel I. Asymmetric Information in Health Insurance: Evidence from the National Medical Expenditure Survey [J] . Rand Journal of Economics. 2001, 32 (3): 408 - 427.

[118] Chen Likwang, Yip Winnie, Chang Ming - Cheng, Lin Hui - Sheng, Lee Shyh - Dye, Chiu Ya - Ling, Lin Yu - Hsuan. The Effects of Taiwan's National Health Insurance on Access and Health Status of the Elderly [J] . Health economics, 2007, 16 (3): 223 - 242.

[119] Chen Y A, Jin G Z b. Does Health Insurance Coverage Lead to Better Health and Educational Outcomes? Evidence from Rural China [J] . Journal of Health Economics. 2012, 31 (1): 1 - 14.

[120] Chiappori P, Salanie B. Testing for Asymmetric Information in Insurance Markets [J] . Journal of Political Economy, 2000, 108 (1): 56 - 78.

[121] Cropper M L. Health, Investment in Health, and Occupational Choice [J] . Journal of Political Economy. 1977, 85 (6): 1273 - 1294.

[122] Cutler D M, Vigdor E R. The Impact of Health Insurance on Health: Evidence from People Experiencing Health Shocks [R] . NBER Working Paper 16417, 2005.

[123] Culter D. Public Policy for Health Care [R] . NBER Working Paper 5591, 1996.

[124] Cutler D M, Zeckhauser R J. Adverse Selection in Health Insurance [J]. Forum for Health Economics & Policy, 1998, 1 (1): 1 - 32.

[125] Card, D Dobkin C, Maestas N. The Impact of Nearly Universal Insurance Coverage on Health Care Utilization: Evidence from Medicare [J]. The American Economic Review. 2008, 98 (5): 2242 - 2258.

[126] Bloom E D, Canning D, Sevilla J. The Effect on Health on Economic Growth: Theory and Evidence [R] . NBER Working paper 8587, 2001.

[127] Davis K, Collins S R, Doty M M, Ho A, Holmgren A. Health and Pro-

ductivity Among U. S. Workers [J] . Issue Brief, 2005 (856): 1 - 10.

[128] Dubin J A, Mcfadden D. An Econometric Analysis of Residential Electric Appliance Holdings and Consumption [J] . Econometrica, 1984, 52 (2): 345 - 362.

[129] Ettner S L. New Evidence on the Relationship between Income and Health [J] . Journal of Health Economics. 1996, 15 (1): 67 - 85.

[130] Zucchelli E, Jones A M, Rice N, Harris A. The Effects of Health Shocks on labour Market Exits: Evidence from the HILDA Survey [J] . Australian Journal of Labour Economics. 2010, 13 (2): 191 - 218.

[131] Finkelstein A, Taubman S, Wright B, Bernstein M, Gruber J, Newhouse J P, Allen H, Baecker K. The Oregon Health Insurance Experiment: Evidence From the First Year [J] . Quarterly Journal of Economics. 2012, 27 (3): 1057 - 1106.

[132] Fred M, Birungi P, Richard S. Ill - Health and Labour Market Outcomes in Uganda: Evidence from 2005/06 National Household Survey Paper Presented at the 2012 CSAE Conference on Economic Development in Africa [A] . 2012: 18 - 20.

[133] Barrett G F, Conlon R. Adverse Selection and the Decline in Private Health Insurance Coverage in Australia: 1989 - 1995. [J] . Economic Record. 2003, 79 (246): 279.

[134] Gonnella J S, Hornbrook M C, Louis D Z, et al. Staging of Disease. A Case - mix Measurement [J] . Jama, 1984, 251 (5): 637 - 644.

[135] Gronau Reuben. Leisure, Home Production, and Work—the Theory of the Allocation of Time Revisited [J] . Journal of Political Economy. 1977, 85 (6): 1099 - 1123.

[136] Young G J, Cohen B B. Inequities in Hospital Care, the Massachusetts Experience [J] . Inquiry: A journal of medical care organization, provision and financing. 1991, 28 (3): 255 - 262.

[137] Hanratty M J. Canadian National Health Insurance and Infant Health [J]. American Economic Review. 1996, 86 (1): 276 - 284.

[138] Hurd M D, McGarry K. Medical Insurance and the Use of Health Care Services by the Elderly [J] . Journal of Health Economics. 1997, 16 (2):

129 - 154.

[139] Smith J P. Healthy Bodies and Thick Wallets: The Dual Relation Between Health and Economic Status [J]. The journal of economic perspectives. 1999, 13 (2): 145 - 166.

[140] Currie J, Gruber J. Health Insurance Eligibility, Utilization of Medical Care, and Child Health [J]. The Quarterly Journal of Economics. 1996, 111 (2): 431 - 466.

[141] Jones A M., Wildman J. Health, Income and Relative Deprivation: Evidence from the BHPS [J]. Journal of Health Economics, 2008, 27 (2): 308 - 324.

[142] Newhouse J P. Toward a Theory of Nonprofit Institutions: An Economic Model of a Hospital [J]. The American Economic Review. 1972, 62 (1 - 2): 238.

[143] Pole J D. The Demand for Health: A Theoretical and Empirical Investigation [J]. Journal of the Royal Statistical Society: Series A (Statistics in Society). 1974, 137 (2): 279 - 280.

[144] Kalwij A, Vermeulen F. Labour Force Participation of the Elderly in Europe: The Importance of Being Healthy [J]. Iza Discussion Papers, 2005 (130): 1 - 29.

[145] Arrow K J. Uncertainty and the Welfare Economics of Medical Care [J]. Bulletin of the World Health Organization. 2004, 82 (2): 141 - 149.

[146] King G, Gakidou E, Imai K, et al. Public Policy for the Poor? A Randomised Assessment of the Mexican Universal Health Insurance Programme [J]. The Lancet, 2009, 373 (9673): 1447 - 1454.

[147] Lee L. Generalized Econometric Models with Selectivity [J]. Econometrica, 1983, 51 (2): 507 - 512.

[148] Liang Y, Lu P. Medical Insurance Policy Organized by Chinese Government and the Health Inequity of the Elderly: Longitudinal Comparison Based on Effect of New Cooperative Medical Scheme on Health of Rural Elderly in 22 Provinces and Cities [J]. International Journal for Equity in Health, 2014, 13 (1): 37.

[149] Liu G G, Dow W H, Fu A Z, et al. Income Productivity in China: On the Role of Health [J]. Journal of Health Economics, 2008, 27 (1): 27 - 44.

[150] Luft H S. The Impact of Poor Health on Earnings [J] . Review of Economics and Statistics. 1975, 57 (1): 43 -57.

[151] Mete C, Schultz T P. Health and Labor Force Participation of the Elderly in Taiwan [J] . Center Discussion Papers, 2002.

[152] Grossman M. On the Concept of Health Capital and the Demand for Health [J] . Journal of Political Economy. 1972, 80 (2): 223 -255.

[153] Grossman M. The Human Capital Model of the Demand for Health [R]. NBER Working Paper 7078, 1999.

[154] Campolieti M. Disability and the Labor Force Participation of Older Men in Canada [J] . Labour Economics. 2002, 9 (3): 405 -432.

[155] Mincer J. Labor Force Participation of Married Women: A Study of Labor Supply [M] . Aspects of Labor Economics. Princeton, NJ: Princeton University Press, 1962: 63 -105.

[156] Mushkin S J. Health as AnInvestment [J] . Journal of Political Economy, 1962 (70): 129 -157.

[157] Muurinen J M. Demand for Health: A Generalized Grossman Model [J]. Journal of Health Economics, 1982, 1 (1): 5 -28.

[158] Newhouse J P. Toward a Theory of Nonprofit Institutions: An Economic Model of a Hospital [J] . The American Economic Review, 1970, 60 (1): 64 -74.

[159] Nyman J A, Barleen N A. The Effect of Supplemental Private Health Insurance on Health Care Use, Health and Welfare in Brazil [J]. iHEA 2007 6th World Congress: Explorations in Health Economics Paper. , 2007.

[160] Parmar D, Souares A, de Allegri M, Savadogo G, Sauerborn R. Adverse Selection in a Community - Based Health Insurance Scheme in Rural Africa: Implications for Introducing Targeted Subsidies [J] . BMC Health Services Research. 2012, 12 (1): 1 -8.

[161] D Polsky, Doshi J A, Escarce J, Manning W, Paddock S M, Cen L, Rogowski J. The Health Effects of Medicare for the Near - Elderly Uninsured [J]. Health Services Research, 2009 , 44 (3): 926 -945.

[162] Riphahn R T, Wambach A, Million A, et al. Incentive Effects in the Demand for Health Care: A Bivariate Panel Count Data Estimation [J] . Journal of Ap-

plied Econometrics, 2003, 18 (4): 387 –405.

[163] Robert W. Fogel. James C. Riley. Sickness, Recovery, and Death: A History and Forecast of Ill Health. Iowa City: University of Iowa Press. 1989. Pp. xvi, 295. MYM27. 50 [J] . American Historical Review. 1991, 96 (3): 827.

[164] Schultz T W. Investment in Human Capital [J] . American Economic Review. 1961, 51 (1): 1 –17.

[165] Schultz T P. Wage Gains Associated with Height as a Form of Health Human Capital [J] . American Economic Review. 2002, 92 (2): 349 –353.

[166] Schultz T P, Tansel A. Measurement of Returns to Adult Health: Morbidity Effects on Wage Rates in Cote DIvoire and Ghana [R] . Word Bank Working Paper, No. 95, 1993.

[167] Shaw K L. Life – Cycle Labor Supply with Human Capital Accumulation [J] . International Economic Review. 1989, 30 (2): 431 –456.

[168] Shapiro C, Stiglitz J E. Equilibrium Unemployment as a Worker Discipline Device [J] . American Economic Review. 1984, 74 (3): 433 –444.

[169] Stern S. Measuring the Effect of Disability on Labor Force Participation [J]. Journal of Human Resources. 1989, 24 (3): 361 –395.

[170] Cheng S H, Chiang T L. The Effect of Universal Health Insurance on Health Care Utilization in Taiwan. Results from a Natural Experiment [J] . Jama. 1997, 278 (2): 89 –93.

[171] Suchit Arora. Health, Human Productivity, and Long – term Economic Growth [J] . The Journal of Economic History. 2001, 61 (3): 699 –749.

[172] Thomas D, Frankenberg E, Friedman J, et al. Causal Effect of Health on Labor Market Outcomes: Experimental Evidence [J] . California Center for Population Research, 2006.

[173] Wagstaff A . Pradhan M. Health Insurance Impacts on Health and Non medical Consumption in a Developing Country [J] . World Bank Policy Research Working Paper, No. 3563, 2005.

[174] Wagstaff A, Lindelow, M Gao Jun, Xu Ling, Qian Juncheng. Extending Health Insurance to the Rural Population: An Impact Evaluation of China's New Cooperative Medical Scheme [J] . Journal of Health Economics. 2009, 28 (1):

1 – 19.

[175] Wang H, Yip W, Zhang L, Hsiao W C. The Impact of Rural Mutual Health Care on Health Status: Evaluation of a Social Experiment in Rural China [J]. Health Economics, 2009, 18 (2), S65 – S82.

[176] Wang Hong, Zhang Licheng, Yip Winnie, Hsiao William. Adverse Selection in a Voluntary Rural Mutual Health Care Health Insurance Scheme in China [J]. Social Science & Medicine. 2006, 63 (5): 1236 – 1245.

[177] Wolfe B, Hill S. The Effect of Health on the Work Effort of Single Mothers [J] . Journal of Human Resources. 1995, 30 (1): 42 – 62.

[178] Wu Stephen. The Effects of Health Events on the Economic Status of Married Couples [J] . Journal of Human Resources. 2003, 38 (1): 219 – 230.

[179] Lei Xiaoyan, Lin Wanchuan. The New Cooperative Medical Scheme in rural China: does more coverage mean more service and better health? [J] . Health economics. 2009, 18 (2): S25 – S46.

[180] Zon A H, J. Muysken. Health and Endogenous Growth [J] . Journal of Health Economics, 2001, 20 (2): 169 – 185.

[181] Zon A H, J. Muysken. Health as a Principal Determinant of Economic Growth [J] . Working Paper, MERIT – Infonomics Research Memorandum, 2003.

[182] Zhang X, Zhao X, Harris A. Chronic Diseases and Labour Force Participation in Australia [J] . Journal of Health Economics, 2009, 28 (1): 91 – 108.

附　录

附表1　基于核匹配法的平衡检验结果

变量	样本	处理组均值	控制组均值	偏差%	偏差降低比率%	t值	p值
年龄	匹配前	42.673	42.915	-1.700		-0.620	0.538
	匹配后	42.673	42.836	-1.200	25.300	0.500	0.620
性别	匹配前	0.463	0.521	-11.600		-4.240	0.000
	匹配后	0.463	0.486	-4.600	60.600	-1.790	0.073
文盲或小学未毕业	匹配前	0.276	0.227	11.300		4.100	0.000
	匹配后	0.276	0.272	0.800	92.800	0.310	0.758
小学毕业	匹配前	0.301	0.207	21.600		7.830	0.000
	匹配后	0.301	0.295	1.500	93.200	0.550	0.585
初中毕业	匹配前	0.321	0.358	-7.700		-2.810	0.005
	匹配后	0.321	0.334	-2.700	64.700	-1.070	0.285
高中水平以上	匹配前	0.083	0.184	-29.900		-11.150	0.000
	匹配后	0.083	0.077	1.900	93.800	0.900	0.366
婚姻状况	匹配前	0.865	0.767	25.500		9.430	0.000
	匹配后	0.865	0.860	1.600	93.600	0.700	0.481
家庭规模	匹配前	4.155	4.062	6.200		2.280	0.023
	匹配后	4.155	4.160	-0.400	93.900	-0.150	0.883
家庭人均纯收入（对数）	匹配前	7.749	8.050	-24.200		-8.780	0.000
	匹配后	7.749	7.749	-0.100	99.800	-0.020	0.984
是否经常锻炼	匹配前	0.054	0.103	-18.000		-6.680	0.000
	匹配后	0.054	0.050	1.700	90.600	0.800	0.424
是否参加其他医疗保险	匹配前	0.037	0.173	-45.400		-17.240	0.000
	匹配后	0.037	0.033	1.500	96.700	0.950	0.341

续表

变量	样本	处理组均值	控制组均值	偏差%	偏差降低比率%	t 值	p 值
中部	匹配前	0.411	0.393	3.600		1.300	0.193
	匹配后	0.411	0.425	-3.000	16.500	-1.160	0.248
西部	匹配前	0.296	0.185	26.100		9.410	0.000
	匹配后	0.296	0.281	3.500	86.400	1.290	0.196

后　记

本书是国家自然科学基金项目“医疗保险，健康人力资本与劳动力市场经济绩效：效应评估与政策选择”（项目编号：71373126）的研究成果，感谢国家自然科学基金委和中央高校人文社科基金对本书研究和出版的资助。时光荏苒，我在健康经济和医疗保险相关领域的教学和研究已十年有余，希望本书能成为阶段总结。

本书的完成得益于本人及研究团队近年来的研究工作，凝聚了研究团队各位成员的努力和贡献。感谢密歇根州立大学金松青博士和 Maria Porter 博士对本书实证研究部分的交流和讨论。特别感谢我的研究生刘蕾硕士和王成硕士结合本书研究主题，完成了他们的硕士论文，本书的第四章和第五章也与他们合作发表在相关杂志上。还要感谢张梦玉硕士、王昊宇硕士、陈青霞硕士在课题研究中所做出的贡献。感谢祝云逸、王新悦、干婷婷、王娇文、凌孟、黄春蕾等对本书最后的助研和校对工作。感谢南京农业大学金融学院浓郁、朴实的学术氛围，为本书的研究创造了良好的学术研究氛围。

水平有限，错漏难免，出版的目的在于与同行交流学习，还请各位读者指正！交流和批评指正也是我继续耕耘的动力。

王翌秋

2020 年于南京紫金山麓